胡適與他的學生

李又寧 主編

南京大学出版社

CANADIAN
PACIFIC
BANFF SPRINGS
HOTEL

BANFF
ALBERTA
CANADA

十二, 八, 廿九。

孟真吾兄：——

别後久不通书，
实以太忙之故，想特蒙
原谅。

在君 過 chicago
时，曾细谈一天，略知
研究院 自查佛死後的
情形。 当时我们的主張
已见合電及上才去函，
以及 你的回電，在君已

不行，想他另有详覆。

他在東美 也太忙，故未另
一字给我。

在 Chicago 见着黄必璇
君，他是学 Mathematics 很有
成绩的人，以史数学方法
治理经济学，一举便有惊人
成绩。他说他已有详函
给你们了。

与戴秉衡君盘桓最久，
因为我们都住在 International
House，故知其人精深。
此君性情甚好，对于旧书很

之学，颇对明其方法与相
因科学。 他现在进行研究
有鸦牛等咖啡好者的心理
与环境的关係，chicago 颇
多研究材料。 University
of chicago 中教员甚赞许
他的学業；但我尚未去
Yale，故未见 Sapir，
下月当见他一谈。 戴君
思想基为通，治学亦有成绩，
至少可免幼稚病也。

　　到 Banff 必语 Harvard
畢業之梁廣搪君来替中國代表

園你 secretary，十餘日中深
覺此君甚可愛敬。他的学
業上的成績，元任寄己為之
言之。他專治農業経済与统计，
據陳岱孙之说，或績極好。
我观察此人厚重勤敏，将来
必成 元之手下一大将，故
草此书 元之道贺。

我今夜東去，約 October 7th
起程回國，24th 到上海。
匆匆问 诸公都好。
                    适之

1923 年 8 月 29 日，胡适写给傅斯年的信（4 页）
（台北，中研院历史语言研究所藏）

孟真兄：

你的中耳炎怎麼樣了？

一个山東大漢，遍身是小病，嬌弱的禁不起

風，如何是好！

此間人手實在太少，在糧實在太多，近兩期

的雜湊恐慌，你一定看的出來。你病了快千

萬作文寄來！  若純提到替身作文，准你告假！

適

廿六、○、十九

雕這一个大肚皮，
雖他總是笑嘻三．
這是佛法這是佛，
大家信奉莫狐疑．
明朝日出肚皮消，
連那笑也不存在．
昨兒大家樂一天，
絕對其實無可賴！

題程易田題的
程子陶畫的
雪塑彌勒，
鈔給
孟真病中
一笑．

適

傅孟真先生，
中央研究院，歷史語言研究所，
Kunming（昆明）
Yunnan, China

Via Hong Kong
and
Via Haiphong

1939 年 10 月 8 日胡适致傅斯年所用信封
（台北，中研院历史语言研究所藏）

廿八，十，八。

重真吾兄：——

Absolutely Confidential

　　我前几天收到你寄的"妙文"一大包，已代为保存。如有须兄两来，此间当为兄庋寄，你储藏档案之用。

　　祖望来此，带了我的两个箱子来，内有先父手稿，及我的日记六十册，报稿等包，友朋来信共数包。其中有右君，起云，志鍌，云甫，心史诸死友之信件；又有子民，菊生，罗钧任，傅重真诸友的信札。稍加整理，竟满一大橱了。　　你的"妙文"，即藏此中。

　　我十二日日四日曾给咏霓一电，通知是对你的扣扣家庭妙文而发。次日我就病倒了。　　今夜翻阅此电，颇自信此中真解真是周详有味之言，惜恐咏霓与重真均不能完全了解此意。　　我写此电，传播半夜，最后终不忍不发，实是在外一年，深有所见，深有所感，故思尽吾诸发此议。　　今日此意当供兄考虑，供兄深思。　　我在此看陈先甫手下诸人任劳任怨，一年之中，真能做到"弊绝风清"境界，为 New Dealers 所欢赏佩服。此一组人是孔祥熙所最信任，而宋子文所绝不能会低者也！

举此一例，可见我用意所在。

以后如此邦能继续为我援助，其最大原因在於陈光甫之做到弊绝风清，为国家省钱，为民族抬高信用。

匆匆敬问

昆明诸友大安

适

大绶：

　　谢谢你的两信。

　　我再为你想过，我觉得你大可不必读一个学位。大纲的 advice，我觉得不甚适用。第一，你的时间怕不够长，至多可以得一个 M.A.，决不够读 Ph.D.。第二，你是聪明人，知道学位是没有多大价值的。第三，随便读点爱读的书，听点爱听的学者的讲课，而不去费许多功夫去准备读学位，那是最可乐的事。为了读学位去准备论文，去 fulfil 许多不甚爱做的 requirements，那就自是有苦无乐了。

　　孟真与大维在欧洲留学，似乎都没有读得 Ph.D. 学位，但社会上谁会因此轻视他们一分一厘？

　　美国著名的大学，如 Harvard, Yale，对于"英文学"的 Ph.D. 候选人，颇多苛求，如 Latin，如 French，如 Anglo-Saxon 或 Old English，似乎都需要。你不是"英文学"出身的，若要在"英文学"的学位，恐怕需要不少时间的准备工作，我觉得不值得。不如打定主意不求学位，等到住定了地方，再打听那个大学有些什么名教员可听，有些什么 courses 可学，然后支配时间去要求旁听。如此则可以收最大的效果，同时可以过些 enjoyable 的生活。你看如何？

　　我本想先同你谈一次再决定写介绍信。究竟你现在已决定先去何地否？如决定先到 Boston，则那边的学校有 Radcliffe College（与 Harvard 同地，且合作，但 Harvard 不收女生），有 Wellesley College（相去稍远，火车一点多钟）。入 Radcliffe 则可在 Harvard 大学上课。若住 New York，则可入 Columbia University，男女兼收。　最好請你先把地方告訴我，等我當寫信用我郵寄去美國等你。你的學校 Record 與學校公文憑，都宜帶去。

你若到 Boston，可請趙元任先我幾个主學"英文學"的學生來談之。我知道 Harvard 有个鄭儒珍是專學"英文學"的，準備得 Ph.D. 學位。他當可以告訴你一些情形。　元任的小姐 9亩s，或任叔永的小姐 Etu 都可以詳告你 Radcliffe 与 Harvard 的情形。

你若住 New York，可以請孟隣先把 Columbia U. 的"英文學"課程要來看之，Columbia 是在這方面很有名的。

我這樣寫，一定叫你失望。但我的主要意思還是要勸你不要求得學位。　M.A. 是不值得求的，Ph.D. 是費時太多，Requirements 太多。

請你把美國通信地址告知。我不知道元任今夏是否回來？他若不回來，信由他轉最好。_{他逃難教讀這文學的人很多，一定可以指示你。}

盼望孟真此次檢查身體結果甚滿意。我不能飛來送你们，心裏實在不快活！敬祝你们一路平安！元秀特別祝你们三n子一路平安。

我把大綬送來了，已託他把孟真要想看的書也捎去了。盼望　老太太病已見好了。

適之

P.S.一你不要過信太綱說的我的介紹信的重要性！我的介紹信往之不靈！　適之

廿八，十，八

端升兄足：—

　　今夜出门，将往纽约。草此奉候
足下和昆明诸友的安好。

　　前在益世报上见你的"自助然後
人助"，我完全同意。

　　今回长沙外围的大捷，印是
"自助"之最好例子。使我追想去年的十
二、八日大风雪里送你归来，心着长沙
大捷的消息，忍不住发电到船上给
你。

　　这一个多月来，欧洲大变化发生，—
共变是我们所预料的，其如此这般变化，
是我们没料到的，—所以我们不免有
点手忙脚乱，—至少有些心慌意乱。

　　我在这时期里的工作也有"打针"一
途。现时长沙之捷是一大强心针。有此
大针，我们针就好打多了。

　　匆匆敬问双安。

　　　　　　　　　　　　　　　适

1939 年 10 月 8 日胡适致钱端升函
（台北，中研院历史语言研究所藏）

字號　　葉

中華民國　年　月　日

適之先生著席：

所址 北平北海
電報掛號 華文二九八〇三九五（歷）
支 Philologie

適之先生著席：

漢語音韻之學一書，翻譯之役所以風有擬議。未經之分如此。此译者为一小先生商書，是以A先生議，頗欲歷成，甚好。高亭、書籤不甚似之參考材料，顧述達，為融同意，希即手復，便即進行為荷，專此敬叩

大安！

弟傅斯年敬上

傅斯年致胡适函，为翻译高本汉汉语语音学办法征求同意
（台北，中研院历史语言研究所藏）

梦麟
通之 两位先生：

日前和通之先生商请让 华田先生回所的事情，可惜没有

得您同意。现在让我们再作十分恳切的请求。当初 华南之

邝先生、化讲，原是以借教授的办法去的。本来，只预借以一年

为限。后来因为关于语言学种程的设置和发展，也有些

小额救会的地方，所以又把延长了两年。现在北大方面语言学

的研究和教学都已大致就绪，两方面有许多问题和材

料的材料。迅待您田本格理和研究。您再不回来，好些材料

好些问题这样搁下去，我们觉得孤负 笔惶恐没者办法。

这情形之下，世编以何况请再予以最大可能的慷慨的考虑。

先讓 貫莘田之情假回兩。對於此大語言學數哩机研交方

再我們必當有十分支己勢弟必優持莠曲徒述宛的加使，而

術功以，悅兄、不勝威敝盼兄一丟。专也，敬領

四央‥

傅斯新

趙元任 筆絕

傅斯年、赵元任写给胡适和蒋梦麟的信，请允许罗莘田重回史语所(2页)

（台北，中研院历史语言研究所藏）

志希兄：

日昨十六日

大函承方紙刷天壽誕壽本當借重耑

此本所經濟情形捉拙以吉而社會所獲

而立裁員減政中途人一時固談不到也

長才見遺不勝欷歔耑布

餘恕恭維近安順頌

弟　斯年

七月十八日

傅斯年致罗家伦函
（台北，中研院历史语言研究所藏）

孟真吾兄道鑒：

　　年底由昆明回。驚悉　伯母大人之喪爲之驚愕不止。嘗借得一車偕維楨
同至歌樂山奉訪，藉申慰唁之忱。至則謂
兄嫂已遷離重慶，悵然而返。昨日在乙藜兄處見
兄在舊紙上所作一函，知
貴恙已大佳，甚覺心安，鄉居自可暑安，但仍以少用腦爲妙。李莊不特可養
性怡情，而且可以省卻許多狗是非也。聞　濟之兄近來心緒不好，不知何事？
亦不敢直接去問。
兄必知之，可見告否？乞
代爲致候。弟近來亦杜門寫點東西，無望之事不願過問。
兄必同此心也。匆上，即頌
儷祺

　　　　　　　　　　　　　　　　　　弟家倫敬啓　二月八日
　　　　　　　　　　　　　　　　　　　　維楨附此問安

　　嫂夫人前致候

羅家倫寫給傅斯年的信，上圖爲原件，下圖爲轉文
（台北，中研院歷史語言研究所藏）

孟真吾兄道鑒茲有劉壽祥君於今夏在做校法

學院政治學系畢業成績優良有學術興趣現擬

欲在社會科學或歷史語言研究所謀一相當研究工作

以資歷練用特專函介紹倘蒙於

貴所界以職務俾青年有努力向上之機會無任感

荷專此敬頌

道祺

羅家倫啟

孟真吾兄道鑒前奉

惠教敬悉一是　貴所助理員來校旁聽外國

語一節自應導辦當經提出校務會議通過准其

旁聽每學分納費一元用特函復敬祈

台察並囑勞全傅三先生於本星期內前來向

本校註冊組接洽為盼專此敬頌

道祺

校

罗家伦致傅斯年函

（台北，中研院历史语言研究所藏）

1945 年 11 月在伦敦举行的联合国教科文组织筹备大会，与会的中国代表暨职员的合影

前排左起：赵元任、罗家伦、胡适、顾维钧、程天放、李书华。

后排左起：周书楷（左 1）、叶公超（左 4）、陈源（左 6），其他可能多是调任的大使馆人员。

2014 年罗久芳女士与先生张桂生

（两图均为罗久芳女士提供）

1923 年的张维桢,摄于沪江大学

1923 年的罗家伦

1923 年,张维桢与沪江大学球队

（三图均为罗久芳女士提供）

为什么研究胡适？（代序）

李又宁

  时潮和国难的冲击下，地裂山移，种种空隙、空间、空洞逐渐出现，"空"有多种意义，其中包涵"变"和"通"。因为有了"空"才可能搭起新舞台，才有种种新戏，不断上演，如新文化，新文学，新教育，新科技。在许多戏中，胡适是编导、策划兼主角。他的朋友和学生们纷纷上场，各显身手，并与坚持祖制者较量交锋，唇枪笔剑，不但热闹非凡，而且成名后各立山头，开辟了许多机会之路与就业之道。试看看，20 世纪中国的许多领域，都与胡适有或多或少的渊源，也可以说，他是一位祖师爷，在新世纪中，似应居于"老"字辈。

  我喜欢买书，到处买书。20 世纪 80 年代，我多次到中国大陆，也到处逛书店，所购无多。1989 年春夏，我在北大校外畅春园住了几个月，做点历史研究，看了几个著名的图书馆。我发现，但并不惊奇，有关胡适的专著，只有"批判"之类，渐渐地起了一个研究计划的意念。众所周知，胡适是留美的，在美国有不少关于他的史料，可以想法子去搜集，所以邀集了十余位学者专家，如余英时、张朋园、周明之、周质平，于 1990 年 4 月 6 日，借第 42 届亚洲学会年会，在芝加哥普尔梅饭店（Hotel Palmer）正式宣布"胡适研究国际学会"（简称胡适研究会）的成立。会址在纽约。余先生是会长，张先生及二位周先生都是副会长，区区聊充理事长兼董事长。同时，胡适研究会经申请成为亚洲学会（Association for Asian Studies）的一个分会（affiliate member），并在同年的年会中，举办了两场相连的小组讨论,题为"胡适与他的朋友",张朋园、周明之、周质平和我各提出论文一篇,余英时及 Michael Gasster 分任两组评论人,听讲者近百人,可见题目甚为引人。这是胡适研究会的首次学术活动,也是人物研究的一种新试验。

人物研究的新试验

一个人是社会和历史中的一个点,无论大小,总还是点。有影响力的人物,能从自身的点与别人的点连系起来而成为线,再由线的交织构成面,面的组合可构成体。点、线、面、体间的关系,可以是无形的,如感情和思想;也可以是有形的,如社团和组织。无形可演为有形,有形可化为无形;无形和有形,可以并存,也可以并失。胡适和他的许多交游,包括朋友和论敌,都是具有影响力的人物,其间的点、线、面、体之中的多样关系及多种演变,错综复杂,都是社会的一部分,都是时代的一部分,都是饶有趣味而且富有意义的历史题目,从中不但可发掘多样的个人史料,而且可发现个人与社会、个人与时代的多样关系。普通的人的生命发展及日常生活,离不了团体、社会与时代,历史人物更是如此。把个人的历史,与社会的历史及时代的历史联系起来,加以具体的研究和分析,寻找多样的关系,是不是会使历史研究的内涵更加丰富呢?更增加变化呢?更接近历史的真实呢?胡适的历史是 20 世纪中国的一个缩影。在研究他的过程中,我们同时研究与他相关的许多缩影,是不是一举多得呢?而且,所得的不是不相联的一些单独个人的资料,而是相联的人与人之间的多种环节,多种横切面。如果研究的只是一个人,所重的多是直线的发展,就不容易看到此人周围的种种环节及此人发展过程的种种横切面,也可以说,不易见到此人周围的小环境和大环境。这种只见树木不见森林的缺憾,不妨试用这里所提的方法来弥补。

中国的史学,反映了中国的哲学、文化和社会,一向强调人在集体中的社会和政治任务,而不以个人有其内在的、自己的价值为重。人的社会任务和政治地位,常是史传类集群分的尺度,男性如帝、王、将、相、臣、吏,女性如后、妃、母、妻。其中再加上一些道德的区分,如忠臣、孝子、贤淑、贞洁等等。各种史传,不论是中央或地方编的,多以群分或类集;传主有群性,而没有个性。给人的印象是:呆板、木讷,缺少鲜明的素质。

20 世纪的中国传记,有很显著的多方面的进步,内容丰富多了,叙述详细多了,并且还有种种的分析。可读而又可信的传记为数不少。但是,20 世纪也有它的问题。崇尚革命,革命史是史学的重点,革命人物成为敬礼的对象。人物一旦进入革命史,就带有革命性,所作所为所思所想几无不表现其革命性。革命性有数类,各类之中有共同点。带有某一类的革命性,历史人物的类性非常醒目,好似穿了一套制服,挂着烈士或英杰的徽章,四周有重重的光圈,看上去也颇相似。当然,还有反革命、党派、流派、宗派、主义、阶级等等。每一项之间可以组合。每一项之下又有类别。名目繁多,令人眼花。还有"成分"说、"出身"论等等。不管被派定属于哪一种类型,都必须在历史中表现其特定的类性或"成分",好似穿着特定的制服、戴着特定的帽子、挂着特定的标志、做特定的事、说特定的话。除了名字和头衔不同之外,其他也差不多,难以分辨。这些新式的制服和帽子,虽与传统的衣冠有异,所起的作用略同,却都把每个人的个性和特色掩盖了,抹杀了。又因为新式的名堂比老式的要庞杂,变化也快速,令人应接且不暇,还有什么时间去分辨呢? 又有什么空间去表现自我呢?

像胡适先生这样的一个人,这样的一个知识分子,面很广,层很深,环节很多;关于他的看法很多,争论也很多;因此不易研究,更不容易研究得面面俱到、层层均详、事事皆周。他周围的许许多多人,各人有各人的层面,各人有各人的才学和性格;他与这许多人的交往经过、知识和感情上的交流、学术及思想上的异同等等,都很值得详细研究,而又非一二人之力所能及。与他有关系的种种社团,各有各的宗旨,各有各的成员,各有各的演变;他与它们的合与分,为什么? 怎么样? 也都很值得深入研究、仔细分析，而又非一二学者专家所能殚精竭虑、巨细靡遗，或在每一项的分析上都做到绝对的客观。

学术研究的艰辛和困难，我们了解；学术研究的自由和独立，我们尊重；历史之前人人平等，我们深信。不是空言自由、平等、独立，而是具体的实践，在历史研究中实践。怎样从胡适的交游的角度来看他，来看他（她）们共同的世界，是本计划的一部分，所以博采诸家的专长、广纳多种的看法。所邀请的作者，很多并不专研胡适，而是对他的某一两位交游有独到的研究。这样，胡适有他的发言权、有他的辩护人；与他相交者也各有发言权，各有辩护人。多人对话、交流、沟通，总比一人独白要民主一些、要开放一些、要公平一些、要现代化一些。

现代化意味着个人化，每个人做他（她）自己，有自己的精神和生活空间。这本论集及相关的集子，希望能提供一点空间，让历史人物及史学工作者开讲演会、谈话会，各展其才、各显身手。用台湾时髦的话说，让大家作秀，是卡拉OK式的各抒情怀，你唱我唱他（她）也唱。谁的秀作得好，谁的歌唱得棒，请各人自己打分数。庄子如在场，他会说：不用打分数，分数没法打。《庄子》，我还没读透，所以仍然喜欢咬文嚼字，把这种聚会称之为历史的多元化，又因常常离不开英文，免不了自译一下：pluralization of history。

这里所说的多元，不仅是人数，同时意味着每个人有其个性，有其特性。

由于这种想法，承蒙海内外学者专家的支持，从1990年底推出了胡适研究系列，即《胡适与他的朋友》（6册）、《回忆胡适之先生文集》（2册）、《胡适与他的家族与家乡》（1册）、《胡适与国民党》（1册）、《胡适与民主人士》（1册）、《胡适与他的学生》（2册）。这些书都是纽约天外出版社以正体字出版的。现今的《胡适与他的学生》（1册），由南京大学出版社以简体字出版，内容与天外版的有同有异。在筹划中的尚有《胡适与他的论敌》。

名师与名牌

组织邀请各地的学者专家研究胡适的同时，我自己不断地思考一些问题，其中之一就是：为什么胡适会有众多的学生？相形之下，为什么中国其他的学者，或是外国的学者，没有这么多的学生？

这个问题，可以有不同的答案。

首先，时代需要变异，变异需要有领导。胡适能想能说能写能讲能教，是中国第一学府的第一名牌教授。尽管时代求变，但尊师敬道的传统深植人心。数千年来，对华夏士子而言，名师是一生最好的名牌，比穿什么戴什么都重要。作为新时代的导师，胡适门下的学徒数量，不但西方所未有，杜威哪能及！连孔老夫子恐怕都会自叹不如。但是，他也可能在叹息中有些许安慰，毕竟遗风犹存之下，青出于蓝而胜于蓝。中国历史上的名师甚多。但是，有几人能对他们的当代社会及文化产生如此巨大的影响？又有几人的徒子徒孙广布多种行业，甚至于跨洋过海，流芳域外?！

胡适与他的学生，能产生广大深远的影响，必定有多种的因素，其中之一应当是：他们多是留学美国的。170年来的留美史是值得深度研究的。这就是为什么我在胡适研究系列开展之后，努力提倡华族留美史的研究，因为我更深切地体会：胡适不是个体，也不只是一群人的一个代表；从他的生命经历，我们可以看到华族历史的一些走向，甚至人类历史的某些走向。

青少年时代，我就被灌输了一些现成的学说，例如：华族素来"安土重迁"，对外界不感兴趣。到美国后，又吞下了一些汉学家的理论，以为中国人有仇外的积习（xenophobia），鸦片战争后的中外战乱是个实例。等到我自己开始教书，在讲堂里如法炮制一套。渐渐地，我觉得这里面有问题，因为如此说法，有些文化和历史现象无法解释。经过了一番怀疑和思考，其间常以胡适留美史、中华民族境内移民史、华族移民海外史为实例，我得出一个结论,前人多以偏概全,以部分论整体;事实上,自古以来,华夏民族多种多样,思想和行为都不可一概而论。"安土重迁"者,固然不乏其人;喜好海阔天空者,也大有人在。否则哪有庄子之说,哪有"空灵"之论,哪有丝绸、瓷器、香料、茶叶之路,哪有古代航海史,哪有中西交通史,哪有当今的留学潮、移民热!空间之美,华夏知识分子早就发现,早就心向往之,只是碍于现实,只能当作一种理想、一种梦想。海禁开放以后,国人因祸得福,能够到海外去打工、去发财,去留学、去求知。其中的心酸和屈辱,只有亲历者知道,却不愿张扬。为什么?为的是面子,为的是生存。胡适和无数留美者,都经历过种种的种族歧视和偏见,但在他们的文章中是不易看到的。绝大多数默默地接受了,因为留美意味着多种空间的享用,如理想的空间、精神的空间、知识的空间、感情的空间和行为的空间。而且,他(她)们的身体里,流淌着"水文化"。水的特质是低调、谦虚、灵活、博采、包容、忍耐、融合、奉献、净化。集结起来,就是:正面思维、乐观努力、积极生存、顺势而进。因此,从历史上看来,华夏民族是由小而大。19 世界中叶以后,历经战乱,九死一生。然而,由于传统的"水文化",我族不断向海外发展,在世界各地发展前所未有的空间,美国是其一。美国是大国,它所提供的空间也是广大的,而且有优质的各种资源,天然的与人文的。胡适和他的学生,帮助当代及后世去发现和开发这种种的空间,可以说是功德无量,值得今人去回想和纪念的。

2015 年 5 月 14 日
重写完成于纽约市

目　录

傅斯年对胡适文史观点的影响

王汎森[*]

　　几十年来胡适(1891—1962)与傅斯年(1896—1950)常被当作同一个学派。在政治上,中共所发起的批判胡适思想运动中,提及胡适的"党羽"时必提傅斯年。[①] 在学术上,提到胡适的整理国故运动时,亦必提到傅斯年的历史语言研究所是这个运动实际的中心。他们两个人关系之密切,不言而喻。当傅斯年病逝时,胡适所发表的纪念文字尤其证实这一点。胡适提醒大家:中国丧失了它最忠实的爱国主义者。同时,胡适在1950年12月20日的日记中写着:

---

　　* 王汎森,台湾云林人,1958年生,台湾大学历史系学士,台湾大学历史研究所硕士,美国普林斯顿大学博士。台湾"中研院"历史语言研究所特聘研究员兼"中央研究院"副院长。主要研究领域为明清至民国时期之思想史、学术史。

　　① 关于胡适与傅斯年这个题目,已有人写过,但颇有错误。如蒋星煜《胡适与傅斯年》(刊于《山西师大学报》〔社会科学版〕20:1)一文中说:"1918年3月15日,胡适在北京大学国文研究所小说科作了《论短篇小说》的演讲,傅斯年已经毕业,在研究所当研究员,他为胡适记录后,即在《北京大学日刊》刊出。"(第85页)所谓"毕业"是不了解当时北大学制的说法。研究员可以是大学本科毕业生,也可以是高年级学生,而傅斯年属于后者。又如说傅斯年当时由黄季刚的得意门生转而追随胡适,"人们对之迷惑不解,陈独秀写信给周作人,怀疑他是什么人派来的奸细。胡适只觉得他恭顺可爱,第二年就让傅斯年用庚款到英国伦敦大学和德国柏林大学去留学了"(第85页)。是否"恭顺可爱"没有材料记载,不过傅氏赴英念书是考上山东官费,既不是过去所传是受穆藕初资助,也非此处的使用庚款。胡颂平编《胡适之先生年谱长编初稿》(台北:联经出版事业公司,1984年),第2932页:"今天蒋复璁带来民九、民十两年的北京政府教育公报","编者附记:在附录里,还有傅斯年当年考取出国的分数是八十二分,第二名"。为了这次官费考试,还有一个插曲,即许多考官因为傅斯年是激进学生而不拟录取。当时山东省教育厅的科长陈雪南出面力争,认为成绩如此优秀的学生非取不可,终于定案。值得注意的是,此后陈雪南与傅氏保持着相当友好的关系,1948年,傅在美国,竟被国府选为立法委员,傅氏不就,也是经陈雪南劝说才接受的。

今天下午四点半，宋以忠夫人（应谊）打电话来，说 AP 报告傅斯年今天死了。这是中国最大的一个损失！孟真天才最高，能做学问，又能治事，能组织。他读书最能记忆，又最有判断能力，故他在中国古代文学与文化史上的研究成绩都有开山的功用。在治事的方面，他第一次在广州中山大学，第二次在中研院史语所。第三次代我作北大校长，办理复员的工作。第四次做台大校长，两年中有很大的成绩。①

因为胡、傅二人在生活、学术上异常密切，故大家在注意到二人的相似处之余，竟常忽略了二人的相异之处。也因为傅斯年是胡适的学生，所以一般只留意胡适对傅的影响，而少探究傅氏对胡的影响。

在傅斯年结识胡适的三十五年中，同在中国的时间，只有不到十五六年（北大两年，1927 年至 1937 年，1946 年至 1948 年），其余时间皆相暌隔，而同在中国的时间内，且住在同一城市者，只有在北京的几年。

胡适与傅斯年的关系有过几度变化。毛以亨（1895—1968）回忆说，1916 年（应为 1917 年——编者按）胡适初到北大后数日曾讲墨子，毛与傅斯年去听，未觉精彩，所以胡适与马叙伦（1884—1970）所共同指导的十六个研究员中，十五个人跟随马叙伦研究老庄，而只有班长赵健一人与胡适研究墨经。当时整个学术风气尚未转变，章太炎学派仍占主流地位，太炎弟子马叙伦吸引大量对文史感兴趣的学生是很自然的事。毛以亨回忆说，当时他们听完胡适的墨子演讲：

> 回来觉得类于外国汉学家之讲中国学问，曾有许多观点，为我们

---

① 《胡适的日记（手稿本）》（台北：远流出版事业股份有限公司，1990 年），1950 年 12 月 20 日条，无页码。

所未想到,但究未见其大,且未合中国之人生日用标准。①

在新文化运动时期,胡适与傅氏关系变得极为密切,胡适是《新潮》的指导老师,而傅是《新潮》的主编,又是胡适心中在旧学根柢上极令人敬畏的学生。可是傅斯年在欧洲游学近七年而未得任何学位,在胡适看来是一大失败,故 1926 年胡适日记上便记有,傅斯年甚"颓放",在欧游学而无所成之类的句子。此外,日记中并涂去九行显然对傅不满的评语。② 不过,他也感受到傅斯年许多精辟的见解,故同期的日记中不时有这样的句子:"谈得很好",或说傅氏精彩的论点太多,"不及记下"。③

当时胡适显然是拿傅氏与顾颉刚(1893—1980)相比。顾氏在《新潮》时期并未占有傅斯年般显著的位置。不过他后来因为替胡适访求与《红楼梦》相关的书籍,又与胡适共同发起标点出版《辨伪丛刊》,怀疑上古信史,而名满天下。当 1926 年胡适与傅斯年在欧洲相见前,《古史辨》第一册已结集出版,震动一时。④ 其声光之盛,自然使得胡适对眼前的傅斯年感到失望,故胡适在当时日记上说傅斯年不及顾颉刚之勤。⑤

傅氏回到中国后,在中山大学任文科学长(文学院院长),曾多次电邀胡适到中山任教,甚至将课程预先排出,但最后胡适仍未前往。傅与顾颉刚同任教于中山大学时,两人关系急速恶化。《胡适来往书信选》中收有顾颉刚向胡适控诉傅氏专权任性的信件。胡适将攻击傅斯年的信给傅氏

---

① 以上皆见毛以亨《初到北大的胡适》,原刊香港《天文台》,无日期,见"傅斯年档案"(以下简称"傅档")I: 1696。

② 这九行在《胡适的日记(手稿本)》,1926 年 9 月 5 日条,无页码。它们可能是胡适决定将日记交傅氏在台代为保管时涂去,或是胡适重读日记时抹去。

③ 《胡适的日记(手稿本)》,1926 年 9 月 2 日条。

④ 而后恒慕义(Arthur Hummel)还在地位极高的《美国历史评论》中撰文介绍。Arthur Hummel, "What Chinese Historians are Doing in Their Own History", *The American Historical Review*, Vol. XXXIV, No. 4(July 1929). 此文亦收在《古史辨》,第 2 册,第 421-443 页,后附中译。

⑤ 《胡适的日记(手稿本)》,1926 年 9 月 5 日条。

看过后,引起傅、顾两人极大的不快。①

1929 年,史语所迁北平,当时胡适在上海,不过自 1930 年以后,胡适与傅斯年便因同在北平而常有见面的机会。胡适日记中屡屡有傅斯年今夜来访,或谈身世,或谈上古史事。胡适认为傅氏在当时上古史之见解当不做第二人想。其中胡适对史语所年轻人才的训练及成绩尤其感到惊喜。安阳殷墟发掘的成果也深为胡适所欣赏②,其日记中甚至还保留了当时媒体报道史语所的剪报③。这些事迹皆使胡适对傅斯年的印象改观,同时胡适与顾颉刚也日渐疏远④。整体而言,从 1926 年起,傅斯年在三方面对胡适有所影响。首先要谈胡适古史观由疑而信的过程,及傅斯年在此变化中所扮演的角色。

傅斯年对胡适古史观有两个方面的影响:第一是由"疑古"到"重建",第二是多元的古史观。而这两者其实也有相会合之处,即多元的古史观其实解决了古文献中的一些矛盾,而使得原来认为是古人作伪的,现在可以别有合理的解释。

胡适、傅斯年在新文化运动时期皆倾向于疑古。胡适在《中国古代哲学史》中说《尚书》"或是儒家造出的托古改制的书","无论如何没有史料

---

① 顾潮:《顾颉刚与傅斯年在青壮时代的交往》,《文史哲》,1993:2,第 17 页。从最近公布的一封顾氏给胡氏的信(此信并未包括在《胡适来往书信选》中),可以发现傅、顾两人的冲突或有另一原因。在这封信中,顾颉刚希望由他与胡适分史语所之权:"……最好,北伐成功,中央研究院的语言历史学研究所搬到北京,由先生和我经管其事,孟真则在广州设一研究分所,南北相呼应。这也须先生来此商量的。"耿云志主编《胡适遗稿及秘藏书信》(合肥:黄山书社,1994 年),第 42 册,第 353 - 354 页。

② 《胡适的日记(手稿本)》,1935 年 6 月 6 日条,无页码。

③ 《胡适的日记(手稿本)》,1930 年 2 月 12 日条,无页码。

④ 胡适与顾颉刚感情之渐趋疏远,应该是当时人所感觉得到的,所以当时顾颉刚的学生何定生出了一本《关于胡适之与顾颉刚》,此册不能得见,不过可以从顾氏给胡适的一封信中看出其大概:"有一件事情,使我很不安的,是何定生君出了一本《关于胡适之与顾颉刚》,趁我不在北平的时候,用话骗了朴社同人,印出来了。其中文字,有几篇是广东做的,先生已见过,有一篇是新近作的,其中对于先生颇有吹索之论。这也不管,他不该题这书名,使得旁人疑我们二人有分裂的趋势,而又在朴社出版,使人疑我有意向先生宣战。"顾潮:《顾颉刚年谱》(北京:中国社会科学出版社,1993 年),第 172 页;顾致胡信,见《胡适遗稿及秘藏书信》,第 42 册,第 402 页。

的价值"。① 后来相信瑞典地质学家安特生(Johann G. Anderson,1874—1960)的臆测,认为商代的中国仍是新石器时代。② 他同时也受晚清今文家疑伪思想的影响,在 1919 年的井田论战中,一再说《周礼》是伪书,王制是汉朝博士造的③,而且又强调东周以前古史不可信。傅斯年在《新潮》的文章中偶然也说东周平王以后"始有信史可言",或是夸赞《史记志疑》等疑伪之书的价值。④ 可是到了 1926 年左右,从欧洲留学回来后的傅斯年对古史的看法已有改变。但当时胡适还很支持顾颉刚《古史辨》的工作,并乐道其实验主义方法在《古史辨》上的大成果。⑤

　　傅斯年对古代历史由疑转信的过程是逐步发展、逐步调整的,1924年至 1926 年,此征兆在傅氏断续写成的《与顾颉刚论古史书》中已露出。此时他对于古史信多于疑,虽然处处还流露着晚清今文家疑伪的口气,而且认为尧、舜、黄帝等可能是传说,但态度已大大不同,而且商、周为东、西二集团的初步想法,以及东夷一地(渤海湾一带)是中国古文明的发源地之想法也已隐然成形。虽然因为沾染今文家说而对《左传》等书的态度仍有所保留,但基本上已信过于疑了。而且觉得今文家怀疑是古文家伪造的许多东西必有很长的渊源,不可能只是顺应政治需求而造出的。⑥ 傅氏回国以后,回过头来治中国古代文史之学,从《战国文籍中之篇式书体——一个短记》等文章便可发现,他已发展出一些足以破解疑古思想的

---

　　① 胡适:《中国古代哲学史》(台北:商务印书馆,1978 年),第 22 页。

　　② 见《古史辨》,第 1 册,第 120 页,胡适写信告诉顾颉刚:"发现渑池石器时代的安特森,近疑商代犹是石器时代的晚期(新石器时代),我想他的假定颇近是。"又《胡适的日记(手稿本)》,1930 年12 月 6 日条:"如我在六七年前,根据渑池发掘的报告,认商代为在铜器之前。"

　　③ 《胡适文存》(台北:远东图书公司,1990 年),第 1 集,第 430 - 431 页。

　　④ 傅斯年:《中国历史分期之研究》,《傅斯年全集》(台北:联经出版事业公司,1980 年),第 4 册,总第 1231 页;《清·梁玉绳著〈史记志疑〉》,同书,总第 1417 - 1419 页。

　　⑤ "傅档"I: 1678。胡适 1926 年 8 月 24 日致傅斯年信,信上说:"颉刚在他的《古史辨》自序里说他从我的《水浒传考证》里得着他的治史学方法。这是我生平最高兴的一件事。"

　　⑥ Wang Fan-sen, *Fu Ssu-nien: A Life in Chinese History and Politics* (Cambridge: Cambridge University Press, 2000), pp. 110 - 114.

论述。^① 不过五四这一代青年基本上对传统文献没有太大信心,他们相信的是运用科学从地下发掘的成果。从 1928 年起,安阳殷墟的发掘逐步使傅氏相信古史辨派过疑,故此后文章常驳古史辨派。如《"新获卜辞写本后记"跋》中,便因"命周侯"一段甲文而怀疑古史辨派所提的商、周不相臣属之说。^②

尤其值得注意的是,我在傅斯年的一本题为"答阚散记"的笔记本中,发现一则短篇讽刺小说《戏论》。这一则小说无法断代(大约写于 1930 年),文字潦草凌乱,极不易辨认。^③ 全文是讽刺钱玄同(1887—1939)及顾颉刚的,尤其针对《古史辨》最核心的方法论"层累造成说",极尽揶揄嘲讽之能事。而这个方法论正是他过去认为是顾颉刚"将宝贝弄到手"的"宝贝",现在却讥为荒诞之至。这件档案在近代疑古思潮衰退的过程中是极为重要的史料,我将全文放在附录中。^④

殷墟中出土的大量器物,尤其是精美青铜器,也打破了胡适原先持之甚坚的"商是新石器时代"之说。1930 年 12 月 6 日,他在史语所演讲时便承认:

> 在整理国故的方面,我看见近年研究所的成绩,我真十分高兴。如我在六七年前根据渑池发掘的报告,认商代为在铜器之前,今安阳发掘的成绩,足以纠正我的错误。^⑤

此处所谓"商代为在铜器之前",其实是一婉转的说法。六七年前,胡适认为商是新石器时代,而不是"铜器以前"。足见殷墟考古对其古史观

---

① 《傅斯年全集》,第 3 册,总第 739 - 744 页。
② 《傅斯年全集》,第 3 册,总第 959 - 1005 页。
③ 我曾于 1990 年,将其中一部分译成英文,附在我的 *Fu Ssu-nien: A Life in Chinese History and Politics* 后, pp. 205 - 206.
④ "傅档"II:910,杜正胜先生的隶定刊于《中国文化》,1990:12,第 250 - 251 页。
⑤ 《胡适的日记(手稿本)》,1930 年 12 月 6 日条,未标页数。

点产生的重大影响。而这一修正作用应该早从 1928 年底或 1929 年殷墟实物出土就已开始了，所以在 1929 年 3 月 11 日，当胡适还在上海担任中国公学校长时，顾颉刚因辞了中山大学而顺道过访，胡适告诉他：

现在我的思想变了，我不疑古了，要信古了！①

顾颉刚说：

我听了这话，出了一身冷汗，想不出他的思想为什么会突然改变的原因。后来他回到北大，作了一篇《说儒》，说孔子所以成为圣人，是由于五百年前商人亡国时有一个"圣人"出来拯救他们的民族……这就是他为了"信古"而造出来的一篇大谎话……宜乎这篇文章一出来，便受到郭沫若的痛驳，逼得他不敢回答。②

在 1951 年批判胡适的座谈会上，顾颉刚说：

我本是跟着他走的，想不到结果他竟变成反对我。

固然我所说未必对，可是他自己却已"宁可信而过，不可疑而过了"……钱玄同先生曾在 1936 年对我说："真想不到，适之的思想会如此的退步。"③

胡适这一重大转变应与殷墟发掘有关。胡适的疑古是有特色的，他

---

① 顾潮：《顾颉刚年谱》，第 171 页。
② 《我是怎样编写〈古史辨〉的？(上)》，《中国哲学》，第 2 辑，第 341 页。郭沫若的驳文见他的《青铜时代》。
③ 《大公报》(上海)，1951 年 12 月 16 日，转引自刘起釪《顾颉刚先生学述》(北京：中华书局，1986 年)，第 263 页。

的态度基本上是"宁可疑而错,不可信而错",但是一旦发现地下材料可以证明不当疑时,马上进行修正。1921年1月28日,他在《自述古史观书》中已说过这样的话:

> 大概我的古史观是:现在先把古史缩短二三千年,从《诗》三百篇做起。将来等到金石学、考古学发达,上了科学轨道以后,然后用地底下掘出的史料慢慢地拉长东周以前。①

所以当考古学有所发现时,他是可以很快修正其古史观的,尤其是这考古工作如果是用科学方法进行的发掘,说服力更大。1928年秋天,董作宾(1895—1963)率员在小屯发掘,已经发现不少重要的东西。胡适不一定读过他的《民国十七年十月试掘安阳小屯报告书》②,不过以他与傅斯年的关系,及傅氏对安阳发掘之重视,他对发掘所得必有所知。

1929年的第二次发掘从3月7日至5月10日止,由李济(1896—1979)主持,"获灰坑十三处,有字甲骨六百八十四版,并得大宗陶器、陶片、兽骨、铜器以及其他各种贵物"③。李济是哈佛大学博士、清华国学院讲师,也是第一次由中国人主持的科学考古山西西阴村发掘的主持人,用的是科学方法,有清楚的地层记录,这使得他的发掘的信服力大大增强。所以虽然所出铜器不多,但商代是一物质文明相当高的阶段已可确定。在那年3月11日胡适与顾颉刚见面之前,胡适未必知道这些新发现,不过1928年秋天以来殷墟的种种发现,当能逐渐改变"商是新石器时代"的看法。这也就符合胡适前面所说的"考古学发达,上了科学轨道以后,然后用地底下掘出的史料慢慢地拉长东周以前",所以他会告诉顾颉刚"我不疑古了"。

---

① 《古史辨》,第1册,第22页。
② 李济:《殷墟发掘报告》(南京:"中央研究院"历史语言研究所,1929年),第1册,第3-36页。
③ 石璋如:《考古年表》(台北:"中央研究院"历史语言研究所,1952年),第11页。

1931 年，胡适进一步接受傅斯年《周东封与殷遗民》中的观点。据傅氏 1934 年 6 月在该文刊出的前记上说：

> 此我所著《古代中国与民族》一书中之一章也。是书经始于五年以前，至民国二十年夏，写成者将三分之二矣。日本寇辽东，心乱如焚，中辍者数月。以后公私事纷至，继以大病，至今三年，未能杀青，惭何如之！此章大约写于十九年冬，或二十年春，与其他数章于二十年十二月持以求正于胡适之先生。适之先生谬为称许，嘱以送刊于《北大国学季刊》。余以此文所论多待充实，逡巡未果。今春适之先生已于同一道路上作成丰伟之论文，此文更若爝火之宜息矣。而适之先生勉以同时刊行，俾读者有所参考。今从其命，并志同声之欣悦焉。①

这段引文中所指《古代中国与民族》一书是傅氏未完成之作，《周东封与殷遗民》原预定为该书第三章。② 傅斯年先生遗档中尚有一些残件，讨论《天问》、种族变动与社会阶级等问题。因此胡适先生在 1931 年冬见到的不只是《周东封与殷遗民》，而且包括《夷夏东西说》的一些初步草稿。我在检视傅先生遗稿时，在一个牛皮纸大信封中见到以上稿件中间夹着胡适的一张便笺（这张便笺没有档号）：

---

　① 《傅斯年全集》，第 3 册，总第 894 页。
　② 胡适与傅斯年在 1931 年左右针对上古史事有过几次谈论，当时也正是傅氏撰写《古代中国与民族》的后期，所以见面所谈亦常围绕手中正进行的工作。1931 年 2 月 17 日条，《胡适的日记（手稿本）》上说："孟真来谈。谈他的'新获卜辞写本后记'跋，此文论二事……，一因卜辞'命周侯'而论'殷周的关系'。两题皆极大贡献，我读了极高兴。"隔天下午，傅斯年又前往胡宅谈论古史，《胡适的日记（手稿本）》，1931 年 2 月 18 日条下："下午孟真来谈古史事，尔纲也参加。孟真原文中说：'每每旧的材料本是死的，而一加直接所得可信材料之若干点，则登时变成活的'，此意最重要。尔纲此时尚不能承受此说。"《胡适的日记（手稿本）》，1935 年 6 月 6 日条下："孟真来谈他的古史心得，特别是秦民族的问题，极有趣味。他是绝顶聪明人，记诵古书很熟，故能触类旁通，能从纷乱中理出头绪来。在今日治古史者，他当然无与伦比。"

孟真兄：

大作极好。佩服！佩服！

如不难钞写，请钞一份送给我作参考，如何？山东人今尚祀"天齐"，即黄飞虎。……

适之

20.12.15

此处所指的"大作"一定是以《周东封与殷遗民》为主的一批稿件，一方面因为这封信夹在这份稿子中，二方面是因讲到"黄飞虎"的部分，正是《周东封与殷遗民》之论点：

周人逐纣将飞廉于海隅而戮之，飞廉在民间故事中曰黄飞虎。黄飞虎之祀，至今在山东与玄武之祀同样普遍。太公之祀不过偶然有之，并且是文士所提倡，不与民间信仰有关系。①

傅斯年认为，鲁的下层是殷遗民，他们祀的黄飞虎，即飞廉。而太公，是从西方来的周的统治阶级所崇祀，故即使到现代山东祀姜太公也仍是上层文士所提倡的。

《周东封与殷遗民》对胡适的古史观影响极大。他于1952年12月20日，在"傅孟真先生逝世两周年纪念会"上演讲时提到《周东封与殷遗民》一文对他的影响：

我在《中国哲学史》内提到古代服三年之丧这个问题，感觉到很困难。孔子的弟子宰我曾说一年就够了，但孔子却说"夫三年之丧，天下之通丧也"。过了一百年以后，当滕文公继承他父亲为滕侯时，

---

① 《傅斯年全集》，第3册，总第902页。

孟子居然说动了滕文公，说丧礼应服三年。但当时滕国的士大夫都不赞成；他们都反对"三年"。他们说，"吾宗国鲁先君莫之行，吾先君亦莫之行也"。这两句话与孔子的话是冲突的……究竟是孔子说假呢？还是滕国大夫错了呢？①

有关三年丧的历史矛盾，使得胡适在哲学史中主张孔子"说假"，可是傅斯年的《周东封与殷遗民》用古史二元文化观解开了这个矛盾——殷朝虽然已亡，"但其后七百年间，上边统治阶级与下边人民的习俗不同。绝对多数的老百姓是殷遗民，而三年之丧是殷民的制度，孔子自称是殷人（而孔子之天下，大约即是齐鲁宋卫，不能甚大，可以'登泰山而小天下'为证），所以孔子以三年之丧为天下通丧是不错的"②。胡适说，"我接受了他的观念，写了一篇五万字的文章，叫做《说儒》"，而从这个观念来讲，"根本推翻我过去对于中国古代思想史的见解"。③ 尤其重要的是，在这个新诠释系统中，孔子不必再如晚清今文家所极力主张的，是一个"说假"的人。细读《说儒》全文，便可以发现贯穿这篇文学的关键架构，便是周人在西，殷人在东，殷被周征服，但上边的统治阶级与下边的人民的文化习俗不同这个二元观点。

胡适在《说儒》中说周是西边来的征服者，而殷是东方的亡国遗民。儒原是殷民族的传教士，他们的人生观是亡国遗民柔顺的人生观。殷亡国后，有一个"五百年必有王者兴"之悬记，而孔子乃被认为应此悬记而生的圣者，他将殷商民族部落性的儒扩大为以仁为己任的儒，把柔儒的儒改变为刚毅进取的儒。1932 年 12 月 1 日在武汉大学的演说《中国历史的一个看法》中，胡适基本上也是使用古史二元的论点：

---

① 《傅孟真先生的思想》，《胡适讲演集》（台北：胡适纪念馆，1978 年），第 344 页。
② 《傅孟真先生的思想》，第 345 页。
③ 《傅孟真先生的思想》，第 346 页。

[商民族]在这正在建设文化的时候，西方的蛮族——周，侵犯过来了，他具强悍的天性，有农业的发明，不久把那很爱喝酒的、敬鬼的、文化较高的殷民族征服了。这一来，上面的——政治方面是属于周民族，下面的就是属于殷民族，二民族不断的奋斗，在上面的周民族很难征服下面的殷民族，孔子虽是殷人（宋国），至此很想建设一个现代文化，故曰"吾从周"，而周时也有人见到两文化接触，致有民族之冲突，所以东方（淮水流域）派了周公去治理，南方（汉水流域）派了召公去治理，封建的基础，即于此时建设。①

从"傅斯年档案"中所存《周东封与殷遗民》的残稿看来，它不是一次定稿，所以1931年胡适所读的是初稿，夹在《古代中国与民族》的一堆稿件中。1934年3月14日胡适拟作《原儒》一文，尚未动手②，遂请傅斯年将前稿送来，这一次他看到的或许是《周东封与殷遗民》较为清楚的稿子。胡适日记1934年3月20日条记："孟真来谈，他昨晚送来他的旧稿《周东封与殷遗民》诸文，于我作《说儒》之文甚有益，已充分采用，今天我们仍谈此题。"③1934年5月19日，《说儒》脱稿，胡适在8月30日给孟森（1868—1938）的信上得意地表示此文是"数年来积思所得"，并说三年丧制这个久不得解决的制度，现可归为殷礼，亦是"致思至十七年之久，近年

---

① 《胡适选集》（台北：文星，1966年），演说，第85 - 86页。
② 《胡适的日记（手稿本）》，1934年3月14日条，无页码。
③ 《胡适的日记（手稿本）》，1934年3月20日条。《章希吕日记》中记1934年4月30日："把适之兄做的《说儒》抄一两章，计一万字。今天抄完。"（见颜振吾编《胡适研究丛录》〔北京：三联，1989〕，第257页）在胡适写《说儒》的过程中，傅斯年不时前往胡宅讨论。根据罗尔纲在《师门五年记·胡适琐记》中追忆："1934年春，胡适撰《说儒》，每星期天下午，是他在家做研究的时间，傅斯年就过来共同讨论。"（罗尔纲：《师门五年记·胡适琐记》〔北京：三联，1995年〕，第138页）。章希吕1934年的日记中也不时记傅斯年来胡宅之事（见颜振吾编《胡适研究丛录》，第245 - 277页）。

始觉惟有三年丧制为殷人古礼之说足以解决一切疑难矛盾"。① 值得注意的是,胡适在《说儒》中主张殷为祖先教,乃殷代盛行人殉的观点,也与傅斯年的《周东封与殷遗民》有关。胡适于 1945 年在哈佛大学神学院讲座中依旧指出:"殷人的祖先教的用人祭及殉葬等惨酷风俗,引起后来思想家的反抗,故孔子说未知生焉知死,未能事人焉能事鬼……都带有 Agnosticism 意味。"②

胡适在《说儒》中其实已一再提到傅斯年对他的影响,但该文在 1935 年发表之后,一般读者似未注意傅、胡二氏前后思想沿承的关系,故对于这一段思想公案常有误解。如陈荣捷先生以英文撰写《近代中国宗教趋势》时,竟说胡适的《说儒》得到傅斯年的声援,所不同的是,胡适所用皆传统文献史料,而傅斯年多用甲骨文材料。③

在《说儒》中,胡适推崇孔子为殷商亡国之后,是应"五百年必有王者兴"之悬记而起的圣者。他将"五百年必有王者兴"比为耶稣基督的"悬记",这是傅斯年原来所没有的想法,可能与胡适撰稿期间所读关于耶稣基督的历史有关。④

值得注意的是胡适在由疑古转而重建古代史时,也逐渐摆脱了他早年深受影响的清季今文家言。钱穆注意到胡适在写《中国古代哲学史》时,只用《诗经》,不用《左传》。他问胡适缘故,胡适告以因为当时过信清

---

① 见引于耿云志:《胡适年谱》(香港:中华书局,1986 年),第 142 页。有意思的是傅斯年北大时期的同学毛以亨,在追忆傅氏的文章中说:"傅氏有若干独到见解,如《说儒》,胡适之先生曾依其说而撰一长篇论文(《关于傅斯年的一封信》,香港《天文台》,1951 年 1 月 2、4 日)。"毛氏不治中国上古史,所以将整个事实颠倒了过来。不过他的回忆倒也说明了当时有不少人留意到两人文章之间的关系。

② 《胡适的日记(手稿本)》,1952 年 1 月 7 日的这一段话可以与傅斯年的《周东封与殷遗民》及后来的《性命古训辨证》的第三章相比较(参考《傅斯年全集》,第 3 册,总第 902 页及总第 602、622 页)。《胡适的日记(手稿本)》,1952 年 1 月 7 日条,无页码。

③ Chan Wing - tsit, *Religious Trends in Modern China* (New York: Columbia University Press 1953), pp. 27 - 30.

④ 据章希吕 1934 年 4 月 11 日记,"适兄说新旧约是一部奇异之书",似当时正精读这一部书(见颜振吾编《胡适研究丛录》,第 253 页)。攻击《说儒》成为攻击整理国故派的一个重点。郭沫若、钱穆、冯友兰、范文澜等都有文章批评。而"五百年必有王者兴"这一"悬记"及商、周是否为二民族集团更是被攻击的重点。

季今文家言。① 胡适后来一步步摆脱疑古思维，除了受傅斯年及史语所地下发掘的影响之外，也当与钱穆的《刘向歆父子年谱》的发表有关。②

钱穆在《师友杂忆》里对胡适古史观的变化有扼要观察：

> 适之于史学，则似徘徊颉刚、孟真两人之间。先为《中国大史家崔东壁》一文，仅成半篇，然于颉刚《古史辨》则备致称许。此下则转近孟真一边。③

胡适的转变是件有重大意义的事，它代表一个由拆解上古史，到重建上古史的过程，而这个转变竟发生在一开始提倡疑古辨伪的胡适身上。而促成胡适改变"商是新石器时代"、孔子"说假"等观点的，主要是傅斯年的上古史观及史语所的殷墟发掘。这种由疑而信，由疑伪而重建的趋势，不只发生在胡适身上，但胡适当时的转变，却有重大的示范作用。殷墟发掘之后，才有讲上古史的书敢将商代作为信史放在书的开端。④ 足见其影响之广泛。

除了古史观外，1926 年 8 月胡适与傅斯年在巴黎见面时，傅斯年提出以发生学观点治文学史的口号，也曾深深影响胡适。傅斯年的观点，贯穿在两年后所写的《中国古代文学史讲义》中。他说文学的生命仿佛有机体：

> 都是开头来自田间，文人借用了，遂上台面，更有些文人继续的

---

① 钱穆：《师友杂忆》（台北：东大，1983 年），第 144 页。
② 譬如《胡适的日记（手稿本）》，1930 年 10 月 28 日条："顾（颉刚）说一部分作于曾见钱谱（《刘向歆父子年谱》）之后，而墨守康有为、崔适之说，殊不可晓。"1931 年 3 月 31 日的日记上则说："今天讲西汉经学……我现在渐渐脱离今文家的主张，认西汉经学无今古文之分派，只有先出后出，只有新的旧的，而无今古文分家。"
③ 钱穆：《师友杂忆》，第 147 页。
④ 苏秉琦：《建国以来中国考古学的发展》，载《苏秉琦考古学论述选集》（北京：文物，1984 年），第 300 页。

修整扩张,弄得范围极大,技术极精,而原有之动荡力遂衰,以至于但剩了一个躯壳,为后人抄了又抄,失去了扩张的力气:只剩下了文字上的生命,没有了语言上的生命。……文学史或者可和生物史有同样的大节目可观,"把发生学引进文学史来!"是我们工作中的口号。①

在"傅斯年档案"中,我们可以看到一份题为"赤符论"的笔记本,只有两页拟目,及一些零星的笔记。其中有一页傅氏写了一行"文学由俗而雅,由雅而典,由典而则,有则则死",也是同样的意思。②

就在胡适与傅斯年见面大约十天后,当胡适为自己所编《词选》写《序》时,便沿用了这个说法:

> 但文学史上有一个逃不了的公式。文学的新方式都是出于民间的。久而久之,文人学士受了民间文学的影响,采用这种新体裁来做他们的文艺作品。文人的参加自有他的好处:浅薄的内容变丰富了,幼稚的技术变高明了,平凡的意境变高超了。但文人把这种新体裁学到手之后,劣等的文人便来模仿;模仿的结果,往往学得了形式上的技术,而丢掉了创作的精神。天才堕落而为匠手,创作堕落而为机械。生气剥丧完了,只剩下一点小技巧,一堆烂书袋,一套烂调子!于是这种文学方式的命运便完结了,文学的生命又须另向民间去寻新方向发展了。③

---

① 《傅斯年全集》,第1册,总第13页。
② 《赤符论》,见"傅档",无档号。
③ 《词选·序》(台北:商务印书馆,1975年),第9-10页。

胡适《白话文学史》基本上发挥这一想法①，胡适后来回忆说这是因为他与傅斯年的见解相同。他说：

> 我们做学问功力不同，而见解往往相近。……孟真有"生老病死"的议论，与我很相同。

此处谈到文学形式"生老病死"之观念，应该说是受到傅斯年影响。胡适在一篇回忆傅氏的文字中便说 1926 年 8 月：

> ［这次孟真］从柏林赶来［巴黎］与我同住了许多天，……那个时候他就已经撒下了许多种子。他说：中国一切文学都是从民间来的，同时每一种文学都经过一种生老病死的状态。②

此外，在哲学的观点上，傅斯年似乎也曾对胡适有所影响。1918 年傅斯年发表一篇文章，主张哲学门不当隶属于文科，此文是傅氏深得蔡元培欣赏的开始。在这篇文章中，他认为哲学问题的解决有待科学的发展：

> 凡自然科学作一大进步时，即哲学发一异彩之日。以历史为哲学之根据，其用甚局；以自然科学为哲学之根据，其用至溥。

又说：

---

① 《白话文学史》（台北：信江，1974 年）中写于 1928 年 6 月 5 日的《序》中要人们特别注意他这方面的观点（第 10 页）。在第 13 页中胡适说："一切新文学的来源都在民间。民间的小儿女、村夫农妇、痴男怨女、歌童舞妓、弹唱的、说书的，都是文学上的新形式与新风格的创造者。这是文学史的通例，古今中外，都逃不出这条通例。"
② 《傅孟真先生的思想》，《胡适讲演集》，第 342 页。

以为哲学、文学联络最为密切,哲学、科学若少关系者,中国人之谬见然也。……在于西洋,凡欲研治哲学者,其算学知识,必须甚高,其自然科学知识,必具大概。今吾校之哲学门,乃轻其所重,绝不与理科诸门谋教授上之联络,窃所未喻也。①

不过此时他只说哲学与科学较文学、历史为近,但在欧洲受实证主义的深刻熏陶之后,他对哲学的看法更为激进,进而主张取消哲学了。他陆续说:

哲学是一个大假定②。

哲学一定要合经验。哲学与科学用一样方法③。

哲学不能出于人性④。

中国本没有所谓哲学,多谢上帝,给我们民族这么一个健康的习惯。⑤

而且当他初抵国门不久,办理中山大学文学院时,他绝不讳言他的目标是:

绝国故,废哲学,放文人及存野化。⑥

而最终目标是"必使斯文扫地而后已"。这是傅斯年受当时欧洲实证

---

① 傅斯年:《论哲学门隶属文科之流弊》,高平叔编:《蔡元培全集》(北京:中华书局,1984 年),第 3 卷,第 194 - 197 页。原刊于 1918 年 10 月 8 日出版《北京大学日刊》第 222 号。

② 《傅斯年全集》,第 4 册,总第 1255 页。

③ 《傅斯年全集》,第 4 册,总第 1255 页。

④ 《傅斯年全集》,第 4 册,总第 1255 页

⑤ 《与顾颉刚论古史书》,《傅斯年全集》,第 4 册,总第 1521 页。

⑥ 《朱家骅傅斯年致李石曾吴稚晖书》,《傅斯年全集》,第 7 册,总第 2445 页。

主义影响的结果。而这些论点曾在巴黎见面时给予胡适相当深刻的影响。《胡适遗稿及秘藏书信》中有一封信，也许是因为字迹太过潦草不易辨识，故并未收于《胡适来往书信选》中。在这封信中，傅斯年主张中国只有"方术"，没有"哲学"，而且认为这是中国极幸运的地方——"多谢上帝，使得我们天汉的民族走这么健康的一路"①。他说：

> 我当方到英国时，觉得我好像能读哲学书，甚至德国哲学书，后来觉得不能懂德国哲学了。觉得德国哲学只是些德国语言的恶习惯。现在偶然想起一部 Hume 来，也不知所谓了。总而言之，我的脑筋对于一切哲学都成石头了。我于这个成绩，也很欢喜。②

傅斯年这时以哲学为语言的"恶习惯"，以不能读哲学为"很欢喜"。从胡适 8 月 24 日的回信可以看出胡适对此大有共鸣。由于胡适的回函保留在"傅斯年档案"中未发表，故详细摘抄于此：

> 孟真：前天发一信，已接到否？我决计住到九月三号，甚盼你能早来。……你最得意的三件事，我却也有点相像。一、近来每用庞居士临死的遗训劝人："但愿空诸所有，慎勿实诸所无。"庞居士也许注重在上半句，我却重在下半句。你的几句中国书，还不曾忘得干干净净，但这不关紧要。只要把那些捆死人的绳索挣断几条——越断的多越好——就行了。二、捆人最利害的是那些蜘蛛肚里吐出来捆自己的蛛丝网，这几年我自己竭力学善忘，六、七年不教西洋哲学，不看西洋哲学书，把西洋人的蛛网扫去了不少，自己感觉痛快……这一层我很得意。因为我是名为哲学教授，很不容易做到把自己吃饭家伙

---

① 傅斯年 1926 年致胡适信，见《胡适遗稿及秘藏书信》，第 37 册，第 357 页。
② 《胡适遗稿及秘藏书信》，第 37 册，第 359 页。

丢了。三、我很佩服你的"野蛮主义"。我近来发表一文《论西洋近代文明》,你若见了此文,定有许多地方能表示同意。我在那文里说:"西洋近代文明不从宗教出发,而结果成一新宗教,不管道德,而结果自成一新道德。"此言与你的"一学得野蛮,其文明自来"同一见解,但没有你说得痛快。①

胡适在留学时期的日记中一再谈到他将以哲学为志业,他是哲学博士、哲学教授,又以《中国哲学史》享大名,但从此以后却倾向废哲学。他真正将废哲学的想法付诸行动是 1931 年担任北大文学院长时,"曾言其办文学院其实则只是办历史系,因其时适之已主张哲学关门"②。这和 1927 年傅斯年主持中山大学文学院时想"废哲学"的主张何其相近。哥伦比亚大学哲学系毕业的胡适,竟主张关闭哲学系,甚至在日记中不时吐露反哲学言论。如 1929 年 6 月 3 日日记上记:

......

(2)哲学的根本取消:

问题可解决的,都解决了。一时不能解决的,如将来有解决的可能,还得靠科学实验的帮助与证实。科学不能解决的,哲学也休想解决;即使提出解决,也不过是一个待证的假设,不足以取信于现代的人。

故哲学自然消灭,变成普通思想的一部分......③

这是胡适原来所不曾有的想法,极可能是受傅斯年的影响,认为所有

---

① "傅档"I:1678。
② 钱穆:《师友杂忆》,第 147 页。
③ 《胡适的日记(手稿本)》,1929 年 6 月 3 日条,无页码。

哲学皆该消灭,并认为中国没有哲学是一件值得庆幸的事情。①

以上是将傅斯年与胡适之间的思想交涉痕迹作一勾勒,主要指出在古史观、文学观及哲学观这三方面,傅斯年对胡适的影响。这些思想交涉,对当时中国整个学术界具有相当的意义。以胡适在当时全中国思想学术界的关轴地位,他逐步由疑古转为相信,由破坏而走向重建,自有涟漪效应,而他接受上古二元集团的史观,也对史学界的上古史诠释有所影响。他逐步倾向"取消哲学",使得他的学问领域变得愈来愈专注于文献考订的工作,未多关心哲学理论与时代的密切关联,未能同情中国传统哲学,也未努力发展任何哲学思维来"对抗"当时日渐壮大的马克思主义思潮。

附　录

戏论一②

时宇相对,日月倒行,我昨天在古董铺里搜到半封信,是名理必有者写的,回来一查通用的人名典,只说"理必有是……三十三世纪的人,好为系统之疑古,曾做《古史续辨》十大册,谓民国初建元时谈学人物颇多,当时人假设之名,有数人而一名者,有一人而数名者,有全无其人者,皆仿汉

---

① 此外,胡适在日本京都支那学会演讲时,提出一个与傅斯年在《史语所工作旨趣》中相同的看法,即西洋汉学家在所谓"房学"的范围中,贡献特别大。傅氏是这样说的:"凡中国人所忽略,如匈奴、鲜卑、突厥、回纥、契丹、女真、蒙古、满洲等问题,在欧洲人却施格外的注意。说句笑话,假如中国学是汉学,为此学者是汉学家,则西洋人治这些匈奴以来的问题,岂不是房学,治这学者岂不是房学家吗? 然而也许汉学之发达有些地方正借重房学呢!"(《傅斯年全集》,第4册,总第1305-1306页。)"傅档"V:26是傅在德国时的一本书目笔记,其中便列有"房史"一目,我推测这个观念在1926年胡、傅二人巴黎见面时,傅氏可能也对胡适说到过。1927年4月间,胡适在京都演讲时,依吉川幸次郎的回忆,他在黑板上大书"房学"二字,并发挥了类似的观点。见《吉川幸次郎全集》(东京:筑摩书房,1967年),第16卷,第432页。

② 按:杜正胜先生将此稿整理出来。

儒造作,故意为迷阵以迷后人。甚谓孙文堇①《西游记》孙行者传说之人间化、当时化,黄兴亦本'黄龙见'之一种迷信而起。此均是先由民间传信,后来到读书人手中,一面求雅驯,一面借俗题写其自己理想的。此等议论盛行一时,若干代人都惊奇他是一位精辟的思想家"。他这信的原文如下:

中华民国三千二百十四年六月十日②疑成③疑县理必有奉白:

顾乐先生,辱你赏我一封信,叙述你先生自己于民国初建元史料上之心得,何等可感!细读几回,甚为佩服。我于此时史事亦曾研究其一面,始以为但是当时文士之一面,数年后顿觉此实是当时一切史实之线索,盖当时史事多此数君以一种理想为之造作者,弟已布专书,现在略举两、三个例。弟于《胡适年谱》上已证成世传之《胡适文存》很多是后人续入者,于《顾君考》上证名④顾君《古史解》颇多增改。此均不甚箸警之论。其使人可以长想者,则有如钱玄同问题,世人以钱玄同与疑古玄同为一人,实是大愚。更傅会谓钱越人,故武肃王之苗裔,则等于桥山有黄帝陵一种之可笑矣。查"玄"是满洲朝康熙帝名,是则此名必不能先于民国元年,若曰在民国元年改的,则试看所谓钱玄同一人之思想,实是最薄中国的古物事者及通俗物事者;有此思想之人,必不于此时改用此一个百分充足道士气之名无疑。故如玄同为王敬轩之字犹可说也,玄同为此等思想之人之改定名,在理绝不可通。又如"钱"之一字,今固尚有姓钱者,今世人用文采粲然之纸币、皮币大张精印,而三千年前则用一种不便当的可憎品,当时人尤以为不然。今虽书缺文脱,而常常见"铜臭物"一个名词,果然自

①　原稿如此:疑"堇"应作"是"。
②　本行旁另有附语:"希望我们民国这么长。我的附注。"
③　原稿如此:疑"成"应作"城"。
④　原稿如此:"证名"应作"证明"。

己改名"玄",名"玄同"矣,何不并姓而亦改之？胡留此一不甚雅之字以为姓乎？细思方觉此实一非有先生、亡是公子,姑名为"玄同"以张其虚,姓之曰"钱"以表其实。世无有虚过于玄而实过于钱者,以此相反之词为名,实系一小小迷阵,若谓别人曰:看破者上智,看不破者下愚。何以见得呢？钱君后来至改姓疑古,疑古二字与钱同以喉音为纽,明是射覆的意思。我又比列一切见存钱君著作,所有在陈氏《理惑集》(按此必《新青年》知于后世之名)、《胡氏春秋》(按此必适之先生之《努力》及其《读书杂志》)、《古史解》(按此必君之《古史辨》也),按其年次而列之,见其颇不一贯,显系至少有三人,一为一欲举一切故传而汇之者,一为一好谈当时之所谓注音字母者,一则但为一以一种激断论(radicalism)治经史材料者,所谓疑古玄同是也。此三类行文上甚不同,虽然勉强使其外表同,使其成语前后一贯,因而其吃力勉强,造成此前后求若一贯之状态,从此愈为显著。余曾断定末一玄同(疑古),实顾颉刚举其最激断之论加此名下而布之,其他二端亦当时《理惑集》中人所设亡有先生,盖《理惑集》中无此一格,在建筑意义上为不备格,一切证据均详该书(惜乎此地不详举,可惜！可惜！我的注。)谓余不信,则试看钱玄同名下一切文字中之含性,始也便是一切扫荡之谈,而卒之反局①于辨经②疑古之绩。如有钱玄同其人,必是一多闻中国故事物者,于其名下之文字中可见。如先弄了些中国故事,后来愿舍而去之,亦必先经辨经疑古之一步,然后更放而至于为一切扫荡之谈,理为顺叙。若既已至于一切扫荡矣,又安得转身回来,标小言詹詹之疑古氏哉？此种颠倒之程叙③,按之④胡适氏之个人或社会思想进化步次论,绝然不符;按之顾君之累层地造成之组织学论亦

---

① 原稿如此:"局"应作"局"。
② 原稿如此:"辩经"应作"辨经"。
③ 原稿如此:"程叙"今多作"程序"。
④ 此字后作者插入一句:"今时通以为然。"

无。譬如藉薪,后来居下①者也。今人信民国初元人之疑古,而忘疑民国初元人之古;不知民国初元人性德上亦若汉初元人耳。见斯公整齐文字,则谓史籍亦然;则有周公,则谓亦有伊尹,此汉初儒者的说法。识破这些圈套矣,而另造些圈套以试试后人之眼力,此民国初儒者的说法。明知没有左丘明,更没有丘明作传的故事,偏自编一部书,说是丘明作的传,这是刘子骏的办法。明知没有谯周,更没有谯周作《古史解》故事,遍②造了这断③故事,又作了一部书,使他□□三分之二,同于乌有谯周之凭虚书,却不说《古史解》是谯周之作了。这是顾颉刚的进化了的办法,此之进化是时代的果……(下文不及见,可惜!)

请颉刚转以质之我们的玄同先生,这断④小小疑古是难保无呵,或者是"莫须有呢"?

我想诸公"作法自毙","不暇自哀而使后人哀之也"。

---

① 此"下"字旁原标二圈(○○),以排版限制,改易为"⌣⌣"符号。
② 原稿如此:疑"遍"当作"偏"。
③ 原稿如此:"断"应作"段"。
④ 原稿如此:"断"应作"段"。

傅斯年——胡适的学生和诤友

吕景琳[*]　朱宗震^{**}

　　傅斯年(1896—1950),字孟真,山东聊城人。他是胡适在北京大学教授中国哲学史时的学生。因为两人年龄相差有限(胡生于1891年,只大傅五岁),相处久了,这师道尊严也就渐渐融化在朋友般的深厚情谊之中了。傅斯年猝然病逝之后,胡适非常伤感,在致傅的夫人俞大彩的唁函中深沉地说:"孟真待我实在太好了,他的学业根基比我深厚,读的中国古书比我多得多,但他写信给我总自称'学生',三十年如一日。我们见面时也常'抬杠子',也常辩论,但若有人攻击我,孟真一定挺身出来替我辩护。他常说:'你们不配骂适之先生。'意思是说,只有他自己配骂我。我也常说这话,他并不否认! 可怜我现在真失掉我的 Best critic and defender

　　* 吕景琳(1940—2002),1940年12月生,山东聊城市人。1959年自聊城三中考入复旦大学历史系。1964年毕业分配至中国社会科学院近代史研究所工作。1981年调山东社会科学院历史所,曾任所长,现任研究员。山东历史学会理事、明清文化研究中心副主任。专门从事明史和中国文化史研究。发表《李贽与明代的三教合一思潮》、《明代王学在北方的传播》、《明代自耕农简论》、《傅斯年与胡适》、《明代北方经济概述》、《同文馆述评》等论文数十篇,有《洪武皇帝大传》、《乱世英豪朱元璋》、《明代开国功臣传》、《中国封建社会经济史·明代卷》等专著,主编有多卷本中国通史,如《中华五千年》,点校整理有明人著述笔记《尧山堂外记》、《广志绎》、《谷山笔尘主》、《谷城山馆诗文集》等。

　　** 朱宗震(1941—2011),1941年生于上海市浦东川沙县,1964年毕业于上海复旦大学历史系。中国社会科学院近代史研究所研究员,曾为南京大学中华民国史研究中心与中国人民大学历史系客座教授。主要研究方向为中华民国史。代表作有《中华民国史》(合著)、《孙中山在民国初年的决策研究》、《民国初年政坛风云》等。本文写成之后,其概括自己的历史观为:"善事种恶因,恶行结善果;相反又相成,相生已相克。"

了。"①可见,胡适和傅斯年关系之亲密、坦率和真挚,非同一般。其实,不仅如此,傅斯年一直在维护和支持胡适的理想和事业,在人生的搏击中,两人非常密切地互相呼应着。

一、师事胡适　互勉学问

傅斯年出身于官宦世家,先祖傅以渐是清初第一科的状元,官至武英殿大学士。祖父是一名拔贡。父亲中举后曾经在山东东平龙山书院任山长六年,1904 年傅斯年九岁时病故。因为他的祖父、父亲都没有出外做官,家道开始衰落,但依然保持着诗书传家的尊荣。山东聊城这个北方的运河城市,也曾帆樯如林,然而,随着海禁大开,它的性格于浑厚与倔强之中,变得越来越滞重。经济的落后结伴而来的是文化的闭塞。傅斯年虽然天资聪慧,也只能接受子曰诗云的旧式教育,直到 1908 年,他父亲的一个学生资助他进入天津一个新式学堂,才开始接受新知识。当时,中国社会风气和社会教育还没有真正进步到重视科学的程度,从接受旧式教育转入接受新式教育的学生,大都仍停留在人文教育的范围内。后来,傅斯年曾谈起他"没有算学的中学训练"的缺憾②,然而,失之东隅,收之桑榆,渊源家学而来的良好的国学训练,为傅斯年日后在史学领域运用近代科学知识,奠定了深厚的基础。

1916 年秋,傅斯年从北京大学预科毕业后升入了北京大学的中国文学系。据他的同学毛子水回忆说:"在我看起来,他那时的志愿,实在是要通当时所谓'国学'的全体,惟以语言文字为读一切书的门径。"③于是,傅

---

① 胡颂平编著:《胡适之先生年谱长编初稿》(台北:联经出版事业公司,1984 年),第六册,第 2157 - 2158 页。
② 傅斯年致胡适函(1928 年 9 月 20 日),原件,中国社会科学院近代史研究所藏。
③ 毛子水:《傅孟真先生传略》,转引自傅乐成著《傅孟真先生年谱》(台北:传记文学出版社,1979 年),第 8 页。

斯年成了国学大师黄侃的高足弟子。黄侃是章太炎的门生,章曾经是一个革命者,但章氏之学已经落伍了,黄侃在北大是一个有名的保守派。

1917 年 1 月,学界巨子蔡元培出任北京大学校长,提倡"思想自由","兼容并包",大刀阔斧地改革教育,一扫学界的沉闷空气,为新文化运动开辟了一个富饶的孕育场所。这时正在美国留学的胡适,深受西方文化熏陶,痛感中国文化的落伍,主张文学革命、思想新锐,经陈独秀的推荐,受到蔡元培的赏识,以一个年轻的博士生身份,于是年 9 月被聘为北京大学教授。当时,传统的经学思想仍占据着主导地位,而胡适在北大,运用西方哲学思想,主要是杜威的实验主义,来清理中国历史,讲授中国古代哲学,使人耳目一新,对青年学子产生了很大的吸引力。

傅斯年就是在胡适的吸引下,从旧文化的营垒,转入新文化的门下。傅斯年起初没有选听胡适的课,他的同窗好友顾颉刚回忆他们师承胡适的经过时说:"那时傅孟真先生(斯年)正和我同住在一间屋内,他是最敢放言高论的,从他的言论中常常增加我批评的勇气,我对他说:'胡先生讲得的确不差,他有眼光,有胆量,有断制,确是一个有能力的历史家。他的议论处处合于我的理性,都是我想说而不知道怎样说才好的。你虽不是哲学系,何妨去听一听呢?'他去旁听了,也是满意。"[①]后来,傅斯年和他的好友罗家伦、顾颉刚等就经常到胡适那里去请教受益,讨论争辩。胡适在和这批学生接触中,发现他们的国学根柢甚至比自己还强,所以常常提心吊胆,激励自己,加倍用功。渐渐地他们成了志同道合的朋友和探求新知的群体。傅斯年则以他的组织和凝聚才干成了这个胡适派群体中的学生骨干。

当时,胡适正和陈独秀等先进分子鼓吹和推进新文化运动,胡适的学生们也积极行动起来,投身到这个时代的大潮之中。傅斯年和徐彦之、顾颉刚、罗家伦、康白情等几位同学一起,发起组织新潮社,创办《新潮》杂

---

① 顾颉刚:《古史辨·自序》(上海:上海古籍出版社,1982 年),第一册。

志,来宣传新文化、新道德、新思想。胡适作为他们的导师,担任了新潮社的顾问。傅斯年作为《新潮》的主任编辑,起草了《新潮发刊旨趣书》,阐明了自己的宗旨:"总期海内同学去遗传的科举思想,进于现世的科举思想;去主观的武断思想,进于客观的怀疑思想;为未来社会之人,不为现在社会之人;造成战胜社会之人格,不为社会所战胜之人格。"①《新潮》为自己确立了如下的方针:"(一)批评的精神;(二)科学的主义;(三)革新的文词。"②这个冲破藩篱、放眼未来、倾心科学的宣言,显示了青年学子自立自强的创造精神,也是那个时代大潮激发出的号角声。《新潮》这个由学生自办的刊物一经出版,就在青年学生中和社会上引起了巨大的反响。据罗家伦回忆,《新潮》发刊号很快就销售一空,再版三版,总销量达一万三千册。

《新潮》的创刊,是得到校长蔡元培和陈独秀、李大钊等师长的热情支持的。不过,由黄侃的弟子傅斯年来担任主任编辑是带点戏剧性的。据说,"当徐彦之等向陈独秀陈情,希望学校帮助解决经费问题时,陈独秀因傅斯年是反对新文学最力的国文系教授黄侃(季刚)的得意门生,傅斯年此时这一一百八十度的大转弯令人生疑。陈疑其是由黄派来的探子,起初颇为犹豫,后经胡适解说、担保,陈独秀才答复:'只要你们有办的决心和长久支持的志愿,经济方面可以由学校负担'"③。后来,蔡元培从北大每年4万元的经费中,提出2 000元资助办《新潮》。由此也可见胡适对傅斯年的启迪作用,是多么重大。

傅斯年在《新潮》时期,还说不上有独立门户的创造,却比较全面地发挥和补充了胡适的见解。在人生观上,他猛烈抨击封建名教,提倡"为公

---

①《新潮》杂志,第一卷第一号,北京,1919年1月1日出版。

② 傅斯年:《新潮之回顾与前瞻》,《新潮》杂志,第二卷第一号,1919年10月30日出版。

③ 萧超然:《北京大学与五四运动》(北京:北京大学出版社,1986年4月第一版),第99-100页。

众的福利自由发展个人"①,也就是自由主义、个人主义的世界观。在方法论上,鼓吹"实际主义是现在思想界中最精的产物"②。按:实际主义即Pragmatism,胡适又译为实验主义,他即以在中国传播杜威的实验主义自豪。在新文学上,傅斯年提出白话文要"乞灵说话","直用西洋文的款式"③,就白话文创作进行新的发挥和阐述。

从傅斯年的一生来看,他的民族主义观念是很强烈的,大体上师承了章氏之学。但在欧化的问题上,傅斯年也离开了章氏之学。在辛亥时期,章太炎曾经抨击欧化主义说:"近来有一种欧化主义的人,总说中国人比西洋人所差甚远,所以自甘暴弃,说中国必定灭亡,黄种必定剿绝。因为他不晓得中国的长处,见得别无可爱,就把爱国爱种的心,一日衰薄一日。"④但国粹派并没有发掘出国粹,欧化主义在陈独秀、胡适那里又进了一层。在《答余裴山书》中,傅斯年也说:"觉得欧美的东西都是好的,固然是荒谬极了;但极端的崇外,却未尝不可。"⑤可以这么说,这一时期,是傅斯年全盘师承胡适的时期,他也确实是胡适的高材生。

正当傅斯年在文化新潮中议论风发的时候,一个突发的事件把他推向了直接的政治行动。1919年4月,巴黎和会决定把德国在山东的特权全部让给日本。中国外交失败的消息传来,北京爱国的学生一下子沸腾起来。新潮社作为北大著名的学生社团、新文化运动的积极参加者,在这场为形势触发的学生爱国运动中发挥了骨干作用。5月4日上午,北京各校学生代表集会,傅斯年因主编《新潮》享有盛誉,被推为主席。下午,他扛着大旗率领游行队伍直赴赵家楼,成为名震一时的学生领袖。但傅斯年很快就对这场运动感到厌倦,离开了学生运动的核心。据说,起因仅

---

① 傅斯年:《人生问题发端》,《新潮》杂志,第一卷第一号。
② 傅斯年:《失勒博士的形式逻辑》,《新潮》杂志,第一卷第三号,1919年3月1日出版。
③ 傅斯年:《怎样做白话文?》,《新潮》杂志,第一卷第二号,1919年2月1日出版。
④ 章太炎:《东京留学生欢迎会演说辞》,汤志钧编:《章太炎政论选集》(北京:中华书局,1977年),上册,第276页。
⑤ 《新潮》杂志,第一卷第三号,1919年3月1日出版。

仅是学生中的一点小冲突。

傅斯年对于他所参与的这一伟大事件,常常带着一种矛盾的心理去谈到它。他有时以"五四"先锋自许,肯定"五四"提倡民主和科学的功绩,有时又感叹"五四"的幼稚,批评说:"我自感觉'五四'运动之只有轮廓而内容空虚,在当年——去现在并不远——社会上有力人士标榜'五四'的时代,我也不愿附和。"①所以出现这些矛盾心态,都与他作为"五四"学生运动领袖的有始无终、浅尝辄止有关。傅斯年作为缙绅人家的子弟,虽然家道中落,但少年时期的生活是平稳的。他作为富于理性的热血青年,追求新思想,追求新潮流。然而,近代中国社会处于激烈的变动之中,它需要一代代青年的叛逆精神,去适应大风大雨的生活。对此,傅斯年是难以适应的,要在行动上跨入一个陌生的领域,是人生的难事。因此,当需要投入剧烈行动的时候,他却倏然离开了正在掀起国民革命的群众队伍。也正因为如此,傅斯年容易接受胡适的比较保守的改良主义观点,接受胡适指点的人生道路。

"五四"新文化运动是由陈独秀创办《青年》杂志而开其端绪的。陈参加过辛亥革命、二次革命,二次革命失败后曾流亡日本,加入了欧事研究会。欧事研究会是革命党人中的稳健派,他们甚至主张暂时停止革命,同袁世凯妥协。辛亥革命本来是由自由主义思想来哺育的,正如傅斯年所说:"中国因受自由主义的影响,乃有辛亥革命之成功。"②但辛亥后,"中国化"的自由主义,却成了涣散革命队伍的销蚀剂。所以,孙中山大声疾呼,要求革命党员放弃个人自由,服从党魁命令,实行领袖集权体制。结果,孙中山的主张在党内引起了极度的思想混乱,黄兴责备孙中山说:"不愿先生反对自己所提倡之平等自由主义。"③革命党人无法解决思想上需

---

① 傅斯年:《"五四"偶谈》,《傅斯年全集》(台北:联经出版事业公司,1980年),第五册,第255页。以下简称《傅集》。

② 傅斯年:《一夕杂感》,《国闻周报》,第12卷第32期,天津,1935年8月19日出版。

③ 黄兴:《复孙中山书》,湖南省社会科学院编:《黄兴集》(北京:中华书局,1981年),第358页。

要自由,行动上需要权威之间的矛盾,又看不到国民革命条件的成熟。正是在这种复杂惶惑的形势下,陈独秀暂时脱离了革命的实际行动,转入到文化阵地来开辟前进的道路。他发展了辛亥以来的自由主义思想,以更猛烈的攻势,冲击旧思想、旧道德、旧文化。他在《青年杂志》创刊号上宣布:"盖改造青年之思想,辅导青年之修养,为本志之天职,批评时政,非其旨也。"①

陈独秀的这种思想状态,与胡适的思路是比较合拍的。胡适参加《新青年》之后,即提出"二十年不干政治,二十年不谈政治","改良政治要先从思想文艺下手",②表明他对革命不感兴趣。正是陈独秀在政治行动上暂时的保守性,才能把胡适这样一位深受西方文化熏陶,但行动上保守、书斋气十足的知识分子,吸引到新文化运动中来。

在社会新的凝聚力形成之前,胡适对青年知识分子有着较强的吸引力。傅斯年在胡适的影响下,也滋长着对政治斗争的厌倦情绪。还在"五四"之前,他在《朝鲜独立运动之新教训》一文中说:"书生自以为力量不够,想要借重武人资本家,等到成功以后,便是武人资本家的专政,全反书生的初心,革命等于未革命。"③在《白话文学与心理的改革》一文中,他像胡适一样,将思想革新与政治革新划了一道分水线,而对政治革新的前景过于轻视。他说:"到了今日,政治上已成'水穷山尽'的地步了。其所以'水穷山尽'的缘故,想由于思想不变,政体变了,以旧思想运用新政体,自然弄得不成一件事……到了现在,大大应该有一种根本的觉悟了:形式的革新——就是政治的革新——是不中用的了,须得有精神上的革新——就是运用政治的思想的革新——去支配一切。"④正因为傅斯年把思想革新和政治革新在时间上截然分割开来,而不是看成一种交互的运动,才造

---

① 陈独秀:《答王庸工》,《青年杂志》,第一卷第一号,上海,1915 年 9 月 15 日出版。
② 胡适:《丁文江的传记》(台北:远流出版公司,1986 年 10 月 25 日第二版),第 58 页。
③ 《新潮》杂志,第一卷第四号,1919 年 4 月 1 日出版。
④ 《新潮》杂志,第一卷第五号,1919 年 5 月 1 日出版。

成他在政治行动上心血来潮，没有长性。虽然时代到了"柳暗花明又一村"的边缘，他却踟蹰不前。

"五四"之后，傅斯年在《新潮之回顾与前瞻》一文中，概括了《新潮》的道路和自己的选择。他说："至于新潮社的结合，是个学会的雏形，这学会是个读书会，将来进步，有些设备了，可以合伙研究几件事务。最后的目的，是宣传一种主义。到这一层，算止境了，我们决不使他成偌大的一个结合，去处治社会上的一切事件……在中国是断不能以政治改政治的，而对于政治关心，有时不免是极无效果、极笨的事。我们同社中有这见解的人很多。我虽心量褊狭，不过尚不致于对于一切政治上的事件，深恶痛绝！然而以个人的脾胃和见解的缘故，不特自己要以教书匠终其身，就是看见别人作良善的政治活动的，也屡起反感。"①他们对政治感到失望，就钻进学术的象牙塔。所以，新潮社中人，一个个选择了出洋留学、走向书斋的道路。

这时，傅斯年已从北京大学毕业，考取了山东省官费留学生，不久，1919年12月26日离开北京，前往上海，转赴英国伦敦求学，开始了长达七年的留学生活。羽翼开始丰满的傅斯年，已经不仅仅是胡适的学生，而且，担当起胡适的诤友来。1920年8月，傅斯年从伦敦写给胡适互勉学问的长信，当是两人交往中感人肺腑的一章。信中说："人的幸福我以为全在学问与事业之进行中，而不在成就之后，但凡觉到了成就，顿时意趣索然。以先生之识与力，自必精勤继续未竟之业。总之，为个人言，古来成学业的，都是期于白首，而不隐于才华；为社会上计，此时北大正应有讲学之风气，而不宜止于批评之风气。社会上的名望，我常倒转说，'不可怀也，亦可畏也'。先生自提倡白话文以来，事业之成就，自别人看之实在可惊，然若自己觉得可惊，则人之天性，本是以成就而自喜，以自喜而忽于未来之大业。所以兴致高与思想深每每为敌，人性最宜于因迫而进，而惯怠

① 傅斯年：《新潮之回顾与前瞻》，《新潮》杂志，第二卷第一号，1919年10月30日出版。

于实至名归之时。"①这时候的胡适已开始受盛名之累,傅斯年的规劝可谓一语中的。这封信中透出的消息,使我们很惊讶胡、傅之间从师生关系向朋友关系发展的神速,这也可见胡适不摆"师尊"架子的气度。

傅斯年与胡适互勉,倦倦学业,期于白首,只是一颗平凡的赤子之心吧。诚然,近代中国社会需要英雄业绩,而皓首求知的人,大多未曾走上英雄之路,但芸芸众生毕竟铺垫着社会生活迂回曲折的道路。一点一滴的成就,固然比不上狂飙的业绩,但狂飙的力量也终究有限,它仍然需要一点一滴的铺垫,才能实现其存在的价值。英雄有时在地上,有时则在天上,曲高则和寡,而脚踏实地者,则业无巨细,终究会在人类生活中留下自己的足迹。

二、组织长才 施于学术

胡适对傅斯年初期的留学生活有着重大的影响,这从傅斯年留学时的专业选择上可以清楚地看出来。傅斯年从胡适那里接受了实验主义之后,便产生了极大的兴趣,为刨根问底,便想翻译"哲姆士"(James)的书。然而,他没有在美国接受实验主义课程的根柢,翻译深感困难。他说:"想翻译这本实际主义,必须对于实际主义有把握,想对于实际主义有把握,必须先研究造成实际主义的实际方法论——就是实际逻辑。想研究实际逻辑,必须先研究机能行为两派的心理学。还不止此,想知道实际主义的,是不可不知康德以后各派哲学的得失;想知道实际主义的效用,不可不知实际主义的伦理学——人生哲学。如此说来,一事牵动百事。"②这一类对学问追本溯源的想法,对于求知欲极强的年轻学生来说,也在情理之中。但作为师长如此引导学生,则只能把学生诱入学海的迷宫。求学

---

① 中国社会科学院近代史研究所中华民国史组编:《胡适来往书信选》(北京:中华书局,1979年),上册,第106页。以下简称《书信选》。

② 傅斯年:《译书感言》,《新潮》杂志,第一卷第三号,1919年3月1日出版。

不能贪多务博,学海无涯,人寿几何。傅斯年的这一思想,很可能就是胡适予以助长了。胡适后来也给青年们开过一个必读书目的大书单。对此,鲁迅曾嘲笑说:"从我看来,这是没有什么用处的,因为我觉得那都是开书目的先生自己想要看或者未必想要看的书目。"①确也如此,胡适作为实验主义大师的学生和信徒,并没有对实验主义穷本溯源地研究下去,而傅斯年却不知深浅地踏上了这条路。

傅斯年初到伦敦的时候,按照上述思路,专攻实验心理学。不过,他原有的自然科学基础大概不够用了,所以,又要加学物理、化学和数学。经过四年的学习,他在自然科学领域打下了坚实的基础,对弗洛伊德的学说,也有深入的了解。但他在实验心理学方面并没有深入研究下去。1923年秋,傅斯年又从英国转到德国,进柏林大学哲学院研究马赫的哲学思想。但是,他在学习期间,受到影响最深的学术流派,乃是德国的兰克派史学和比较语言学。当1926年冬,学成归国时他已过而立之年,早岁所热望的美国牌实验主义,已被他搁置一边了。

1948年,他到美国,重新搜求詹姆士的著作,但不再是年轻时的那种热情了。他在书后写道:"詹姆士说可信否,乃别一事,其文词与重点之把握至足乐也。"②

此后,傅斯年的学术方向转到了中国古代史的领域,在这方面,他在留学前已经奠定了扎实的基础。当然,他的学识和思路大大地开阔了,然而,几经周折的结果,也导致了他博而寡要的学术路数。后来,罗家伦为傅斯年学术成果不丰辩护说:"当时,大家除了有很强的求知欲而外,还有想在学术里求创获的野心,不甘坐享现成,要想在浩瀚的学海之中,另有会心,'成一家言'。这种主张里,不无天真幼稚的成分,可是其勇气雄心亦不无可嘉之处。"③

---

① 鲁迅:《读书杂谈》,《鲁迅全集》(北京:人民文学出版社,1981年)第3卷,第441页。
② 王泽森、杜正胜编:《傅斯年文物资料选辑》(台北,1995年),第42页。
③ 罗家伦:《元气淋漓的傅孟真》,转引自傅乐成著《傅孟真先生年谱》,第22页。

　　傅斯年回国后,即应中山大学主持校务的朱家骅之聘,出任文科主任,1927 年 5 月,文科改为文史科,傅斯年任文史科主任兼中国语言文学系主任。他凭借博学和组织长才,在学术领域里,着手开拓性的工作。

　　自新文化运动以来,欧美各种学术流派在中国广为传播,但中国仍然缺乏必要的近代学术组织机构,各种学术活动散漫无序,十分落后。胡适以其提倡白话文和实验主义的方法论,名重一时,赢得了一批追随者。但胡适长于自己著述,缺乏组织才干。据蒋梦麟的记述,傅斯年在一次演说中,曾将自己和胡适作了对比,"他说梦麟先生学问不如蔡子民先生,办事却比蔡先生高明。他自己的学问比不上胡适之先生,但他办事却比胡先生高明。最后他笑着批评蔡、胡两位先生说:'这两位先生的办事,真不敢恭维'"①。傅斯年正是以其卓越的组织才干,弥补了胡适的不足。傅斯年逝世之后,胡适高度赞扬他说:"孟真是人间一个最稀有的天才。他的记忆力最强,理解力也最强,他能做最细密的绣花针工夫,他又有最大胆的大刀阔斧本领,他是最能做学问的学人,同时,他又是最能办事、最有组织才干的天生领袖人物。"②

　　当然,这时候的傅斯年,在学术思想上已经成熟,不再是胡适的一个简单的追随者了。胡适始终致力于传播一种"简式"实验主义,他曾说:"我这几年的言论文字,只是这一种实验主义的态度在各方面的应用。我的唯一目的是要提倡一种新的思想方法。"③他把这种方法概括为"大胆的假设,小心的求证"。傅斯年在英、德留学七年之后,当然对这种"简式"实验主义不再感兴趣。他要按照自己接受的学术流派,来作出自己的独断。他强调说,"著史的事业之进步,在于由人文的手段,变做如生物学地

---

　　① 蒋梦麟:《新潮》(台北:传记文学出版社,1967 年),第 104 - 105 页。
　　② 胡适:《傅孟真先生集·序》,傅孟真先生遗著编辑委员会编:《傅孟真先生集》(台北:台湾大学,1952 年),第 1 - 2 页。
　　③ 胡适:《我的歧路》,《胡适文存》(上海:亚东图书馆,1924 年),二集卷三,第 100 页。

质学等一般的事业"①。"要把历史学、语言学建设得和生物学、地质学等同样,乃是我们的同志。"②也就是说,他要把自然科学的方法运用到语言学、历史学中来,并把语言学、历史学建成如自然科学一样可以得到实证的学科。傅斯年虽然与胡适在学术流派上不再同源,但在近代中国学术界,前有传统史学的濡滞,后有马克思主义史学的急起,他们之间的歧见实属细微。

　　傅斯年在出任中山大学教职后不久,即按照自己的学术思路,于1927年8月着手筹建语言历史研究所,拟设置实验语言、汉语汉字、考古、文籍校订、民间文学、民俗学、人类学、中国古代史、近代史料、英当代文学等研究组,并发行了《语言历史研究所周刊》、《民俗周刊》。③ 当1928年1月该所正式成立时,国民政府也正筹备设立中央研究院,由蔡元培任院长。中央研究院原是以自然科学为主的研究机关,这时,据李济回忆,"一部分热心文史学的先进,说服中央研究院筹备人的两点:(一)历史语言研究的特别重要,(二)现代的历史学与语言学科是科学"④。于是,是年3月,中央研究院决定于广州设立历史语言研究所,任命傅斯年、顾颉刚、杨振声为常务筹备员。7月间,傅斯年又奉蔡元培之召,到上海助理中央研究院事务,对草定章制多所贡献。这时的傅斯年兼任着中山大学和中央研究院的双重要职,意气豪迈,雄心勃勃。他曾写信给胡适说:"决非先生戏谓狡兔二窟,实斯年等实现理想之奋斗,为中国而豪外国,必黾勉匍匐而赴之。"⑤他决心按照近代科学知识,组织学术研究,赶上世界先进水平。他从上海回广州后,即于10月间正式成立历史语言研究所,出任所长。不久,他因在中山大学的工作不顺利而辞去了中大的职务。翌

---

① 傅斯年:《史学方法导论》,《傅集》,第二册,第5页。
② 傅斯年:《历史语言研究所工作之旨趣》,《国立中央研究院历史语言研究所集刊》,第一本第一分册,广州,1928年10月刊印,第10页。
③ 《国立中山大学一览》,广州,1930年2月版。
④ 李济:《感旧录》(台北:传记文学出版社,1967年),第75页。
⑤ 傅斯年致胡适函(1928年4月6日),《书信选》,上册,第476页。

年春,史语所迁至北平北海静心斋,设有三组,第一组负责史学及史籍校订,第二组负责语言学及民间文艺,第三组负责考古学、人类学及民俗学。从此,傅斯年把很大的一部分精力,放在从事学术组织工作上,开始了他自己所谓的"吾之职业,非官非学,无半月以上可以连续为我自由之时间"的生活。①

根据傅斯年所确定的宗旨,历史语言研究所造成了一个注重扩充新材料,注重实地调查的良好学风。历史组对明清内阁大库档案的整理与研究,语言组的方言调查,考古组的安阳殷墟发掘等方面,都为中国近代学术作出了杰出的贡献。特别是20世纪30年代考古学所取得的成就,引起了世界的瞩目。

史语所在筹备之初,就对安阳殷墟在中国历史文化上的价值给予了充分的重视。傅斯年指出:"古学知识,不仅在于文字;无文字之器物,亦是研究要件;地下情形之知识,乃为近代考古学所最要求者。若仅为取得文字而从事发掘,所得者一,所损者千矣。"②于是,即派董作宾前往考察和试掘,结果很令人鼓舞。史语所正式成立后,即起用受过当代人类学训练并有野外作业经验的年轻学者李济,负责主持安阳殷墟的正式发掘工作。傅斯年一直关注着工作的进程。1929年秋,怀抱狭隘地域观念和不谙科学的河南当局和一些地方人士出面阻挠,使发掘工作被迫中断。傅斯年亲赴南京奔走请示,"旋经院长呈国民政府,奉主席谕照准,即电河南省政府继续保护本院发掘工作,并停止何日章任意开掘,以免损毁现状,致坠前功"③。尽管有了政府明令,但傅斯年不敢懈怠,仍然赶往开封。果然不出所料,枝节横生。他遂与地方人士巧为周旋,同时宣传科学知

---

① 傅斯年:《性命古训辨证·序》,《傅集》,第二册,第161页。
② 《国立中央研究院历史语言研究所十七年度报告》,《国立中央研究院十七年度总报告》,南京,1929年版,第261页。按:该文系傅斯年起草。
③ 傅斯年:《本所发掘安阳殷墟之经过》,《安阳发掘报告》,第二期,北平(今北京),1930年12月版,第393页。

识,终于取得了地方人士的理解,并妥与地方当局达成协议,保证了发掘工作的顺利进行。傅斯年办事的精细,由此也可见一斑。

30 年代,傅斯年组织考古工作的另一成就,是城子崖遗址的发掘。当时流行中原文化西来说,所谓"先秦二三千年间中土文化之步步进展,只是西方亚洲文化之波浪所及,此土自身若不成一个分子"云云。对此,傅斯年是很不赞成的,他认为:"中国的史前史原文化本不是一面的,而是多面互相混合反映以成立在这个文化的富土之上的。"①于是,傅斯年引导考古组到山东省历城县龙山城子崖进行发掘,果然发现了黑陶文化,证实了他的预见。而当时中国考古学的发现,以越来越丰富的事实,证明了傅斯年"多面互相混合"的卓见。他在考古报告《城子崖》的序文里说:"我与这件工作之关系,半在内而半在外,虽然我十多年来一直梦想中国东方必有异于西方之古代文化系,而向山东去考古,也多少因为我是山东人,才作了'向导',究竟我在此书之科学的贡献上,没有一件可以掠人之美者。"②词气虽然谦虚,但他的学科指导之功,是显而易见的。

中央研究院历史语言研究所虽然是国家学术机关,但经过傅斯年的经营,它实际上是胡适学派的重镇。胡适不仅在学术思想和个人关系上,对史语所成员有重大影响,而且,通过他可以运用的中华教育文化基金会的经费,给史语所以财政支持。在史语所筹备之初,傅斯年就曾希望胡适前往广州主持,他说:"若干事件非先生不能举,领导工作非先生不能为。"③只是胡适未能前去主持,傅斯年才独力撑持。1930 年 6 月间,史语所面临着"下一年度中,经费的来源必断,得想一切方法维持下"的局面。当傅斯年同胡适面商"我们要钱事"时,胡适认为傅斯年应该说给中央研究院院长蔡元培听。但傅认为蔡"此时实不大了然我们这个研究所所处的地位",因而再次郑重写信给胡,请他"再把我们那个备忘录看两遍想几

---

① 傅斯年:《城子崖·序》,国立中央研究院历史语言研究所,南京,1934 年版。
② 傅斯年:《城子崖·序》,国立中央研究院历史语言研究所,南京,1934 年版。
③ 傅斯年致胡适函(1928 年 4 月 6 日),《书信选》,上册,第 476 页。

遍"。这个备忘录的内容,因双方都是当事人,信中没有说明,从全信和当时环境推断,当指向中华教育文化基金会申请经费的事。傅斯年向胡适特别申述了自己的责任:"这个研究所确有一个责任,即'扩充工具,扩充材料'之汉学(最广义的)。这样事业零星做也有其他的机会,但近代的学问是工场,越有联络,越有大结果。我这两年,为此'构〔觏〕闵既多,受侮不少',然屡思去之而仍不能不努力下去者,以为此时一散,至少在五年之内,在如此意义下(事业的、人的)的一个集,今是不可望的了! 假如你老先生认这个意义,便是你所鼓吹的,常久所希望的(其实这正不必就'假如'),则我那些话只嫌不足,不嫌有余。这也正是我只向你先生说,而不必如此向蔡先生说的一个最重要的缘故!"[①]这是一番私房话。我们从《国立中央研究院十九年度总报告》中查到,中基会于1931年1月,曾拨给史语所第三期补助费6 520元。显然,傅斯年对胡适的说服工作是生效了。后来,史语所翻译高本汉《汉语语音学》一书,也是傅斯年和胡适商定,向中基会申请经费的。[②] 大家知道,傅斯年要钱的本事极大,这和胡适的支持是分不开的。由此可见,傅斯年实际上担当着胡适学派的组织者的角色,为胡适学派扩大阵地、创造成果作出了重大贡献。

傅斯年本人是中国史料学派的旗手,他提倡"近代的历史学只是史料学","一分材料出一分货,十分材料出十分货,没有材料便不出货"。[③] 史料学派曾受到史学界新潮的冲击。史料学派轻视理论的价值,过于琐细,是其根本的弱点。然而,中国史料学派在"五四"之后兴起,成为史学界的重要流派,他们的成绩,具有承上启下之功,是不应该被磨灭的。脚踏实地的史料学派,自有其存在的价值。

---

①　傅斯年致胡适函(1930年6月30日),原件,中国社会科学院近代史研究所藏。按:此函仅署月、日,无年份。函内说"我这两年"云云,史语所成立于1928年,此函当写于1930年。

②　傅斯年致胡适公函(1931年12月31日),原件,中国社会科学院近代史研究所藏。

③　傅斯年:《历史语言研究所工作之旨趣》,《国立中央研究院历史语言研究所集刊》,第一本第一分册,广州,1928年10月刊印,第3-8页。

三、诤友谠论　力主抗战

近代中国内忧外患,风雨飘摇,剧烈的社会动荡,迫使每一个富于理性的知识分子走出书斋,心系于国家民族的前途,而在政治上有所选择。

1926 年冬,傅斯年到中山大学任教时,正值国民革命高潮时期。我们查阅了当时的《国立中山大学日报》等中大资料,很多消息证明,傅斯年参加了国民党。例如,1927 年 5 月 1 日,傅斯年担任"清党"改组后的中山大学政治训育部委员;5 月 18 日,国民党中山大学特别区支部改组委员会委派傅斯年为第二十三区(文科教职员)改组委员;6 月 19 日,中山大学全体国民党员大会,傅斯年被选为候补监察委员和候补执行委员(须择一担任)。当时,傅斯年对国民党是寄予殷切的希望的,他自己在政治上也想有所作为。在回忆蔡元培的一篇文章里,他曾叙述过自己当时的心境:"北伐胜利之后,我们的兴致很高。有一天在先生(指蔡元培——引者)家中吃饭,有几个同学都喝了点酒,蔡先生喝得更多。不记得如何说起,说到后来我便肆口乱说了。我说:'我们国家整理好了,不特要灭了日本小鬼,就是西洋鬼子,也要把他赶出苏伊士运河以西,自北冰洋至南冰洋,除印度、波斯、土耳其以外都要郡县之'。"①兴奋而至于狂放,乐观的情绪压过了对时局的隐忧。所以,他在中山大学极力经营,把他的同窗好友顾颉刚也请到中大,以便将"根柢打好"②,而后,就准备请胡适这位"尊神"来壮大声势,干一番事业。

北伐进行时胡适正在国外,直到 1927 年 5 月才回到上海。胡适因提倡"好政府主义",对孙中山多所批评,又反对驱逐清废帝出故宫,并担任段祺瑞政府的善后会议议员,因而招致南方革命党派的普遍不满。他回

---

① 傅斯年:《我所景仰的蔡先生之风格》,蔡建国编:《蔡元培先生纪念集》(北京:中华书局,1984 年),第 80 页。

② 顾颉刚致胡适函(1927 年 7 月 22 日),《书信选》,上册,第 439 页。

国时,虽值国民党"清党"反共之时,革命正在成为门面文章,他本人与蔡元培、吴稚辉等国民党元老私交甚好,但国民党的气势毕竟也正盛,所以,胡适的处境并不踏实。于是,傅斯年倚借自己与中山大学校长戴季陶、副校长朱家骅的良好关系,力图请胡适到中大任教。是年夏,傅斯年曾赴上海,虽然与胡适商谈了赴粤的事,但因广东局势不稳,所以,他回粤之后,只对胡适到中大一事吹吹风,而不便公开宣布。胡适也只是在上海做做"野鸡"教员①,即私立大学教授。直到1928年2月,傅斯年看到广东政局趋于稳定,戴、朱在中大的地位也巩固了,遂一面告诉戴季陶,胡适答应四月初来中大任教,一面公开宣布:"胡适之先生本学期来校讲授,所任课目待到校后宣布补选。"②

傅斯年运动胡适到中山大学任教,当然不是单纯为胡适谋一饭碗,也不是局限于教学和前述的史语所筹备活动,他还力图在政治上有所作为,通过撮合胡适与广东国民党当局的关系,发挥他们在政治上的影响力。所以,戴季陶于4月3日写给胡适,敦促其赴粤的信中说:"中大在一年以来,于焦头烂额中,亦得若干进步,全省士习,赖此为之向导,渐渐脱浮嚣入诚实,从此努力迈进,殊不难收百年树人之效。惟弟等已力尽精疲,口燥舌干,且人之常情非时时得清新之气,不足以开其沉闷而破其岑寂。是以弟等切望先生惠临斯土而作之师,以数月之短少时间,一面教育中大学生,一面指导两粤社会,士风民习,必有一番新气象,足以开后来之太平者。"③傅斯年按照戴季陶的嘱咐,也于4月6日写信给胡适,告诉他"此间政府中人,尤其盼望先生一来,以荣光之",而且告诉他,戴季陶的意思,是请胡适来谈谈"大乱之后""何向而行"的问题,所以"此举关系不浅",而且,戴季陶"现在在此开府建节,代政治分会主席,譬如陇西将军号南越

---

① 胡适自谓语,见胡适致戴季陶、傅斯年函(1928年5月22日),《国立中山大学日报》(1928年6月1日)。

② 《文科告白》,《国立中山大学日报》(1928年2月18日)。

③ 《书信选》,上册,第473-474页。

王,则季子其太傅也(至少),一笑。弗谓我戏也"。① 这就是说,傅斯年请胡适来粤,是要请胡适辅助戴季陶树立政治楷模。当然,傅斯年自己也会就此而在政治上大显身手。其勃勃雄心,是不小的。

与此同时,傅斯年还尽力调处胡适和国民政府的关系。这一年八月,傅斯年曾力劝胡适不要辞谢新政府改组的中华教育文化基金会董事之职。他反复陈述这样做的后果,会在"无意之间,已表示自己感情轩轾",会使别人认为胡的"感情偏于前矣"。② 尽力避免让人勾起对胡适以往的不满。他已经担当起胡适的维护者的角色了。

胡适在给戴季陶、傅斯年的复信中,表示了对戴的政治趋向的理解和愿意合作的诚意。他说:"近一、二年来,党外人说话最难,赞同者则受投机之诮,批评者则受反动之嫌,惟有稚晖与季陶两先生,以党中人而屡发惊人的诤论,转移了不少的风气,功绩真不在小处。你们现在做建设的事业,我若能做点摇旗呐喊的事,一定要来帮忙的。"③但是,胡适受家事所累,4月和10月赴粤的两次承诺,都没有兑现。结果,连累傅斯年在中大失去信用,立脚不住,被迫辞职。这时期,国民党内也正争斗不休,内政得不到治理,梦如乱丝,傅斯年在政治上力求进取的雄心,也就消退了。他又埋首学问之中,不问政治,也不知在什么时候,脱离了国民党。

胡适曾经主张二十年不谈政治,其本人也只是一位皓首穷经的材料,书生气很重。在 30 年代,陈独秀在狱中,听说胡可能从政,就赶紧写信规劝他说:"先生著述之才远优于从政。"④胡适多少也有点自知之明。他也一再告诫青年要安心读书,把自己培养成才。傅斯年看到国家疮痍满目,束手无策,也想借书本以躲开世事的喧嚣,他曾说:"即以我个人论,也是

---

① 《书信选》,上册,第 475 - 476 页。
② 傅斯年致胡适函(1928 年 8 月 15 日),原件,中国社会科学院近代史研究所藏。
③ 胡适自谓语,见胡适致戴季陶、傅斯年函(1928 年 5 月 22 日),《国立中山大学日报》(1928 年 6 月 1 日)。
④ 陈独秀致胡适函(1932 年 12 月 1 日),《书信选》,中册,第 144 页。

失望已极之人,逃身于不关世务之学。"①可是,近代中国如此多灾多难,又哪里去寻找一个宁静的书斋呢?胡适、傅斯年的好朋友丁文江曾经苦闷地说:"从前许劭说曹操可以做'治世之能臣,乱世之奸雄'。我们这班人恐怕只是'治世之能臣,乱世之饭桶'罢。"②反映了从事科学文化事业的知识分子在近代中国社会中的心境。然而,在大风大雨来临的时候,谁都不免要把头伸出书斋的窗外,向苍天呼唤几声。

1931年"九一八"事变爆发,中华民族到了生死存亡的关头。傅斯年在书斋里也坐不住了,大力协助胡适创办《独立评论》。据胡适后来回忆说:"《独立评论》是我们几个朋友在那个无可如何的局势里认为还可以为国家尽一点点力的一件工作……办一个刊物来说说一般人不肯说或不敢说的老实话。"③当时,《独立评论》同人被社会上目为右派,但事实上,胡适他们虽有政治倾向,还够不上形成一个政治派系。从他们的政治倾向看,他们是属于中间而偏右的一派,反映了一部分自由主义书斋文人的思想。《独立评论》同人中间,经常发生意见分歧。与胡适的"温和"的立场相比,傅斯年是"激进"的,他尖锐地批评国民党,反对退让妥协,力主抗战。为此,他同胡适时起争执,其对规劝胡适改变"低调",走上抗战之路,起了重要的作用。

当时,傅斯年同胡适一样,不赞成国民党一党专政,不赞成国民党和蒋介石的内战政策。他对国民政府几年的"政绩"深感沮丧,叹惜说,国民党"'家争'的结果,国民党所存之革命性尚存几何,及国民党是否站在人民的立场上,天下共知"。他一针见血地揭破了国民党质变的症结:"国民党诚然太对不起国民,其所以对不起国民之一件,即是过量的对得起这些残余势力。"④这里所说的残余势力,指的是北洋时期南北军阀政客。傅

---

① 傅斯年:《中华民族是整个的》,《独立评论》第181号,北平,1935年12月15日出版。
② 胡适:《丁文江的传记》,第136页。
③ 胡适:《丁文江的传记》,第136页。
④ 傅斯年:《"九一八"一年了!》,《独立评论》第18号,1932年9月18日出版。

斯年与胡适有所不同,他对这些余孽毫不留情。傅斯年还特别严厉地抨击了蒋介石的武力统一政策:"前年去年,蒋确曾有过把政治建设起来的机会,然而他把那个千载一时的机会放弃了。今日长江流域地方秩序之丧失,外交布置之忽略,极多用非其才之大官,国家实力之消耗,他负的责任至少不比任何一人小……《水浒》所说'一条棍棒等身齐,打得出四百座军州都姓赵'的方式,在中国的其他时候未必不是一个可用的政治实策,然而现在的中国此法是行不来了。"①

当然,傅斯年并不会因此而赞成中国共产党领导的革命。他看不到其顽强的战斗力和日趋成熟的前景。正因为如此,他看不到中国社会改造的光明前景,所以,在民族危机面前,十分强调"中国现在要有政府"。他认为:"照这样形势,虽有一个最好的政府,中国未必不亡,若根本没有了政府,必成亡种之亡……一切不愿亡种灭国的人,幸勿此时兴风作浪,这不是可以苟且为之的。"②希望各派迁就国民政府,以图抗战。

傅斯年早岁服膺章氏之学,虽然后来转到胡适门下,深感章氏之学的落伍,但是,在民族主义的大节上,他依然继承了章氏之学的强劲传统。"九一八"事变后,傅斯年当即提出了"书生何以报国"的课题③,发起编写《东北史纲》,很快写出了自己承担的第一卷(其他人没有交卷),以维护国家对东三省的主权。

当时,胡适对于对日作战,疑虑重重。他在《独立评论》第五号上发表《论对日外交方针》一文,阐明了自己对中日淞沪停战之后,双方谈判的意见。他主张接受日本提出的企图使中国沦为其附庸国的五项原则,作为双方交涉的基础。他设想的策略是这样的:"我们当日既不能抗拒威胁,则这威胁之下所签订的条件自应忍辱承认,至能报仇雪耻,或和平修改之时为止。"在胡适看来,中国军队装备恶劣,国内政局混乱,无法与现代武

---

① 傅斯年:《中国现在要有政府》,《独立评论》第5号,1932年6月19日出版。
② 傅斯年:《中国现在要有政府》,《独立评论》第5号,1932年6月19日出版。
③ 傅乐成:《傅孟真先生年谱》,第33页。

装的日本作战,只有先与日本妥协,在励精图治之后,才能与日本开战。他断然地说:"我自己的理智与训练都不许我主张作战。"①其竟然把日本灭亡中国的野心,淡然置之,也不考虑当时政局,若再加上日本的钳制,何能励精图治。

傅斯年对胡适的对日妥协的论调很不赞成。他颇为不快地对胡适说:"这篇文字要是先经过聚餐会(指《独立评论》同人的聚会——引者)的讨论,恐怕就发不出来了。"②此后,他就在《独立评论》上一再发表文章,与胡适的主和论进行抗争。他认为,日本的侵华政策必然是得寸进尺,没有止境的,因而"中日问题决无和平解决之望,而在今日希望与日本和平解决者,直是做梦"。针对当时的失败主义情绪,他强调指出:"中国虽不能打胜日本,却可以长久支持,支持愈久与我们越有利。"在他看来,抗战不但不会导致亡国,而且是改造中国内部腐败的一个机会;"以今日中国上下一切社会之腐败,不经一番彻底的缔造,是没有办法的",而抗日的战争,乃是"中华民族之复兴实系于此"。③"中国之彻底腐败,非借机会锻炼一下子不可的。譬如打铁,钢是打出来的,以局势论,这是中国人挺起身子来做人的机会;以力效论,这是我们这老大国民再造的机会。打个落花流水,中国人才有翻身之一日!"④

胡适是一个对中华民族的前途很悲观的人,他曾经说过"中国不亡,是无天理"这样绝望的话⑤,所以,没有抗战的信心。傅斯年则坚信:"中华民族自有其潜藏的大力量,三千年的历史告诉我们,中华民族是灭不了的,而且没有今日天造草昧之形势,民族是复兴不来的。"⑥多难兴邦! 显然,傅斯年的民族气节,与"一·二八"以来的民众抗日热潮所产生的共振

---

① 胡适:《我的意见也不过如此》,《独立评论》第46号,1933年4月16日出版。
② 胡适:《又大一岁了》,《独立评论》第151号,1935年5月19日出版。
③ 傅斯年:《日寇与热河平津》,《独立评论》第13号,1932年8月14日出版。
④ 傅斯年:《中国人做人的机会到了》,《独立评论》第35号,1933年1月15日出版。
⑤ 胡适:《信心与反省》,《独立评论》第103号,1934年6月3日出版。
⑥ 傅斯年:《"九一八"一年了!》,《独立评论》第18号,1932年9月18日出版。

共鸣,使他敏感地察觉到在民族危亡关头,正是唤起社会觉醒、清除社会污垢的良机;清醒地认识到,一个腐败的政府,在对外战争中的失败,并不是一件可怕的事情,一个民族将会在战争烈火的洗礼中获得新生。

日本侵略者的步步深入,激起了 1933 年的长城抗战,全国抗日情绪十分高涨。以《独立评论》的"准社员"自称的徐炳昶(旭生),写信给社员中主战最烈的傅斯年,希望《独立评论》能发表一个主战的宣言。他认为:"《独立评论》现在是以右派著名的,连右派都主张坚决的战争,那国论可定于一致,对于战事,不无良好的影响。我对于军事最高当局的决心,总有点怀疑。全国一致的主张,或者可以使他无所躲闪。"①

这些话胡适依然听不进去。就在全国各界反对政府当局与日本签署《塘沽协定》的时候,胡适发表了《保全华北的重要》一文,他说:"一种主张是准备牺牲平津,准备牺牲华北,步步抵抗,决不作任何局部的妥协,虽有绝大的糜烂,亦所不恤。还有一种主张是暂时谋局部的华北停战,先保全华北,减轻国家损失……我个人是赞成这第二个主张的。"②完全迎合了当局的对日妥协政策。

胡适的文章激起了傅斯年的抗议,几乎导致两人关系的破裂。据胡适事后说:"他写信来说,他要永远脱离《独立》了。但后来我们当面谈过,彼此也都谅解了。孟真至今还是《独立评论》的台柱子。"③这里所谓的谅解,包括对文章"各人自己负责任的办法"。我们查《独立评论》,自第 52、53 号合刊之后,直到第 88 号,整整八个月,傅斯年没有给《独立评论》写一篇文章。作为亲信弟子和朋友,傅斯年的抗议,无疑会对胡适的思想产生很大的震动。

胡适、傅斯年之间,就对日抗战的问题,争论了很久。1935 年间,胡适还以苏俄的《布列斯特和约》为例,主张对日妥协。傅斯年也当即著文

---

① 徐炳昶致傅斯年函,《独立评论》第 46 号,1933 年 4 月 16 日出版。
② 《独立评论》,第 52、53 号合刊,1933 年 6 月 4 日出版。
③ 胡适:《又大一岁了》,《独立评论》第 151 号,1935 年 5 月 19 日出版。

反驳。他指出，《布列斯特和约》以后，苏俄仍然是"战斗出来的"。他强调指出："这一段故事，乃郑重的指示我们，虽满心和平，行事极端退让，终有逼到墙脚上的可能。到那时候，拱手送头颅吗？且中国之被侵略，以百年之习惯论，不仅割地而已，尤在不割地而夺主权。在这一点与苏俄创业时的情形大不同。我们总不能和平退让到把中国变成经济的政治的军事的保护国。"①

是年秋，日本侵略者胁迫华北军政当局实行所谓"华北自治"，妄图侵吞华北。在这种局势下，胡适终于向主战的方向迈出了第一步。11 月 19 日，在北平市长秦德纯主持，有宋哲元、萧振瀛出席的招待北平教育界的会议上，胡适和傅斯年一起，慷慨陈词，强烈反对华北特殊化。11 月 24 日，北京大学校长蒋梦麟领衔，与北平教育界人士发表公开声明，反对一切脱离中央的特殊化举动。当时，蒋梦麟"事无大小，都就商于"胡适和傅斯年②，胡、傅自然在声明上署了名。胡适毕竟感觉到了退无可退的处境。

但是，胡适的怯战心理还是相当严重的。"七七"事变之后，中国军事委员会委员长蒋介石已决心抗战，而胡适仍参加了汪精卫为首的"低调俱乐部"。他甚至和高宗武一起，"'在大战前作一度最大的和平努力'工作"③。"八一三"之后，中国军队在上海与日军进行了顽强的战斗。据王世杰回忆："蒋委员长要先生（指胡适——引者）和钱端升、张忠绂等三人到英、美去做非正式的外交使节。但先生表示，他不愿意在国家危险的时候向外跑。他要留在南京，与城共存亡。中间经过许多朋友二十多天的劝说，始终没有劝得动。那时大家都认为先生在国际上的声望，只要先生能出去替国家讲话，对于抗战前途会有很大影响的。最后由于傅斯年的

---

① 傅斯年：《一夕杂感》，《国闻周报》，第 12 卷第 32 期，天津，1935 年 8 月 19 日出版。
② 蒋梦麟：《新潮》，第 104 页。
③ 中国社会科学院近代史研究所中华民国史研究室编：《胡适的日记》（北京：中华书局，1985 年），下册，第 581 页。

竭诚劝说才答应下来,已是九月初旬了。"①王的回忆,恐怕有点为贤者讳吧。这些说服工作,关键恐怕还在于改变胡适的"低调",所以,只有傅斯年才有能力最终把他说通了。应当说,傅斯年对胡适观念的转变,发挥了决定性的作用。事实上,胡适直到9月8日,准备离开南京,前往美国的时候,才"明告精卫、宗武、希圣三人,我的态度全变了。我从此走上了'和比战难百倍'的见解"②。他终于认识到:"这一个月的打仗,证明了我们当日未免过虑。这一个月的作战至少对外表示我们能打,对内表示我们肯打,这就是大收获。谋国不能不小心,但冒险也有其用处。"③

胡适赴美之后,傅斯年深知他的消极面,于10月11日又写信给他,希望他在美"多多加火",敦促美国援华,并对日本实行经济制裁。胡适则对于自己这个新角色,仍不很深入,直到一年之后,他于1938年7月30日写信给傅斯年时,抱怨"自己受'逼上梁山'"。他希望说:"我只得牺牲一两年的学术生涯,勉力为之。至战事一了,仍回到学校去。"④持久抗战,是当时朝野的共识。胡适对世事也真懵懂,不知道他想象中的这"战事一了"是如何了法,也许还是一个妥协的和平罢。胡适出任驻美大使之后,傅斯年在给胡适的信中,仍多方为之筹谋:劝告胡适整顿使馆纪律,提高工作效率,减少个人的、与抗战无关的学术活动,疏远曾参与汪精卫卖国活动的高宗武。针对对美外交的困难,傅斯年力促胡适勉力而为,他说:"总之,国家外交上唯一希望在美,故希望至切,'无功待时'之说,自不易为人解也。"⑤诤友的一番苦心,跃然纸上。

---

① 胡颂平编著《胡适之先生年谱长编初稿》,第五册,第1613页。
② 胡适致蒋廷黻函稿附注(1948年1月12日夜),《书信选》,中册,第364页。
③ 中国社会科学院近代史研究所中华民国史研究室编:《胡适的日记》,下册,1937年9月8日条,第581页。
④ 胡颂平编著《胡适之先生年谱长编初稿》,第五册,第1639页。
⑤ 傅斯年致胡适函(1940年8月14日),《书信选》,中册,第478页。

四、火炎昆岗　玉石俱焚

"七七"抗战之后,傅斯年参加了政府召集的各界名流的庐山谈话会,以后又参加了国防参议会、国民参政会,从而正式走进了政治活动的大门。傅斯年原希望以抗战为契机,达到清除腐败、刷新政治的目的。他担任参政员之后,很兴奋,对于由国民党遴选的参政会寄于过高的希望,把它看成西方的议会似的。在1938年7月国民参政会第一届第一次大会开会之前,他和梁实秋等就准备弹劾庸劣腐败的行政院长孔祥熙,改组政府。他甚至邀约中共参政员吴玉章谈话,希望一起行动。与傅斯年的真诚愿望不同,梁实秋的背后有汪精卫,倒孔活动的背景比较复杂。而且,国共刚刚合作,需要相忍为国。所以,吴玉章与中共方面不赞成倒孔。吴回忆此事时谈到当时的考虑说:"今日蒋实为政府之主持人,孔无能力,实不过蒋的代理人,倒孔无异倒蒋,我们拥蒋以其有能力且能决心抗战,应相互信任,才能战胜敌人,倒孔不引起他反感尚不可,何况必致反感? 如果闹成僵局,使亲痛仇快,岂不更糟?"①胡适也从维护蒋介石出发,写信给傅斯年,劝他不要攻孔。傅斯年鉴于大局,"两度开会,哽而不言"②。

胡适对孔祥熙一家也向来不满,但他在致陈布雷的密电中,曾表示用孔之所长的愿望:"鄙意以为,倘能由介公切嘱庸之屏除手下之贪佞小人,而令其仍任财部,实与光甫在美借款购货事为最有益。"③或许傅斯年听从了胡适的劝告,采取了在蒋介石面前控告孔祥熙的办法。我们从胡适保存的信函中,见到傅斯年起草的好几份致蒋介石抨击孔祥熙的长函,用

---

① 吴玉章:《国民参政会上的一个重要插曲》,见孟广涵主编《国民参政会纪实·续编》(重庆:重庆出版社,1987年),第47页。

② 傅斯年1939年春提案手稿,原件,中国社会科学院近代史研究所藏。

③ 胡适致陈布雷电(1939年11月27日),中国社会科学院近代史研究所中华民国史组编:《胡适任驻美大使期间往来电稿》(北京:中华书局,1978年),第27页。

词激烈，唯不知道是否誊清上呈。尽管如此，傅斯年在参政会里，仍然不断揭露孔祥熙。他对胡适说："为爱惜介公，不容不反对他……我一读书人，既不能上阵，则读圣贤书所学何事哉？"①

傅斯年为人质实，率直敢言。在抗战期间，他在参政会内外，一直致力于揭露官吏的贪污腐败，抨击官僚资本和"既得利益者"。对这些腐败现象，他终究没有胡适那种"大度"、容忍和耐心。他曾发表主张说："我作一个小小的建议，我们的官，尤其是大官，可以一律'改善'其生活如平民。他们固已有许多如此了，但愿其全数如此。再进一步，'耕者有其田'，何不早些日子施行？"②他曾慷慨陈词："抗战以来，大官每即是大商，大商必受庇荫于大官，前者发展为官僚资本，后者便是发国难财的。我们本是势力国，而非法治国，利益之到手，全不管一切法律；既经到手，则又借法律名词如'信用'、'契约'等以保护之，这里面实在没有公平。"③他大声疾呼："贪污要绝对禁止，惩罚贪污要从大官做起。"④"要打仗，必须侵犯既得利益，要社会公平，必须侵犯既得利益，要实行民生主义，必须侵犯既得利益，铲除既得利益阶级！"⑤

在 1945 年 7 月 7 日国民参政会第四届第一次会议开幕的那一天，《大公报》报道："傅斯年唱了最精彩的压轴戏。"他依靠掌握的确凿证据，向主席团提出了一个书面报告，揭露中央银行国库局职员朋比分购美金储券，要求法院提出公诉，他自己愿意出庭作证，并"愿绝对负法律责任，如无其事，亦愿受反坐之罪"⑥。傅斯年确实是敢作敢为，勇于伸张正义的。

当时，在反对官僚资本这一点上，他同中国共产党、民主同盟和其他

①　傅斯年致胡适函（1940 年 8 月 14 日），《书信选》，中册，第 479 页。

②　傅斯年：《盛世危言》，《傅集》，第五册，第 251 页。

③　傅斯年：《黄祸》，《傅集》，第五册，第 300－301 页。

④　金城：《六参政员延安去来》，《国民参政会纪实·续编》，第 527 页。

⑤　傅斯年：《黄祸》，《傅集》，第五册，第 304 页。

⑥　高集：《参政会开幕日速写》，重庆《大公报》，1945 年 7 月 21 日。

民主人士是一致的。但傅斯年还是支持国民党的,并不愿意同共产党合作。他随国民党撤往台湾后,在一篇同叶青争论的文章中说:"我与共产党之不能兼容,……反对共产党可以反对其目的,也可以反对其方法。苏共在列宁时代与斯大林时代,方法愈演愈凶,目的又截然改变。大体上我并不反对列宁之目的而反对其方法,因为他的目的还有不少人道主义,而其方法则是马嘉维利主义。"①这里所谓方法,主要是指展开群众性的阶级斗争,傅斯年毕竟是个书生,经受不了大风大雨。他有自己的乌托邦,他说:"我平生的理想国,是社会主义与自由并发达的国土,有社会主义而无自由,我住不下去,有自由而无社会主义,我也不要住。"②他特别推崇罗斯福的新自由主义,称赞他修正了资本主义的弊病:"一、继续法兰西革命的传统,即人道的自由主义,而解脱自由主义与资本主义及其相衍的帝国主义之不解缘,乃至反对资本主义。二、取用社会主义的目的——这本不与法兰西革命时候的自由主义违反的——而不取一派的社会主义者之阶级斗争哲学。"③他把罗斯福的政策和美国社会加以理想化,以此来作为自己的理想。

然而,傅斯年是孤独的,他的勇敢精神也只是匹夫之勇。当时,远在美国的胡适,对傅斯年的政治才干很钦佩。他看到国内反对一党专政、争取民主政治的运动正在兴起,就写信给傅斯年,希望他发挥"领袖才",担起更重大的政治责任。胡适的这封信我们没有看到,估计胡适也是想组织一个党派的。但这时候的傅斯年,在与腐败政治的搏斗中,神经过于紧张,导致 1941 年 3 月高血压病严重发作。他失去了 1928 年那次时机之后,再也没有在政治上进取的雄心了。因此,他答复胡适说:"先生对于我的希望,其诚意至感无极,但这是做不到的事了。其实我也并无领袖才,许多毛病,自己知道。并且因为多事,害了自己的事。我想若是这二年不

---

① 《傅校长再一声明》,《傅集》,第六册,第 165 - 166 页。
② 傅斯年:《评英国大选》,《傅集》,第五册,第 403 页。
③ 傅斯年:《罗斯福与新自由主义》,《傅集》,第五册,第 392 页。

管别人的事(国事也是别人的事,古有云曰:'此朕家事'),我总写成了几部书,或者尚不至于生这场大病也……今遭此病,事实上不能容我再这样,只好从此以著书为业,所可惜者,病中能著书几何,大是问题耳。"而且,他本来就"心地十分淡泊,欢喜田园舒服"。他和胡适一样,都是希望潜心学问的读书人,难以适应狂飙式的政治斗争。他向胡适陈述了自己的彷徨和痛苦:"我本心不满于政治社会,又看不出好路线之故,而思进入学问,偏又不能忘此生民,于是在此门里门外跑去跑来,至于咆哮,出也出不远,进也住不久,此其所以一事无成也。"①这是生于乱世的书斋文人的一种心境,现实和理想充满着矛盾,虽然义愤填膺,却又无可奈何,束手无策。

胡适虽然好谈政治,又是学界领袖,但他并无组织才能,只是书生论政而已。傅斯年既不愿在政治上发挥组织长才,胡适也就难有臂助。抗战后期,中间派系的民主主义者和青年知识分子,思想日渐左倾。蒋介石为与中共争夺中间派系,有意借重于胡适。当时,胡适在美赋闲,陶希圣于 1945 年 4 月 30 日写信给他说:"今日欲应付此大于军事危机之政治危机,政府固当努力于外交与内政应有之措施,尤以内政为急。然学术界之合作,亦至为迫切之必要。一般民主主义者如能与政府合作,则外而英美界之舆论,内而政府之信望,皆可望有利于危机之克服……学术界深察及此者其人不多,而足以领袖学界,转移颓势,使国家克济危难者其人更不在多数。希察委员长之意,先生如能回国,最有裨于此一时机。即万一不能回国,亦必有以贡献于国家存亡荣辱之会。"②陶的信只是探探胡的意图,而罗敦伟给胡适的信,则直截了当,请胡适组党。他说:"国内民主运动正待展开,实需要有一民主之大政党。半年来若干名流学者、大学教授以及新兴产业界人士,有中国民主党之酝酿,大致仍主张三民主义,拥护

---

① 傅斯年致胡适函(1942 年 2 月 6 日),《书信选》,中册,第 544 – 545 页。
② 《书信选》,下册,第 15 页。

国民政府,完全为一英美式之民主政党……极盼我公领导。"他在附言里特意点明:"伟亦已以此意面告蒋主席,原则上亦颇首肯。惟当日(二个月前)尚未考虑到我公,且不知我公意向何若,未敢轻于提报。最近友朋商谈,以非公领导不可。"①罗当时主编《战斗中国》月刊,他称组织英美式政党,当自有纲领,自谋执政,何必为政府之附庸,此说显然不伦不类。把附庸党党魁的头衔加在胡适头上,当然不是胡适的荣誉,这样的组党,胡适也是深感难堪而不能接受的。从后来一些我们知道的事实推断,胡适拒绝了组党的建议,并且,这同傅斯年为胡适出谋划策有关。

傅斯年于抗战胜利后颇为兴奋和激动了一阵子,国家和民族毕竟有了新的指望。但经过八年的政治历练,他成熟多了,也冷静多了,对国民党不再像抗战初期,寄予很大的希望。在写给胡适的信中,傅斯年对当时的行政院长宋子文再次深感失望。他痛苦地说:"子文去年还好,今年得志,故态复原,遂为众矢之的。尤其是伪币比例一事,简直专与国民党的支持者开玩笑。熬过了孔祥熙,又来了一个这样的。"②当时,政府规定的法币与中储券的收兑比例,使手持中储券的沦陷区人民再次遭到掠夺,人民对胜利的兴奋转变成了对国民党政府的怨怼。但是,傅斯年毕竟同胡适一样,"我们是救火的人,不是趁火打劫的人"③,也就是说,他还想挽救国民党。他对胡适说:"使中共不得势,只有今政府不倒而改进。"④然而,他焉有回天之术?

胡适于 1946 年 7 月 5 日回到国内,9 月就任北京大学校长,11 月出席了为中共和民盟所抵制的国民大会。在此期间,他向外界表示绝不组党。但蒋介石仍希望借重胡适,便于 1947 年 1 月 15 日约见傅斯年,希望他前往说项疏通。下面是傅斯年致胡适的信中叙述此次谈话的内容:"他

---

① 罗敦伟致胡适函(1945 年 9 月 1 日),《书信选》,下册,第 27 - 28 页。
② 傅斯年致胡适函(1945 年 10 月 17 日),《书信选》,下册,第 49 页。
③ 傅斯年:《这个样子的宋子文非走开不可》,《傅集》,第五册,第 325 页。
④ 傅斯年致胡适函(1947 年 2 月 4 日),《书信选》,下册,第 170 页。

（指蒋介石——引者）问我，前谈先生（指胡适——引者）组织党之说，如何？我说未再谈过。他说，请先生再考虑。我说，组党不如办报……。他提出一件事：他似乎觉得小党参加政府不易，希望在'社会贤达'方面先做工夫（非原语，意思如此）。他请先生担任国府委员兼考试院长。我当力陈其不便：自大者言，政府之外应有帮助政府之人，必要时说说话，如皆在政府，转失效用；即如翁咏霓等，如不入党，不在政府，岂不更好？他说，并不请先生入党。我说，参加政府亦同。"傅斯年在这里简直是胡适的全权代表。他深深知道，国民党已经不得人心，十分孤立，所以他为胡适谋划自己的政治行动说："我们自己要有办法，一入政府即全无办法，与其入政府，不如组党；与其组党，不如办报。政府今日尚无真正开明、改变作风的象征，一切恐为美国压力，装饰一下子。"①

傅斯年的这封信，原是转达蒋介石的意思，要胡适给一个答复。而实际上傅斯年已经代胡适作了答复。蒋介石大概忘记了，傅自己就不接受蒋的邀请出任国府委员。1946 年 3 月 27 日，傅曾写信给蒋说："斯年实一愚戆之书生，世务非其所能，如在政府，于政府一无裨益，若在社会，或可偶为一介之用。"②难怪王世杰说，蒋找傅是"错托了人"，尽管王要傅"受人之托，不要从中打岔"，但傅未予理会。③

胡适接到傅斯年的信后，对傅的意见很尊重，即草拟了自己的意见，交傅阅读推敲后再转给蒋介石。我们从草稿中看到，胡的意见也就是傅的意思："我在野，——我们在野，——是国家的、政府的一种力量，对外国，对国内，都可以帮政府的忙，支持他、替他说公平话，给他做面子。若做了国府委员，或做了一院院长，或做了一部部长，……结果是毁了我三十年养成的独立地位，而完全不能有所作为。结果是连我们说公平话的

---

① 傅斯年致胡适函（1947 年 2 月 4 日），《书信选》，下册，第 169 - 170 页。

② 傅斯年：《上蒋主席书》，《傅集》，第七册，第 149 页。

③ 傅斯年致胡适函（1947 年 2 月 4 日），《书信选》，下册，第 169 页。

地位也取消了。——用一句通行的话，'成了政府的尾巴'！"①

但是，胡适对是否加入政府的问题，立场并不坚定。在蒋介石的再三敦请下，他一度表示动摇。在一次同英国大使的谈话中，他甚至对民主政治的前景十分乐观。他说："一个政党抓住政权二十多年了，现在自己宣告取消一党专政，而愿意和别的政党共同担负政权。这是第一个重要意义……今日之事，只是孙中山的遗教的复活，是国民党的诺言的履行，是国民党从苏俄式的政党回到英美式的政党的开始实现。这是第二个重要意义。"②看来，胡适真以为到政府里去真的可以和蒋介石分享政权了。

傅斯年得悉胡适动摇后，立即写信给他，表示坚决反对，颇有责备之意。他措词强烈地说："'政府决心改革政治之诚意'，我也疑之。盖不能不疑也。现在改革政治之起码诚意，是没收孔宋家产，然蒋公在全会骂人时仍言孔宋不贪污也。孔宋是不能办的，CC是不能不靠的，军人是不能上轨道的。借重先生，全为大粪堆上插一朵花。假如先生在京听到蒋公教训中委的一段话，当知此公表面之诚恳，与其内心之上海派决不相同。我八、九年经历，知之深矣。此公只了解压力，不懂任何其他。今之表面，美国之压力也。我们若欲于政治有所贡献，必须也用压力，即把我们的意见 consolidated，articulated，而成一种压力。一入政府，没人再听我们的一句话！先生是经验主义者，偏无此八年经验，故把我们政府看得太好，这不是玩的。"③傅斯年的这段话，把一切都说透了，把他对蒋介石的看法也和盘托出了。他的观察要比胡适深刻洞彻得多，深知这个政府已经众叛亲离，孤家寡人，前景黯淡。胡适在傅斯年的力争下，终于没有参加政府。

但是，傅斯年面对这样的一个政府，他还能施加什么压力，使它得以

---

① 　胡适致傅斯年函稿（1947年2月6日），《书信选》，下册，第173页。

② 　胡适致王世杰函（1947年3月20日），胡颂平编著：《胡适之先生年谱长编初稿》，第六册，第1962页。

③ 　傅斯年致胡适函（1947年3月28日），《书信选》，下册，第190－191页。

改善呢？傅斯年曾经对胡适说："保持抵抗中共的力量,保持批评政府的地位,最多只是办报,但办报亦须三思,有实力而后可。"①然而,仅就经济力量而言,胡适也没有这个实力。他在《丁文江的传记》一书中回忆说："抗战胜利之后,我回到国内,有许多朋友劝我恢复《独立评论》。我说,'不可能了,那个小册子的新闻事业的黄金时代已过去了'。"他没有钱去"再办一个真正'独立'的刊物"。②

1947 年 2 月,傅斯年在忍无可忍之中,发表了《这个样子的宋子文非走开不可》一文,他愤懑地说："古今中外有一个公例,凡是一个朝代,一个政权,要垮台,并不由于革命的势力,而由于他自己的崩溃! ……国民政府自从广东打出来以后,曾办了两件大事,一、打倒军阀(这也是就大体说);二、抗战胜利。至于说到政治,如果不承认失败,是谁也不相信的。政治的失败不止一事,而用这样的行政院长,前有孔祥熙,后有宋子文,真是不可救药的事。"在无可奈何之中,他还聊存一点期望："假如整顿财政经济,必须向这几个最大的'既得利益'进攻的,如其不然,不堪再摘。'流共工于幽州,放驩兜于崇山',是最客气的办法,'摒诸四夷不与同中国',才是最小可能有效的办法。我虔诚希望有此事,不然一切完了。"③续后,他在《世纪评论》和《观察》杂志上,又分别发表了《宋子文的失败》、《论豪门资本之必须铲除》两文。然而,杯水车薪,傅斯年这点小小的压力,焉能有效? 当时,国民党在军事上气势尚盛,但傅斯年敏锐地预见到了它那难以挽回的前景。

早在 30 年代,中国共产党的武装革命初具规模的时候,傅斯年观察时局,就曾哀叹过："'然则共产党是出路吗?'平情而论,果然共产党能解决中国问题,我们为'阶级'的原故,丧其性命,有何不可。我们虽不曾榨取劳苦大众,而只是尽心竭力忠其所职者,一旦火炎昆岗,玉石俱焚,自然

---

① 傅斯年致胡适函(1947 年 2 月 4 日),《书信选》,下册,第 170 页。
② 《丁文江的传记》,第 138 页。
③ 傅斯年:《这个样子的宋子文非走开不可》,《傅集》,第五册,第 317 - 325 页。

当与坏东西们同归于尽,犹之乎宋明亡国时,若干好的士人,比贪官污吏还死得快些一样子。"①当时,他也只是愤激之言,并不真认为共产党能够发展壮大。而眼下,愤语成谶,傅斯年又记起了当年的话。他悲观地说,如果孔宋两家势力不能肃清,"政府必然垮台,而希望政府不垮台,以免于更大的混乱者,也要坐以待毙,所谓'火炎昆岗,玉石俱焚',今天良善的人谁无'人间何世'之感?"②

1947年6月,傅斯年赴美养病,直至1948年8月归国,去国一年有余,国民党已经兵败如山倒。他回天无力,只有"坐以待毙"了。这既是傅斯年的悲剧,也是胡适的悲剧,其实还是自由主义者的悲剧。

自由主义来到中国,一直扮演着悲剧的角色。除了启蒙的辛亥年,一鼓作气之外,他们就一直处于四分五裂之中。孙中山曾经忧伤地对离开他的黄兴说:"民党以主义、政见为团结,官僚派以金钱饭碗为团结。主义虽同,而政见或异。民党性质本来不好苟同,故时有参商。官僚则唯利是视,反为不可破之团结。"③国共纷争,自由主义者更是一盘散沙,左右难以逢源。胡适在《独立评论》时期,就一再标榜"独立"的精神,"不倚傍任何党派,不迷信任何成见,用负责任的言论来发表我们各人思考的结果"。④ 任鸿隽(叔永)更发挥说:"我们相信不配成一个什么派系,我们自己期望做到'独立'的精神,但不期望成一个'独立派'。"⑤他们既有大同,也有大异,独立是独立了,但独立到了独木难成林的地步,就难以有所作为了。一直到抗战以后,傅斯年无可奈何地对胡适说:"自由主义者各自决定其办法与命运。"⑥事实上,自由主义者在中国的大地上没有呼唤到

---

① 傅斯年:《中华民族是整个的》,《独立评论》第181号,1935年12月15日出版。
② 傅斯年:《这个样子的宋子文非走开不可》,《傅集》,第五册,第318页。
③ 孙中山致黄兴函(1916年5月20日),中国社会科学院近代史研究所中华民国史研究室等合编:《孙中山全集》(北京:中华书局,1984年),第三卷,第289页。
④ 《引言》,《独立评论》第1号,1932年5月22日出版。
⑤ 任鸿隽:《我们是右派吗?》,《独立评论》第48号,1933年4月30日出版。
⑥ 傅斯年致胡适函(1947年2月4日),《书信选》,下册,第170页。

傅斯年——胡适的学生和诤友

自己的母亲,因而难以团聚起来,形成强力。他们既缺乏力量,又焉能真正"独立"? 不能不依附于强有力的集团和"英雄","独立"者不能独立,自由主义者也就没有自由。胡适、傅斯年附丽于国民党,虽然罪孽不是他们自己造下的,但他们既然难以与"坏东西"割断葛藤,也就不能不"与之同归于尽了"。

1948 年底,国民党政府的崩溃已成定局。蒋介石的秘书陈布雷在绝望中自杀,傅斯年在"五四"时期的同窗好友段锡朋也病死了。傅斯年深受刺激,精神濒于崩溃,绝望之余,一度准备自杀,因夫人监护得宜,未成事实。12 月 15 日,胡适由蒋介石派出专机从北平围城中接到南京。大约在阳历除夕,胡适与他同命运的学生和诤友傅斯年相对凄然,一边喝酒,一边吟诵陶渊明的《拟古》第九首:"种桑长江边,三年望当采;枝条始欲茂,忽值山河改;柯叶自摧折,根株浮沧海;春蚕既无食,寒衣欲谁待;本不植高原,今日复何悔!"吟罢,相视无言,潜然泪下。

这时,傅斯年正主持将中央研究院历史语言研究所迁往台湾杨梅镇,并于 1949 年 1 月 20 日就任台湾大学校长。在台大任内,傅斯年的自由主义立场被指责为庇护"共党分子",他不得不发表声明以自卫,反对白色恐怖,亦曾表示"我不兼办警察局"[1],保全了许多无辜的学生。台湾《新闻天地》说:"傅斯年先生长台大两年最大的成就,在保持了学术独立和尊严,扩大了研究空气;但遭遇到最严重的打击、攻讦、阻挠,种种的困难也在此。"[2]实际上,傅斯年面临着来自左右两翼的巨大精神压力。他终于心力交瘁而崩溃了。1950 年 12 月 20 日,傅斯年出席台湾省参议会就台大校务接受质询时,突发脑溢血,猝然病逝。

对于台湾的史学研究及华夏文物的保藏,傅斯年与胡适另有一项贡献,那就是于 30 年代将居延汉简自香港运往美国,寄存于国会图书馆,再于

---

① 王泽森、杜正胜编:《傅斯年文物资料选辑》,第 166 页。
② 转引自傅乐成著《傅孟真先生年谱》,第 109 页。

1965 年运回台湾"中央研究院",此中经过,邢义田教授近有专文记述。①

小 结

傅斯年逝世之后,胡适伤感之余,对傅的一生作了总结,给予了极高的评价。他说:"孟真的天才,真是朋友之中最杰出的,他的记忆力最强,而不妨害他的判断力之过人,他能做第一流的学术研究,同时又最能够办事,他办的四件大事:一是广州中山大学的文学院(最早期),二是中央研究院史语所,三是北大的复员时期,四是台大,都有最大成绩。这样的combination 世界稀有。我每想起国内领袖人才的缺乏,想起世界人才的缺乏,不能不想到孟真的胆大心细,能做领袖,又能细心周密的办事。真不可及!"②胡适因为对傅斯年爱得真挚,评价不免离谱,傅斯年毕竟没有成为胡适所期望的"领袖才"。不过,他抒发的是挚友的感情,也在情理之中。

20 世纪上半叶,是英雄的时代,人物的评价,当然也要用英雄的标准,傅斯年当然难以入列。不过,历史的遗产不是单面的,傅斯年学术上的成绩,政治上的远见,同样是历史的遗产。在人类社会史上,各种思潮时起时伏,潆洄流转,一个杰出的主潮流,也难期完善,各种思潮固然互相冲突,但也互相补充。所以,我们将以往的各种思潮,都看成历史的财富,研究其已有的或潜在的价值。

---

① 邢义田:《傅斯年、胡适与居延汉简的运美及返台》,《"中央研究院"历史语言研究所集刊》,第 66 本,1995 年 9 月。

② 胡适致傅斯年夫人俞大彩唁函(1951 年 1 月 6 日),胡颂平编著:《胡适之先生年谱长编初稿》,第六册,第 2157 页。

胡适与罗家伦

罗久芳[*]

> 要是天公换了卿与我，
> 该把这糊涂的世界一齐都打破。
> 再磨再炼再调和，
> 好依着你我的安排，
> 把世界重新造过。

这首 1917 年胡适写赠给罗家伦的诗，[①]是他从 12 世纪波斯诗人 Omar Khayyam 的名著 *Rubaiyat* 英译版中翻译出的一段。不满 30 岁的胡适已经在北京大学教了三年书；而比他小六岁的罗家伦在该校就读三年后，正要启程赴美国留学。这首胡适取名为"希望"的白话诗，与其说是他对学生的一种勉励，不如看作是师生二人共同理想与豪情的展现。四十多年后当他们相继辞世时，世界虽已历经"再造"，却仍未超越以往的"糊涂"。回顾他们毕生的言行和努力，怎能不令人倍增感慨？

北大师生——1917—1920

1917 年秋季，国立北京大学开学，在校园中出现的新面孔中，一个是

---

* 本文作者罗久芳为罗家伦长女。
① 《浪漫谈》，《晨报》1920/11/13，《罗家伦先生文存》补编，第 459 页。

甫自美国获得博士学位的教授胡适,另一个则是刚从上海考进文科的新生罗家伦。胡适在回国以前,已经写过一篇《文学改良刍议》而进入了新旧文学论战。正当蔡元培校长在北大实行"兼容并包"政策,鼓励学生培养新的世界观和人生观来研究学术的时候,这位与许多学生年龄相差无几,却带来西方文化和学术界最新讯息的教授,立即吸引了大批学生的注意。他的教室、办公室和住所,都成了众人聚集的地方。罗家伦主修的是外国文学,必定选过胡适所开的英文课;却又爱选听外系的课,其中有学分的六门(三门是两学期的课)便在胡适所属的哲学系。[1] 他回忆最初与傅斯年结交,先是在哲学系同上过三门课,而"我们开始有较深的了解,却在胡适之先生家里。那时我们常去,先则客客气气的请教受益,后来竟成为讨论争辩肆言无忌的地方"[2]。如中国文学系的傅斯年、中国哲学系的顾颉刚、数学系的毛子水和外文系的罗家伦,都是最早在这种环境中受教于胡适的学生,因而终生尊他为"先生"。

1917—1920 年这三年中,北大校内是一块肥沃的学术土地,人才济济,百家争鸣;而国内和国际的局势,却是充满了黑暗和危机,事故横生,师生间的互动也格外热络。这时期胡适对罗家伦的影响,在课室内外同时进展,但课外实际产生的影响,可能更为深远。这个过程可以从五个角度来探讨:

(一)《新潮》与"文学革命"

1918 年北大文科的一些学生,深深感到需要创造新的园地,来发表自己的意见,培养组织和办事的能力。罗家伦是发起"新潮社"的主要人

---

[1] "Application for Admission," The Graduate School, Princeton University, Oct. , 1920.
[2] 《元气淋漓的傅孟真》,《文存》十,第 74 页。

之一，"新潮"这个名称也是他提议的。① 杂志得到校长和《新青年》编辑们的支持与赞助，胡适也担任了学生的指导员。第一卷五期的编辑工作由傅斯年和罗家伦共同担任；社员们都本着"批评的精神，科学的文义，革新的文词"热烈投稿，为杂志建立了新颖的面目。第二卷四期是罗氏独自负责编辑的，直到他 1920 年夏天毕业为止。连同第三卷的两期在内，他在《新潮》发表的文字共计 36 篇，包括论著、评论、诗歌和通信等四类。创刊以后，《新青年》的教授和《新潮》的学生见面的机会更多。罗家伦回忆说："我们天天与《新青年》主持者相接触，自然彼此都有思想的交流和相互的影响。不过，从当时的一般人看来，仿佛《新潮》的来势更猛一点，引起青年们的同情更多一点。"②

　　1918 年胡适发表了《建设的文学革命论》后，新旧文学派的论战在校园中日趋热烈。十多年以后，罗家伦回忆起当时风暴眼中的学术气氛说："当时我们几个人读外国书的风气很盛，其中以傅斯年、汪敬熙和我三个人，尤其以喜买外国书；大学的图书馆，对于新书的设备比以前也好些，大家见面的时候，便讨论自己所读的书籍，而回去的时候便去看书或写信给日本凡善书社去定买外国书。除了早晚在宿舍里面常常争一个不平以外，还有两个地方是我们聚合场所，一个是汉花园北大一院二层楼上国文教员休息室，如钱玄同等人，是时常在这个地方的。另外一个地方是一层楼的图书馆主任室（即李大钊的房子），这是一个另外的聚合场所。……这两个房子里面，当时确实是充满学术自由的空气。大家都是持一种横议的态度。谈天的时候，也没有时间的观念……当时的文学革命可以说是从这两个地方讨论出来的，对于旧社会制度和思想的掊击也产生于这

---

① 杂志的英文名称"The Renaissance"大概是胡适的主意，而罗氏的解释是，"Renaissance 一个字的语根，是叫'新产'（New Birth）。我把本志的名称译作新潮，也是从这个字的语根上着想；也是从这个时代的真精神上着想"，所以他是从这一个字中取意，而与胡适所钟情的名词"文艺复兴"不尽相同。见《今日世界的新潮》，《新潮》1：1，注六，《文存》十一，第 11－24 页。

② 《元气淋漓的傅孟真》，《文存》十，第 76 页。

两个地方。"①

　　1919 年元月《新潮》创刊号内，包括了许多篇学生们酝酿已久的议论。罗家伦响应文学革命的第一炮《什么是文学？——文学界说》②是 1 月 1 日完稿的。针对时下争论中缺乏"文学"的定义，他先从西方学说中探讨许多不同的解析，进而向中国传统文学挑战，并且认为"文学是人生的表现和批评，从最好的思想里写下来的有思想、有感情、有体裁、有合于艺术的组织；集此众长，能使人类普遍心理，都觉得他是极明了、极有趣的东西"。他第二篇将近两万字的《驳胡先骕君的中国文学改良论》，发表在同年《新潮》第五期，③是以学习西洋文学的心得，来逐句逐段驳斥这位留学英国的东南大学教授对胡适和陈独秀的猛烈攻击的。其中他特别推崇胡适在《建设的文学革命论》一文中，对于"死文学决不能产生活文学"的说论；同时也提出他个人对文学、艺术和人生的看法。他认为：（一）艺术是为人生而有的，人生不是为艺术而有的；（二）要承认时代的价值，在这个时代就应当做这个时代的人，说这个时代的话；（三）所以应当注重世界文学的分析和研究。中国的白话运动，乃是与世界文学接触的结果。以上这两篇文字，多年后罗氏仍然觉得在当时确实发生了"相当的影响"。

　　1920 年，罗家伦在赴美留学的船上完成了另一篇长文《近代中国文学思想的变迁》，发表在 12 月的《新潮》上。④ 文中他将"近代"分成几个阶段来分析，在"国语文学"这阶段中，说明新文学的勃兴，乃是人生觉悟后应乎时势所万不能免的，并且强调"胡适之先生最初创议的那篇《建设的文学革命论》中所提出来的四条，正是这种精神的表现"。但是他认为新文学必须以新思想为基础，才能发扬光大。接着又发挥了胡适一年前在《新思潮的意义》文中所立下的定义，即用"评判的态度"来研讨社会、历

---

① 罗家伦口述遗稿：《蔡元培时代的北京大学与五四运动》，《传记文学》54，第 5、15 页。
② 《新潮》1；2，《文存》二，第 1 - 12 页。
③ 《文存》一，第 389 - 415 页。
④ 《文存》二，第 21 - 48 页。

史、文化方面各种的问题。多年后胡适仍然表示,在广义的新文化运动中,语言文字的改革,是其中"较早的,较重要的和比较成功的一环而已"。① 至于学生对新文化运动的贡献,他的评论是,"这份《新潮》月刊表现得甚为特出,编写皆佳。互比之下,我们教授们所办的《新青年》编排和内容,实在相形见绌"②。

(二) 用白话文翻译西方著作

1918 年以前一般的报纸杂志,绝大多采用文言。《新青年》中胡适的《文学改良刍议》(1917/7)和罗家伦的《青年学生》(1918/6)也都不在例外。但是那年 4 月胡适发表的《建设的文学革命论》,便改用了白话;所提出"国语的文学,文学的国语"口号,赢得了青年读者热烈的响应。同年,胡适编辑《易卜生专辑》,选择的两个剧本之一 *A Doll's House*(中文剧名"娜拉"),是由罗家伦译第一、二幕,他自己则完成第三幕,用的自然是上口的国语。师生的合作,立即产生了广泛的效应。

经过了这次试验,罗家伦对翻译的兴趣大增。在北大期间他为《晨报》和《东方杂志》译过六篇专文和两本书(节译),并在毕业前约定为商务印书馆翻译 B. Bury, *History of Freedom of Thought*, Paul Reinsch, *The Fundamental Principles of Government*。③ 在他工读求学期间,这项工作是他重要的经济来源。罗氏对翻译西洋诗与剧本的兴趣,持续了十余年之久,1931 年曾出版了《近代英文独幕剧》;1939 年的《疾风》新诗集,则包括了不少早期译出的英文及德文诗。

(三) 参加妇女解放运动行列

1918 年,胡适选择《娜拉》这个剧本的目的,是在强调易卜生主义中

---

① 唐德刚译注:《胡适口述自传》,第 174 页。
② 唐德刚译注:《胡适口述自传》,第 176 页。
③ 《文存》三、四。

的人格独立精神,并介绍作者以写实方法描述家庭及社会的实在情形。女主角娜拉的诉求,却在青年读者中引起了特别强烈的反应,他们纷纷对于中国传统的婚姻制度和女性不平等的地位,展开了公开的讨论。[①] 胡适接连发表的《贞操问题》、《美国的妇人》等文字,更产生了带头作用。[②] 1919 年元月《新潮》创刊后,北大的徐彦之、康白情、顾颉刚等人,很快都对这些现象各抒己见。三月号里罗家伦的《是爱情还是痛苦》,是一个富寓言性的故事,叙述一个男同学在婚姻与爱情上的痛苦遭遇,代表了当时许多青年男女的梦魇。接着他在 5 月 11 日的《晨报》发表了《大学应当为女子开放》,强调唯有高等教育才能增高女子的知识、地位以及婚姻自由的程度。

是年夏天美国哲学教授 John Dewey(杜威)来北京讲学,夫人 Alice(女权运动者)、次女 Lucy(历史学家)以及布林蒂尔(Bryn Mawr)学院教授史密斯(Smith)夫人各有一场公开演讲,演讲由胡适口译,罗家伦记录后发表。[③] 她们所介绍的美国各级教育概况,更产生了启发作用。10 月《新潮》刊出了一篇一万字的长文,题目便叫"妇女解放"[④],是罗氏个人最系统的表述。他先列举了欧美一些先进国家妇女解放运动的成就,接着便强调男女应当平等的理由,以及在中国实行的必要。他提出的几个根本办法,包括男女共同的教育、女子职业的发展和儿童的公育,并同时介绍了胡适所提倡的"超于良妻贤母的人生观"。在讨论发展妇女的职业和反对"贞操的迷信"时,他推崇胡适、徐俟、周作人几位先生在《新青年》里很精辟的文章。他主张女性应有独立的人格,特别举出《娜拉》剧中女主角的醒悟作为例证。在谈到辅助妇女求职方面,他引用了史密斯(Smith)夫人演说中所介绍美国新特设的机构,并说:"听过之后,胡适之先生同我

---

① Vera Schwarcz: *The Chinese Enlightenment*, pp. 114 - 115.
② 《新青年》5:1,5:3。
③ 《晨报》,1919 - 8 - 21,9 - 5,《文存》补编,第 182 - 185 页。
④ 《文存》一,第 4 - 25 页。

谈起,也认为(设立此类机构)是极要紧极不可少的事。"主张文学革命的师生,在推动了新文化运动的各个层面时,也加速了中国女权运动的发展。

(四)接受实验主义思想

1919 年,实验主义大师杜威来华作长期讲学,由他的弟子胡适亲自安排、接待,并主持介绍及口译等工作。在北大进行一系列演说时,学术界掀起了一阵空前的热潮,研读杜威原著在学生中也形成风尚。罗家伦和吴康两个学生被选派负责笔录讲词,经胡适整理核对后,再由《新潮》开辟《杜威讲坛》发表。在杜威到达之前,胡适先安排了几个学生公开演讲介绍杜威的学说,他自己讲的是"实验主义",文章在 4 月的《新青年》发表,详为介绍杜威的中心思想及论著。8 月罗家伦写成了一篇《杜威博士的〈学校与社会〉》,[①]介绍杜威"学校就是社会,教育就是生活"的基本观念,以及著者根据新的心理学说所提出的教育理论,作为改善中国教育的参考。在同一期《新潮》(1919/10)中,罗家伦还发表了另一篇新书介绍:《杜威博士的〈德育原理〉》。[②] 文章内容与前不久亲聆的演说"现代教育的趋势"相印证,使读者更能把握住杜威"道德教育"的精髓。

一学年中,由罗、吴二人记录的演说分成"思想的派别"、"教育哲学"和"近代的三个哲学家"三个课题,共二十七篇。[③] 胡适先拟定了翻译和记录的程序,请杜威先"用他自身带的打字机把大纲打好,交一份给翻译的人,让他能够事先想好一些适当的中国词句,以便到时翻译。在北京演讲的时候,那些演讲大纲,总在每次讲完以后,又交给那些作记录的人。让他们校对一番,再拿去发表"[④]。这种严格的训练,对任何一个大学生

---

① 《文存》十一,第 39 – 45 页。
② 《文存》十一,第 48 – 52 页。
③ 见《胡适来往书信选》上,第 53 – 54 页。
④ 《胡适演讲集》二,第 36 – 37 页。

来说,都是可遇而不可求的。

在这时期,罗家伦还另开始翻译杜威的《学校与社会》①,并有继续翻译其他几本杜氏著作的计划,但都因为参与的活动太多而放弃了。② 他到达美国读到杜威的新书 *Reconstruction in Philosophy* 后,写了一篇长文《哲学改造》,③将书中八章内的概念,逐一加以叙述,目的是介绍实验主义哲学各方面的纲领。他认为此书不但能打破哲学神秘的观念,并且能采用"历史法",来"引导人从抽象的到具体的,从普遍的到特殊的观念上去",对于"救中国思想界的危机,尤为紧要"。

罗家伦在美国留学时,曾有两年在纽约追随杜威研习。1952 年大师逝世,罗家伦有一段对记者的谈话,他说:"杜威不止在学术思想上,予我们极大之益处,其人格之纯洁、高尚、真诚、慈祥,对中国之诚挚的友谊,都给我们不可磨灭的印象。"并且说:"杜威在教育学术上之贡献,乃是反对形式的教育;而主张自动自发,引申式的教育……。在哲学方面,杜威是实验主义(Pragmatism)之创始者;他与皮尔士(Pierce)、哲姆士(James)同为三大创始人。这派哲学,乃以科学方法,找出一个逻辑的系统,再从而建立其哲学系统。"④罗氏一生从事教育和文化工作,所坚持的科学精神和对学术自由的信念,可以追溯到大学时期那一段课外活动。

(五)"五四"与"新文化运动"

1919 年五六月间北洋政府在巴黎和会讨论山东问题时的软弱表现,引发了北京学生强烈的反对。大规模的示威罢课,波及了各大城市、社会各界。北大上有关心国事的校长和教授,下有具组织经验的学生,自然而然地担负起了主导的责任。罗家伦在各方面的工作,包括了担任学生代

---

① 《文存》十一,第 39 – 45 页。
② 《文存》七,第 8 – 9 页。
③ 《文存》十一,第 93 – 112 页。
④ 《文存》六,第 424 – 426 页。

表,起草宣言,传发新闻,探望被捕同学,与警方交涉释放学生等,奔忙了大半年之久。① 事后他虽不曾表示后悔参与这些活动,却认为自己"好不容易,辛辛苦苦读了几年书,而去年一年以来,忽而暴徒化,忽而策士化,忽而监视,忽而被谤,忽而亡命……全数心血,费于不经济之地"②。

此时胡适正在上海迎接杜威夫妇,听到五四北京学生示威的消息,立即参加了上海市民的大游行。随即他先行北返,5月9日与陈大齐、沈士远、刘半农三位先生,罗家伦、狄膺等三名学生同赴警察厅交涉释放5月7日被捕的同学。③ 此后胡适被推为校务委员,在蔡校长离京期间襄助代理校长,为维持北大的安全与各方商榷。这时《新青年》和《新潮》两个杂志,胡适与陈独秀两位教授,傅斯年和罗家伦两名学生,都成了保守派的眼中钉,不断受到各种压力。胡适虽然同情学生的诉求,却认为这场运动也是一场不幸的政治干扰,④不仅破坏了北大的教学制度,阻碍了"新文化运动"的进展,也促使他放弃了"二十年不谈政治"的初衷。虽然他呼吁大家"多研究些问题,少谈些'主义'",可是"从这一天起,北京大学就走上了干涉政治的路子,蔡先生带着我们都不能脱离政治的努力了"。⑤

1919年5月26日,罗家伦用"毅"的笔名在上海的《星期评论》发表了《五四运动的精神》,总结了三周以来学生运动所表现出来的特质,归纳出:(一)学生牺牲的精神,(二)社会制裁的精神,(三)民族自觉的精神。⑥ 文章刊出不久,又爆发了6月3日更大型的抗议、罢课、军警逮捕学生和全国大都市商人罢市等事件。此后大半年中,北大教授和学生的工作与学业都受到动荡不安的影响。1920年4月,罗家伦为《晨报》筹编《五四纪念增刊》,向蔡校长及胡适等教授邀稿,特别央请胡适为"彷徨过

---

① 罗久芳:《罗家伦与北大》,《传记文学》69:6。
② 《新潮》2:4,《文存》一,第435页。
③ 《文存》补编,第253-259页。
④ 唐德刚译注:《胡适口述自传》,第189-190页。
⑤ 胡适:《纪念五四》,《独立评论》149号。
⑥ 《文存》一,第2-3页。

路"的学生"拿出正当的主张出来,做一个灯塔",并请他"多找几位朋友担任,最好能代表各方面之意见者"。① 胡适这次撰写的评论对学生的行为表示同情,他说,"在变态的社会里面,政府太卑劣腐败了,国民又没有正式的纠正机关(如代表民意的国会之类),那时候,干预政治的运动一定是从青年的学生界发生的"。② 同一天他与蒋梦麟在共同发表的《我们对学生的希望》里面进一步强调说,"这种运动是非常的事,是变态社会里不得已的事,但是他是很不经济的不幸的事。因为不得已,故他的发生是可以原谅的……是暂时不得已的急救办法,却不可长期存在的"。③ 罗氏自己写的一篇《一年来我们学生运动底失败和将来应取的方向》,是在五月号的《新潮》发表的。④ 他重申了一年前对"五四"所下的定义,认为所产生的影响是:(一) 思想改革的促进;(二) 社会组织的增加;(三) 民众势力的发展。但也承认失败之处,在于"学生产生了万能的观念,导致了学术的停顿,行为落于形式的窠臼"。所以"五四"一年后师生二人的结论,都认为大学生必须专心学业,而不应该长期从事社会或政治活动,才能作出有长远价值的贡献。

　　1917 至 1920 年之间这三年中,胡适与罗家伦在课室内和课外的接触,不但建立了双方理性上的共识,也达成了互为知音的交谊。从胡适留存的书信中,可以看到学生对教授的直言不讳:

　　　　今天时事新报上又有那上海式的鸳鸯蝴蝶先生与你谈诗;同人的意思,请先生不理;若是先生理他,便是中了他的计。因为他们这班无聊的人,求先生理不得,先生理他就是同他登广告。学生家伦。

---

① 《胡适遗稿及秘藏书信》41,第 224 - 227 页。
② 《我们的政治主张》,第 9 页。
③ 《胡适之先生年谱长编初稿》二,第 402 - 403 页。
④ 《文存》一,第 415 - 436 页。

十九日。①

另一封傅斯年和罗家伦的联名信,为的是《新青年》内部意见分歧,面临停办,而胡适有可能接手,于是敦劝他"斩钉截铁,一定不办"。② 在 1920 年 5 月 19 日罗氏的一封长信里,后半段是关于同学顾颉刚毕业后的出路。经罗家伦陈情,胡适已答应设法。这次再提出请求,请胡适设法留顾氏在北大图书馆任职,使他得到研究著书的机会,"其结果不只完成他个人求学的志愿,而且可以为中国的旧学,找出一部分条理来"③。不久顾颉刚收到聘任,秋季并接任《新潮》编辑。

海内与海外——1920—1926

1920 年罗家伦毕业后,得到穆藕初奖学金的资助,决定出国深造,第一志愿便是哥伦比亚大学——胡适的母校。他一方面计划追求个人的学术兴趣,另一方面也殷切希望同学出国的人多了,"大家养精蓄锐,暂离国内现状的纠纷,以静心研究学术……",并且相信"一定不会在美国再有'五四运动'"。④ 到达美国后,罗家伦因为不习惯纽约的紧张生活,立即转往清静幽美的普林斯顿大学研究院,选的主要是哲学方面的课程,在学术的途径上得益良多。第一学年结束后,他先陪同蔡校长访问了东部几所名校与城市,随即留在康奈尔大学暑校听课,1921 年秋天终于还是进了哥伦比亚大学。这两个地方,刚巧也都是前些年胡适和他几位爱好文学的朋友们策动"文学革命"的圣地。

在哥大罗氏打消了攻读学位的念头,专心选听哲学系名教授的课,每

---

① 《胡适遗稿及秘藏书信》41,第 235 页。
② 《胡适遗稿及秘藏书信》41,第 232－234 页。
③ 《胡适遗稿及秘藏书信》41,第 228－231 页。
④ 《文存》七,第 10－13 页。

学期平均注册六门，①也包括一些历史、教育、人类学等课程，旁听的可能还不在内。这时杜威已从中国讲学回校，其他慕名已久的学者，包括胡适曾直接受教的 Woodbridge、Montague、Robinson 等人，加上纽约留学生中人才济济，这令罗氏的学识与交游都大有收获。

在他留美最后的半年间，国内学术界发生了一场"科学与玄学"的争论，触动了他一抒己见的兴致。开始想写的一篇长文发展成为一本书，就取名"科学与玄学"（1924 年由商务印书馆出版），为的是"排开那次的纷争，独立的想综合西洋思想界研究的所得，经过自己一番的反省，用剥蕉抽茧式的讨论法，去说明科学与玄学本身的性质，其所研究的问题，所用的方法，所具的特长，所受的限制等方面；想使大家把最近代科学与玄学的地位和关系，认个清楚"。② 他特别感谢哥大的杜威、Woodbridge、Montague、普大的 Spaulding 等教授的教益和鼓励，以及在柏林的一些中国朋友（如赵元任、俞大维、傅斯年等）所提出的意见及帮助。

罗家伦在这本书中，广泛地引用了西方重要思想家、哲学家和科学家的立论，来阐明科学和玄学的本质，并说明"科学与玄学各有各的机能，各有各的领土，不但不可强分，而且也不可少"③。他指出："在哲学里面的派别虽然分歧，但是就全体考察起来，大概的偏向，还不外理性与经验两种。哲学里面理性与经验两派之争，历经了数十年，为思想界开了多少新局，但始终不曾解决；……。这种真正哲学上的争端，在近代中国思想界中还不曾开始，或者还不想见。"④这个时期可能是罗氏醉心于哲学研究的最高潮；而胡适的兴趣，却已转向整理国故的工作。所以罗氏在 1923 年春致胡适的信里，仅提到"去年年底承美国历史学会之召，在其全国年会中读一论文，颇蒙负宿望之学者奖饰。现集精力于历史哲学，甚得

---

① Columbia University Graduate Faculties，［Report of Standing］，1921－1923.
② 《文存》三，第 213 页。
③ 《文存》三，第 382 页。
④ 《文存》三，第 383 页。

Woodbridge、Dewey 之赞助"①。

罗家伦由美赴欧船上(1923 年 10 月)

(罗久芳女士提供)

　　1923 年底,罗家伦前往德国,通过了德文考试以后,在柏林大学听哲学和历史哲学课程,另外也增听社会学、人类学、民族学等方面的课。他和许多同学都抱着"旁征侧掣,以求先博后专"的游学心理②,自己也有感于罗素(Bertrand Russell)离华前所说,"愿中国有伟大之领袖人材一打,真正能在学问社会方面做功夫的人一万",觉得中国面临的是"重大的教育问题,是民族根本问题"。③ 所以他在奖学金终止以后,坚持在柏林、伦

---

① 《胡适来往书信选》上,第 227 页。
② 《元气淋漓的傅孟真》,《文存》十,第 79 页。
③ 《文存》二,第 621 页。

敦、巴黎搜集中国近代史资料,作为回国后从事研究的准备。他决定在
"做事"和"为学"中间选择"为学",理由是"(一)因我天性于为学较近;
(二)因做事精力所费,多在不经济的旁枝曲节上;(三)做事不免牺牲我
率直的天性"①。

在国外罗家伦不断关注国内政情,对于胡适所提倡的"联省自治"和
"好政府主义"等言论,并不生疏。② 1923年,蔡元培因北大不断遭受政治
干扰而辞职赴欧,在德国常与许多旧学生晤谈通信,讨论国内近况。而胡
适继续与北方政治人物周旋,令许多朋友和学生为他惋惜,并劝他离开是
非之地。1925年5月,罗家伦从伦敦写信给他,告知即将成立的英庚款
委员会中,胡适的名字已列入内,请他准备资料赴英开会。③ 传达这个消
息的动机,可能是希望他在刚退出段祺瑞召开的"善后会议"后,不要再受
到政治势力的利用。

1926年,罗家伦因经济拘挶,回国川资无着,曾两次函请胡适设法代
筹国币五百元④,但胡氏似乎无能为力。最后他再次向张元济借贷,才解
决了困境。回国前罗氏的计划是设法筹建专门机构,收藏、编辑、出版各
种文字中有关中国近百年的史料,同时展开研究工作。他个人则愿致力
撰写一部科学的历史,用科学的方法写出来,"使中国人从事实里知道自
己所处的是什么世界……。从事实而生反省,才是最可靠的自觉"。同时
他要借写这本书来"助中国国语文立于相当的标准上",因为他深信文学
革命"为二千年来最大的一种变革;但无大著作以为后盾,则建设新文学
之功终鲜成就"。⑤ 这番豪情,完全像是实验主义思想和新文化运动的
产物。

---

① 《文存》七,第46-54页。
② 《胡适来往书信选》上,第227页。
③ 《胡适来往书信选》上,第329页。
④ 《胡适遗稿及秘藏书信》41,第243页。
⑤ 《文存》七,第46-54页。

政治上的墙外与墙里——1927—1937

1926年夏天罗家伦返抵国门时,胡适早已脱离北大,正在准备赴欧,师生分别六年后,竟失之交臂。这时各派势力的政治与军事斗争日趋剧烈,归国留学生更深感报国无门。罗氏回北大教书的夙愿落空,要求清华国学研究所及厦门大学资助搜集史料的事无果,①决定秋季前往南京东南大学历史系,担任近代史的课程,并展开了史料学与研究太平天国史的工作。不久战事逼近南京,学校停课,罗氏在返南昌省亲时险遇乱兵,引起各地友好关切,顾颉刚的信中竟有"斯人如死,如中国近代史何"之虑。②

此时"不谈政治"已不可能,但罗家伦仍希望"在国家有大问题时,发表言论,苟与主体无妨,亦复无害"③,不至影响他的学术生活。可是1919年的"五四",1921年的华盛顿会议和1925年的"五卅",他在不同地点、不同情况下,为总不甘站在旁观者的地位而尽了最大的努力,无论在国内或国外均发挥了他文笔上的功能。1927年初,罗氏在南昌国民革命军总司令部访友时,获得一个与蒋中正总司令会晤的机会,一席谈话之后,他毫不犹豫地参加了国民党北伐的队伍,担任起编辑委员会委员长、参议及法制委员等职务。没有想到那次的对话,竟影响了他一生的事业。南京政府成立后,他受任中央党务学校教务副主任,主持筹办一个新式干部的训练场所,随后又代理校务会议主席。1928年,罗氏随北伐军过济南,在"五三"惨案后参加与日方交涉的任务,目睹了日军的残暴和蛮横。随后继续北上,代表大学院执行接收北京各大院校的工作。同年9月他受任国立清华大学校长,再次回到了北平。

---

① 《文存》七,第64-67页。
② 《文存》附编《师友函札》,第669页。
③ 《文存》七,第52页。

1926—1927 年这段大动荡时期中,胡适刚巧身在国外,远离了南北两地的政治漩涡。由于这以前他与"研究系"人士的私交和参与的一些政治活动,引起了不少非议与关注,1927 年 2 月北伐军尚未打败孙传芳时,远在厦门的顾颉刚便写信到国外,劝胡适"归国以后似以不作政治活动为宜。如果要作,最好加入国民党……",因为他深感它是"一个有主义、有组织的政党,而国民党的主义是切中于救中国的"。[①] 4 月胡适还在归国路上,又收到顾氏一封信,请他"万勿回北京去",因为他与北洋系统的关系"负谤亦已久矣,在这国民革命的时候,万不可以使他们有造谣的机会,害了先生的一生"。[②]

这时候国内政治中心已有转移,许多与北大有关的人士,包括胡适的同事蔡元培、蒋梦麟、王世杰和他的学生周炳琳、段锡朋、罗家伦,都先后加入了南京政府文教、政法方面的工作。胡适虽早已与国民党不少的元老有文字之交,却从未与这个南方政党有过往来,于是决定留在上海,暂与南京和北京保持一些距离。不久,新任大学院院长蔡元培请他任大学委员会委员,每年到南京开两次会。1927 年十月第一次会议前,胡适已看到新政权的某些表现和言论与他的立场格格不入,向蔡氏提出要求退出。[③] 此时国民党已与共产党决裂,为了加强控制,吸取了列宁式的组织模式及思想政策;部分党员盛气凌人,作风傲慢。即使蔡元培也承认"党部及国民政府所办事,我等自己不满意者甚多;药石之言,其愿闻之"。[④] 1928 年,第二次大学委员会中胡适与吴稚晖争辩后,坚决辞去,与国民党划清界限,以《新月》杂志为论坛,来监督、批评该党的言论及措施。

在南京开会期间,胡适与北大旧识相聚时,和罗家伦作了久别后的畅谈,大体上令这位老师"甚感愉快"。但在谈到政治话题时,显然两人发生

---

① 见《胡适来往书信选》上,第 426 页。
② 见《胡适来往书信选》上,第 428－429 页。
③ 见《胡适来往书信选》上,第 447 页。
④ 见《胡适来往书信选》上,第 448 页。

歧见，争辩得相当激烈。从胡适 1928 年的一件信稿中，可以看出他对这位高足火气之盛不无非难。但责备和劝戒的那一段终被删除，只留下一段说："我有一个小小的建议，要求你尽力主张，但不必说是我的建议。前天听说你把泉币司改为钱币司，我很高兴。我因此想，你现在政府里，何不趁此大改革的机会，提议政府规定以后一切命令、公文、法令、条约，都须用国语，并须加标点、分段。此事我等了十年，至今日始有实现的希望，若罗志希尚不能提议此事，我就真要失望了。"①从这几句话里，可以看到胡适对那次的争执并无芥蒂，仍然希望这个"传薪者"能在体制内做出一些有长远价值的工作。

1928 年 7 月，胡适在《新月》杂志发表《名教》一文，批评了当时流行的许多口号和标语（如"打倒"、"拥护"、"忠实同志"等）；1929 年，一连发表的《人权与约法》、《知难，行亦不易》、《我们什么时候才可有宪法》、《新文化运动与国民党》等文章，都是针对国民党施行训政而放弃了约法的信念、不相信国民有参与政治的能力、成为了违反人权的专制政权等问题。这些言论，引起了部分党员与党报的反弹及围剿，终于导致了 1930 年初《新月》被查禁，稍后胡适又被迫辞去中国公学校长的职务。

《知难，行亦不易》这篇文章首先分析孙中山提倡"知难行易"学说的由来，以及用它作为革命哲学的原因。胡适进一步批评它的错误是把"知"与"行"分得太分明，因为绝大部分的知识是不能同"行"分离的，尤其是社会科学的知识。这绝大部分的知识都是实际经验（行）上得来："知一点，行一点；行一点，更知一点，——越行越知，越知越行，方才有这点子知识。"革命成功以后若继续坚持"知难行易"的理论，结果是：（一）许多青年只认得行易，不觉得知难，于是有轻视学问的风气；（二）当权的人以为知识的事已有孙总理担任做了，国民只有服从，不可批评，因而钳制言论自由。胡适最后的结论是："以一班没有学术训练的人，统治一个没有现

---

① 《胡适遗稿及秘藏书信》41，第 292 - 293 页。

代物质基础的大国家,天下的事有比这个更繁难的吗?要把这件大事办好,没有别的法子,只有充分请教专家,充分运用科学。"①

其实罗家伦自从参加新政府以来,对于这些流弊已有亲身感受。他在中央党校成立半年后拟定新课程及授课时数计划时便指出:"目前党校学生之大病,在仅能高谈主义,而不知实现主义之方,……仅能说几句漂亮的'党话',而不知如何促成'党治'之术。"②因之建议扩充、改订课程,延长时数,从短期的训练班变成二年制的政校,最后达成四年毕业的大学编制。其目标正是要尽力达成"请教专家"和"充分运用科学",来造就有现代知识的行政人员。稍早罗家伦还参与了另一种性质的尝试,就是在1928年1月起为蒋中正延师讲课的安排。③ 他草拟的计划是以请专家作报告,然后共同讨论的方式,每周举行五六次专题研习,内容包括政治、经济、法律、外交、近代世界史等科目。提出的讲师都是当时一流的自由派学者。这项计划虽未见持续生效,却也未尝不是"请教专家"的另一种模式。

在胡适《知难,行亦不易》发表之前一年多,罗家伦曾经在南京金陵女子大学作过一次演讲,题目是"知难行易的哲学",④是从心理及社会学观点来讨论这个学说。胡文此文在上海刊出时,罗氏已在北平任职。9月14日的天津《大公报》上登载了一篇《社评》,名"赞成〈知难行易〉说",是罗氏用该报的文体代笔写的。开场便说:"近日胡适先生发表《知难行不易》一文,全国文坛,为之骚然。或以'孙文学说'为根据,或以'阳明学说'为目标,更或穷搜远索中外哲理为辩驳;议论蜂起,盛极一时。诚近来文坛之好现象也。唯吾人窃以为陈义太高,转使真理愈晦,非一般人所能明瞭。故拟专从普通常识上,浅显讨论,举以与社会人士共同研究'知难行易'之所在。"接着他指出:"吾人感觉经过一年余之训政时代,遵奉中山遗

① 《胡适的日记》八,1929-5-13。
② 《文存》一,第446-450页。
③ 《罗家伦先生日记》,《近代中国》129期,第134-148页。
④ 《罗家伦先生日记》,《近代中国》129期,第140页。

教,所应举之种种建设事业,尚若行不易者,其病不在行不易,仍在知难。则依论理学公例,果经知难,必然行易。今日行易成绩不能举者,自然是知难功夫有未尽也。"所以他认为负责领导的人,应该尽到知难之责,才能使执行的人达成任务。"领袖先生责成吾人行易,吾人亦责成领袖先生知难,则知难行易之成绩,当然举矣。"因之关键在于发展教育,来培养富现代知识的领导人才。最后的结论是,"人之地位责任虽有大小,而皆应随其大小,各尽其知难之责,不能委之于人也。故胡先生所杞忧者,自吾人观之,何尝在行易,仍旧在知难"。[1] 全文的主旨并不在否定胡适的批评,而是从经验出发,说明知难的重要及训政的困难所在;或许同时也想在混浊的舆论中,注入几分理性。胡适将这份剪报贴在日记内,所画线的部分,便包括了以上举出的论点。

1929—1931 年间胡适对国民党的批评愈发激烈,他在上海的处境也愈趋尴尬。许多党内外的友好为他深感不安,也有人劝他少谈政治、专心写书。罗家伦便曾在 1930 年初的日记中对老师的若干论点,表示有欠切实之处。[2] 这时期罗氏自己在进行清华大学改制的过程中,也受到不少阻碍,但终能在离职前奠定了它日后健康发展的基础。1930 年他辞职南下,九月赴武汉大学途中绕道经过上海时,曾去拜望胡适,并谈到在北方不愉快的经过。师生二人遭到不同性质的挫折之后,罗氏一心想回到教书和研究的岗位,胡适也在那年年底返回北平,于 1931 年初就任北大文学院院长。

罗家伦在武大仅一学期,便应蒋中正的召请,回到南京中央政治学校担任教务主任兼代教育长,着手发展四年学制。1931 这一年中他在政校作过一系列四次专题演讲,题目是"现代主要之政治学说",[3]对"法西斯蒂"、"布尔扎维克"、"自由民治主义"和"赖斯基及其多元国家论"作了深

---

① 《文存》一,第 62 - 65 页。
② 《罗家伦先生日记》,《近代中国》130 期,第 204 页。
③ 《文存》五,第 113 - 158 页。

入浅出的分析。第三次演讲中对"自由民治主义"的由来,以及英、美等国施行的经验,有格外详尽的阐述,也直接批评了胡适等人所鼓吹的"约法"、"代议政治"、"个人自由"等观念。最后他谈到这个学说实行起来的弱点,指出:"他们以为现在中国,应该要有一个国会,一切事情要由国会来决定。然而假使照某先生的意见去做,把许多大学教授拉来当国会议员,结果,一定会干不通的。"又说:"有些人以为要医救民治,最好多给些民治,他们认为人民自己在错误中自然会得到补救方法的。"关于胡适所谓的"上当学乖"原则,罗氏则认为"乖没有学好,当已上了不少,不是太吃亏吗?"另外还引了一年前胡适在上海亲自说的一段话,来批评老师"脱不了书生气"。那时胡适说,"蒋先生为什么不先把自己的军队编遣了,如果蒋先生遣散了自己军队,冯、阎等再有不服,我们全国的舆论,便来援助你,上海的银行家便拿钱帮你的忙"。罗氏觉得这个说法太不切实际了。

罗家伦这时候的立场是,"民治的实行,更有赖于人民之有训练,要全部人民掌着政权,尤要人民有这种能力与习惯。本党之所以要实行训政,便是这个用意……。所以我以为民治学说,是其理想并不是不对,不过有许多缺陷,应该弥补……。我们有我们的国家特质,有特殊的历史与环境,决不是直抄英美的民治主义,而可以行得通的"[1]。这四篇演讲记录,并未曾修订发表。

罗家伦在这一年的演讲中,有一篇《知难行易学说的科学基础》[2],是他最后一次对于这个题目作系统性的解读。他首先指出孙中山要树立他新的哲学理论,是为了要打破中国数千年来传统的观念,使社会有所变革,是有其时代意义的。他进一步从心理学的角度探讨"知"与"行"的本质和分别,特别强调"知"的"进展性",因为知识是由于经验而生,经验既是不断地进展,知识当然也就随之不断地发展。他告诉学生,"因为全部

---

① 《文存》五,第147-148页。
② 《文存》五,第206-223页。

的知识,都是不断地在进展,所以我们绝不能梦想在其一个时间内,吃下一颗知识万应丸就可以把知识充足,终身受用不尽"。这个结论,不仅没有把"知"和"行"分开,也完全符合实验主义教育哲学的精神。所以他一方面推崇孙中山的"许多真知灼见,往往与现代各种高深科学的道理不谋而合",却又说,"关于中山先生的学说,望各位再继续努力详细研究"。在当时教条主义高涨的环境中,罗氏能够坚持实验主义的知识论,用心良苦可见一斑。这篇讲稿,他后来曾辑入《文化教育与青年》书内。

1931年胡适返回北大后,学术活动集中在"中国中古思想史"范围内的授课与著述。同时他又与友好协同创办《独立评论》继续发表政见,包括批评国民党的"剿匪"政策,支持"废止内战大同盟",呼吁"施行民主政治,才能消除暴力革命"。这时来自日本的压力日渐加剧,全国反日情绪膨胀。胡适的立场是坚持反对不负责任地提倡战争,主张中日进行谈判与和平解决,来争取时间和国际间的同情与支持。

在和与战的议题上,罗家伦的看法与胡适径相迥异,或许和胡氏一贯的反战思想及北阀时罗氏在济南遭遇日军的经验有关。"九一八"过后三天罗氏对政校学生演讲时说,他感觉像是《最后的一课》故事里的小学老师,看到危亡的日子就在眼前。[1] 从那时起他以定时演讲的方式,提高学生的醒觉,积极作备战的心理准备;主张在国内要联合自救,外交上要采取运用"国联"的政策,并特别强调知识分子应尽的责任。[2] 1932年夏,罗家伦接受了整顿国立中央大学的任务,更是感到大学教育在国难时期的重要性。那年9月他在中大毕业同学会上演说,提出中大应负起复兴中华民族的责任,并且说,"本人观察现在国难虽甚严重,但尚非最严重的时期,五年之内,当更有重大国难发生"。[3] 1933年他在政校讲《太平洋战争与中国前途》时,更详细地分析了第二次世界大战爆发的必然性,并预测

---

① 《文存》五,第193-202页。
② 《文存》五,第203-206页。
③ 《文存》五,第233页。

"总在 1935—1940 年,这个大战是再也不可避免的"。① 同时主张应在国防建设的各方面,积极作出备战的努力。

七七事变前,胡罗二人在政见上虽出现了见仁见智的差异,却各在北南两地竭智尽虑,从事自认为应尽的任务。1935 年 6 月,胡适因日本不断提出新要求,三次写信给王世杰,请他将意见转告蒋中正,其中一次曾由王氏托罗家伦赴四川时面告。② 这时候胡氏已承认在当时的情况下,只有"双管齐下,一面谋得二三年或一二年的喘息,使我们把国内的武装割据完全解决了;一面作有计划的布置,准备作那不可避免的长期苦斗"。③ 这时他的立场已经与国民党相当接近了。同年 9 月胡适为了蔡元培七十寿辰,发起集资建屋献礼,供老人"用作颐养著作的地方"。胡氏先把信稿寄给南京的王世杰、罗家伦、段锡朋、陈剑修四人,请他们修改后签名送往上海。留存的信稿上有王、罗的笔迹,最后签名的六人则是胡适、王星拱、丁燮林、蒋梦麟、赵太侔、罗家伦。不久抗日战争发生,建屋的事不幸未能实现。④

学者外交家的典范——1937—1942

1937 年七七事变初起,胡适南下参加庐山和南京的会议,商讨和战大计。不久战争扩大,9 月他启程前往美、英两国,从事宣扬抗战的活动。1938 年正式就任驻美大使,直到 1942 年 9 月为止。在这艰苦的五年中,胡适以一个学者而非职业外交官的身份,展开各个层面的艰巨任务。面临错综复杂的美国内政及国际局势,他的努力与成就,赢得了"中国最能

---

① 《文存》五,第 265 页。
② 《胡适来往书信选》中,第 325 页。
③ 《胡适的日记》十二,1935-6-27。
④ 陶英惠:《胡适撰拟致蔡元培献屋祝寿函》,《传记文学》58:1,第 81-86 页。

干最忠实的公仆"的赞语。① 其间他遭到政府内部人士的责怪与阻碍,特别是宋子文以外交部部长身份常驻华府,取代了大使职权的事,在重庆有关部门任职的人早有所闻。关于他离职的内情,也有不同的传说。

1945 年夏天,第二次大战结束,秋天联合国在英国召开世界教育会议,筹备建立"教育科学文化组织"。中国代表团由胡适率领,来自各地的文教界团员在伦敦会齐,三周中朝夕相处,确是难得的愉快。罗家伦从重庆赴会,与胡适同住一旅馆,常有机会畅谈,并交换隔绝多年中的各种信息。1956 年罗氏在台湾口述了一篇《胡适之先生出任驻美大使的经过》,记载的是 1938 年胡适正式发表出任大使前的一段波折,以及在任期间的努力与后期所受到的委屈。前半段是根据罗氏在国内的亲身见闻,后半篇便是伦敦长谈的记实。② 这篇文字在罗家伦生前未曾发表,但从中可以看到他不仅痛恶一些误国高官的作风,更为胡适感到不平。1962 年胡适在台去世,罗氏对记者提出三件事来说明胡适的爱护政府、忠于国家和临危不惧。首先便指出他在驻美期间的贡献,特别是他与罗斯福总统和国务卿赫尔的私交,促使他们在 1941 年底作出了对日本不再妥协的决定,导致了太平洋战争的爆发与中国抗战的转机。另外还提到 1935 年胡适在北平与蒋梦麟、傅斯年等教育界人士公开发表反侵略、反汉奸、反让步的声明,以及 1938 年胡适自动打电报给汪精卫,劝他坚决反对与日本和议。③ 这些回忆和赞扬胡适的言词明显地表示,在抗战胜利以后,胡适的书生本色,重新赢得了罗家伦的敬佩。1947 年,胡氏回国就任北京大学校长,罗氏则被任命为首任驻印度大使,成为胡适以后第二个学者外交官。

---

① 罗家伦口述遗稿:《胡适之先生出任驻美大使的经过》,李又宁主编:《回忆胡适之先生文集》二,第 92 页。
② 罗家伦口述遗稿:《胡适之先生出任驻美大使的经过》,李又宁主编:《回忆胡适之先生文集》二,第 85 - 93 页。
③ 《中央日报》,1962 - 3 - 2。

一次"勇敢的尝试"

1947 年在南京召开的制宪国民大会中,胡适和罗家伦都是代表。1948 年 3 月第一届国民大会开幕,胡罗二人又都以学术界代表身份出席。此时国民党各派系首脑均有意参选正副总统,正在暗中进行造势,而蒋中正则有意提胡适为总统候选人,自己担任行政院院长主持政事,并托王世杰转告"请胡先生拿出勇气来"[1]。胡氏正犹豫不决时,国民党召集临时中全会,会中蒋氏提出总统候选人应让与具有五个条件的社会贤达:(一) 非国民党员;(二) 忠于宪法并忠于宪政;(三) 有民主风度;(四) 有国家民族思想,勇于为国奋斗;(五) 对中国文化历史有深刻认识。指的显然是胡适。[2] 此时罗家伦虽得悉李宗仁已为总统提名与蒋不合,党内又意见分歧,但仍发言赞成蒋的提议,并且表示如果这个"政治上最高道德"及"最高政略"能够实现,"在国际间与国内,可以说打开一个新的局面"。[3]

可是在众人起立拥蒋声中,未起立者仅有吴稚晖、宋美龄与罗家伦。胡适对消息的反应是,"我的事到今天下午才算'得救了'"。[4] 事后蒋氏向他表示歉意,并劝他组织政党。不久北方军事溃败,年底胡适与少数学人撤离北平。罗氏一年后在国外看到局势已不可收拾,仍然痛惜蒋氏失去了良机,认为是"他见到了而不曾坚持他的主张所致"。[5] 这件事所反映的,又何尝不是罗氏自己的书生之见呢。

1949 年初胡适到达美国,受命为反共的政府争取支持。11 月 6 日他

---

① 《胡适的日记》十六,1948 - 3 - 30。
② 《罗家伦先生日记》,《近代中国》131 期,第 153 - 154 页。
③ 《文存》补编,第 1 - 2 页。
④ 《胡适的日记》十六,1948 - 4 - 5。
⑤ 《罗家伦先生日记》,《近代中国》131 期,第 159 页。

写信到新德里给罗家伦,附寄了他致尼赫鲁总理及印度驻华大使潘尼迦的信稿,为的是劝阻印度承认共产党政权,并请罗氏"千万恕我多事"。信的结尾说,"我来此邦已半年,日夜焦虑,而一筹莫展!活了五十八岁,不曾尝过这样苦心境!"①罗氏的回信是 11 月 12 日托人带美的,开头便说:"奉读十一月六日手示,敬佩感动的情绪,不能自制。先生多事的精神,正是'好事之徒'历年来五体投地的。"他形容尼氏的作风是"以甘地主义为名,以马基维里主义为实",因此中印外交关系只有势利。他自己的心境与胡适同样苦痛,但仍劝慰说,"伦于无泪可挥之时,常狰狞苦笑。但'天无绝人之路',何况对民族与国家,以前亡国由数百年可减至数十年,近乃减至十余年以至数年,历史上不少例证,故吾人正不必灰心",并且指出,"至于我国虽有种种错误,但亦不过是内政上的。至于在国际间,我们不负盟友,不做骑墙派,两方玩手段,忠于民主国家的主张,则堂堂正正,站起来像一个人,像一个君子,更无所用其愧怍也"。② 两位从政的书生身在国外,感受比在国内更加强烈,表现的除了不泯的正义外,更有徒劳无功的无奈。

永远的"先生"与"学生"——1949—1962

1949 年初胡适离去前,曾在上海和台北与王世杰、杭立武、雷震、傅斯年等党内外开明人士,商讨在内战急转直下、政府丧尽人心的处境下,如何能保存自由主义的命脉。他们的对策是发起自由中国社,并创办杂志以振起舆论、号召青年,或能扭转危机。草拟的八十多个发起人的名单由胡适领衔,罗家伦列在第四位,③但是当时罗氏尚在印度任所,仅收到

---

①《文存》七,第 275 页。

②《文存》七,第 274 页。

③ 李敖编著:《雷震研究》,第 197 页。

王世杰的通知。①　胡适在太平洋船中拟定的《自由中国社的宗旨》是这样的：

第一，我们要向全国国民宣传自由与民主的真实价值，并且要督促政府（各级的政府）切实改革政治经济，努力建立自由民主的社会。

第二，我们要支持并督促政府用种种力量抵抗"共产党铁幕"之下剥夺一切自由的极权政治，不让他扩张他的势力范围。

第三，我们要尽我们的努力，援助"沦陷"地区的同胞，帮助他们早日恢复自由。

第四，我们的最后目标是要使整个中华民国成为自由的中国。②

《自由中国》半月刊由胡适任发行人，雷震代理负实际责任，1949 年 11 月在台北创刊。初期胡适曾有返台一行之意，友好自然希望有他来指导，杂志才能发生强大的力量。③　1950 年 2 月罗氏返回台湾，立即加入了这个团体的活动。一年内他接连为杂志写了六篇有关新疆、西藏、苏联等外交问题的长文。其中三篇关于中印间为西藏地位与边界的交涉经过，是他 1947—1949 年内亲自处理的重要外交个案。这年 10 月《自由中国》社员讨论将半月刊改为周刊，王世杰建议的三位主编及常务编辑人选中，都有罗氏，但这项计划并未实现。

政权撤退到台湾的最初几年，面临军事的危机与共产党"渗透"的恐惧，处处风声鹤唳，局势风雨飘摇；情治机构的控制，更是前所未见的严厉。《自由中国》的一些言论，渐渐触及了敏感的领域，导致了雷震与国民党的冲突。1951 年 6 月号的一篇《政府不可诱民入罪》，引发了行政与保安部门的反弹，威胁到言论自由的生存空间。胡适听到后，立即写信给雷震，正式辞去发行人的衔名，表示赞成社论的立场，并抗议军事机关对言

---

① 《文存》八，第 294 页。
② 《胡适的日记》十六，1949－5－15。
③ "王世杰致胡适函"，南港胡适纪念馆，美国一，1－01,28。

论的干涉。① 随即《自由中国》刊出了原信,挑起了胡适与政府公开的对立。为了这件事,主编毛子水先劝告雷氏让胡适辞去发行人名义②,另外专函劝胡适再向雷氏作一次要求,"否则,本年十一月中,我坚定将发行人名字换去"。③ 同时身任"总统府"秘书长的王世杰托罗家伦转达雷氏三点劝告,④另再专函说明:"……胡先生久不愿负责(海外来人屡传此讯),远居海外,于当地情形,自亦不尽了然,倘使胡先生因此纠纷而与政府发生裂痕,或使国际及一般中国社会发生误解,其责任将不能由胡先生负之也。"⑤此后雷震受到党纪处分,而该期杂志遭到禁售,更引起胡适强烈的反应,认为"自由中国不可没有自由,不可没有言论自由"。⑥

对于国民党内胡适的朋友来说,他在"国外"能影响国际舆论,在"国内"可以发生精神领导作用,无论如何不能使他与政府对立而失去效用。以往傅斯年是他最信赖的政治顾问,此时这样的人却愈来愈少了。当时"国内"外信函往来受到相当的限制,1951 年 10 月 15 日,罗家伦给胡适的长信可能是托人代交的。他开场便说:"最近两三月来,我在良心上和道义上老是觉得欠先生一封信(如孟真在,这封信是轮到他写的,伤哉,孟真之死!)。"接着说:"关于《自由中国》的事,先生站在维护言论自由的立场来说话,本是先生一贯的主张,大家是了解而敬佩的。不过这里面也有许多情形,尤其是个人的成分,不幸的夹在里面,或者先生不及知道。"他继续详述了他所知道关于杂志主持人的作风,以及刊登胡适抗议信后该刊遭查禁的经过,最后诚恳地说:"据我的愚见,以为此事已经和缓下去,并无什么了不得。只希望某先生在各方面的言论行动不予人以口实或刺激,双方均不涉意气,共同顾全风雨飘摇的大局,则一切不成问题。先生

---

① 《雷震全集》三十,第 149－150 页。
② 《雷震全集》三十,第 160 页。
③ "毛子水致胡适函",南港胡适纪念馆,美国一,3－3,3。
④ 《雷震全集》三十,第 162 页。
⑤ 《雷震全集》三十,第 164 页。
⑥ 《雷震全集》三十,第 167 页。

目前最好不必过问……。过几个月若是先生不能亲自到场来干（这是我们许多朋友馨香祷祝的！），则在那时候轻描淡写的脱离发行人的地位。'唯名与器不可假人'，这大概也是古人经验之谈。除了这点意见是我个人的，是我以忠实的老学生贡献给我的先生的而外，其余的内容，大概与雪兄（即王世杰）谈过，可是此信不曾给他看过。"最后请胡适阅后将信烧去。① 其实当初"自由中国运动"曾经获得蒋中正的嘉许，杂志也得到政府机构的支持，并且一直有党内高层人士从中缓冲，因此创刊后虽数经风波，仍连续出版了十一年。至于解除发行人的事，一直到 1952 年底胡适返台时才亲自提出，改任编辑委员会委员，并坚持委员排名以笔画多少为序。最后促成这件事的人，包括了杭立武、王世杰和罗家伦。② 他们为了维护胡适作为国民党"诤友"的地位，与《自由中国》编辑人员的关系，也不免渐渐疏远了。

1952 年 6 月，胡适在普林斯顿大学葛斯德东方图书馆的聘约期满。8 月牛津大学的 H. H. Dubbs 教授写信请他考虑担任该校 Spalding Professor of Eastern Philosophies and Religions，条件相当优厚。胡适先回信表示可以接受，然后把原信及回信抄本寄给"外交部长"叶公超，请他"同王雪艇、罗志希商量，如必要时，可问'总统'蒋公的意见。如果他们觉得我不应该接受，我也可以去信取消"。随后他收到叶氏的电话，说叶"个人不（应无"不"字——编者按）赞成我去，但王雪艇、罗志希都不愿意我去。蒋公也不赞成"。③ 胡适因此回信向英方辞谢，理由是，"我的好朋友都不赞成我到英国去，因为英国已承认了中共政权，怕我受不了那边的精神上的苦痛"④。

这件事情的经过，加上这一年起大陆展开了对胡适猛烈的批判，促使

---

① "罗家伦致胡适函"，1951 - 10 - 15，南港胡适纪念馆，美国一，4 - 05，5。
② 《罗家伦先生日记》，《近代中国》138 期，1953 - 1 - 16。
③ 《胡适的日记》十七，1952 - 8 - 30，9 - 11。
④ 《胡适的日记》十七，1952 - 9 - 13。

他做出返台访问的决定。就在他给英国友人回信的第二天,胡适写了一封八页的长信给蒋中正,坦诚地劝他在即将召开的国民党大会中,应该作出五项明白表示,特别要认错改过、建立多党政治、保障言论自由。① 此时胡适恢复了他"诤友"的地位,从 1952 年 11 月 12 日起,为台湾带来了整整六十天的轰动。10 月 8 日"总统府"秘书长王世杰写信给胡适,告诉他蒋氏正等候和他当面详谈,并问:"又兄抵台后,此间招呼可否即由兄三个高弟子——杨亮功、陈雪屏、罗志希——代为办理?"于是罗氏忙着为胡适安排各种活动,包括演讲、访问、商谈、应酬,两月内几乎每日见面。

这次胡适的访问,到飞机场欢迎和送行的人数空前。热烈的程度,一方面可以从当时台湾在"外交"上孤立的地位来解释。另一方面从内政来看,国民党虽经改造,仍未见脱胎换骨,保守与教条气氛愈加浓厚;自由派的人士深感无力,社会各界大多噤若寒蝉。胡适的来到,为各种不同年龄、阶层的人,带来了新的希望与契机。他到达的前十多天,《中央日报》刊出了一篇特写《即将"归国"的胡适之博士》,其中不少资料是根据罗家伦与记者的谈话,包括胡谢绝赴英讲学的事。② 12 月 17 日是胡适 62 岁生日,罗氏将新近发现的 15 篇胡氏 20 岁以前的作品,印出来送给他祝寿,并交《中央日报》发表他 17 岁时所写的《中国第一伟人——杨斯盛》。1953 年元月 10 日罗氏发表的一首新诗《送给适之先生》③,是由《中央日报》社长胡健中催促而成的:

> 十七岁年纪的铁儿,
> 我发现了!
> 从《杨斯盛传》写到《真如岛》,
> 他早知道,

---

① 《胡适的日记》十七,1952 - 9 - 14。
② 《胡适的日记》十七,1952 - 11 - 8。
③ 《罗家伦先生日记》,《近代中国》138 期,1953 - 1 - 10。

表现现代人的思想和感情，
要数白话好。

那时候是，到现在还是，
无党籍的革命志士，
正掀动爱国的狂潮；
喉咙带着
民主和科学的呼声，
热烈的在叫。

革命的文献磨灭不了。
我给你瞧；
你说，"这是当年幼稚的作品"。
你忘记了！
乡下人推断人生有话道：
"三岁看大，七岁看老。"
难道十七岁还不能看到老？

现在，六十二岁的婴儿，
先生！请你饶恕我这样叫！
你，六十二岁的斗士，
到现在不只有斗士的精神，
还有孩子的天真；
不但腔子里有哲人的心，
口角上还露出婴儿的笑。

你永远说你心上要说的话，

可是你永不给人家困恼；
因为你任何的批评，
里面带着无限的同情。
人家说你"和易近人"，
可是在正义和主张上
你却能和人争。
请你不要骂我用古文的滥调，
真是:和而不同强哉矫!

有人说尝试什么稀奇，
可是在陈旧的束缚里，
最初尝试的胆儿真个不小。
有人说你谈吐里
常识的味儿太强，
可是"常识并不平常":
这道理几人能晓?

吹不尽的春风，
带生气给无边的青草。
智慧的泉水永不干枯，
要说的话也永远说不了。
去罢! 先生! 去罢!
这去还是祖国的需要!①

　　这时罗氏早已不常写白话诗,赠送个人的白话诗更是绝无仅有。这

---

① 《文存》九,第 651－654 页。

首诗中激情的言辞,除了说明他自己多年来对胡适的认知外,一定也有意代表众多国人,表达对胡适的景仰与感佩。"人家说你'和易近人',可是在正义和主张上你却能和人争"这句话,多年后还有人引为盖括"胡适精神"的精彩之句。①

1954年2月胡适再度回台参加第二届"国民大会"时,又传出被提名参选的谣言,但这次罗氏认为不会发生,"无论如何读书写书的人还是从事写作好"②。开幕日胡适担任主席并演说,反应非常热烈。罗氏形容说:"他的演说内容、修辞、姿态无一不好,得到大众无数次掌声。场内外一万五千义士热烈的表情,使许多人流泪。"③之后胡、罗二人都当选为主席团主席,也都参加了闭幕宣言的修正工作。

在这期间罗家伦忙着与一些从事文字工作的专家,研讨制定推行简体字的方案,虽得到教育当局和各界人士的赞同,却遭到一些民意代表的恶言攻击。他在三月发表的《简体字之提倡甚为必要》长文中,讲了一个与胡适有关的故事,来证明凡是改革没有不遇到反对的历史公例:"当民国七八年在当年的北京发生了一个文学革命运动,主张以白话做文章。胡适之先生是创导者,主张要建立'国语的文学,文学的国语'。傅孟真先生和我们一班朋友,因为编辑《新潮》,不过是这阵营里的小卒。当年北洋军阀和一般卫道先生,都认我们是'洪水猛兽','欲得而甘心焉'。于是有一位知名的旧文学家,在安福系办的《公言报》(当时民间称为《讼报》)上,写了一篇小说,名叫'荆生'。故事的内容大概是说,在陶然亭某处有一群魔鬼在开会,正在商量毁灭中国文化的勾当,忽然有二位具有大法力的伟丈夫,破壁而来,把这一群魔鬼,打得落花流水,烟消云散,从此天下太平。其中的那位魔头,就是现在为国民大会而来台湾,热烈拥护自由中国,大家愿意瞻仰风采的胡适之先生。在台湾的人从毛子水先生到我,也都是

---

① 赖景瑚:《忆胡适之先生》,《中外杂志》13:4。
② 罗家伦:家信,1954-2-12,未发表。
③ 罗家伦:家信,1954-2-20,未发表。

荆生未打死的魔鬼,可是文学革命运动,不能不说是达到了他用国语来创造文学的主张。"①然而这次关于简体字的努力,终告失败,令他对保守复古的思想,更感深恶痛绝。罗氏自从 1950 年返回台湾,一直在国民党与政府中担任公职(党史会主任委员、"考试院"副院长、"国史馆"馆长等),可是他一贯的自由思想与独来独往的作风,使他身处权力核心边缘,而对政情观察得格外清楚;多年来对大局的焦虑,令他的心情渐趋忧郁和悲观。

1957 年初胡适在纽约心脏病发,罗家伦写信问候说:"现在只希望您静养,以健康为第一。留得青山在这句俗语,您是知道的。康复之后,我以为您最好照原定著作的计划,完成中国思想史这部'名山之大业不朽之盛事',因为学术界贫乏困顿极了,大家需要您领导。"②这是许多敬爱胡适的人共同的心声,可是此时各方面的条件,已经使他力不从心了。

1958 年胡适离美回台就任"中央研究院"院长以后的三年多,身边不乏关心照顾的人。胡、罗二人在职务、学术活动和社交方面,仍经常往返接触。来往信函的内容,包括了为北大成立六十周年撰文、讨论虚云和尚的年岁与佛的诞生年代和考证孙中山的一段谈话等题目。③ 1960 年夏天,"中美学术合作会议"在西雅图开会,由胡适领队的 21 名学人代表团中,罗家伦也是成员之一。

1959 年底,为了"总统"连任而修改"宪法"的争论已经开场。11 月中胡适首次托人向蒋中正转话,劝他"树立和平转移政权的风范,不要再连任第三任'总统'"④。几天后他在《自由中国》十周年纪念会上发表关于"容忍与自由"谈话,表示容忍的态度比自由更重要,并且说,"一方面我们运用思想自由、言论自由的权利时,应该有一种容忍的态度;同时政府与

---

① 《文存》一,第 620 - 664 页。
② "罗家伦致胡适函",1957 - 3 - 6,南港胡适纪念馆,美国一,3 - 01,2。
③ 《文存》附编《师友函札》,第 225 - 237 页。
④ 《胡适的日记》十八,1959 - 11 - 15。

社会上有势力的人,也应该有一种容忍的态度"。在"国民大会"开会前他作出这样的表示,批评的立场似乎有所转变。1960 年 2 月 5 日,王世杰向陈诚提出推举胡适为"总统"候选人,蒋氏改任"行政院长"的办法,以避免"修宪"的必要;①但可能并没有预先向胡适提起。而这时胡适公开告诉记者,如果"总统"再连任,便违反了当年制定宪法的精神。为此王氏劝他"你尽可坚持你的主张,但台湾现时国际地位太脆弱,经不起你与蒋先生的公开决裂"②。毛子水则对他说:"到了现在,国难日深,民德愈下,这只能说是中国的命运;现在先生已可对得住国人了,对得住世界了。"③

　　会议开幕后,胡适仍然毫无保留地发表己见,提醒代表们"对历史负有神圣庄严的任务"④。在 2 月 21 日"国大第一次大会"后的"总统"午宴中,为了"无记名"和"有记名"投票的问题发生了争论。胡适的立场是"无记名投票是保障投票的自由,可以避免投票的威胁",与蒋中正的主张相左。⑤ 此时"国民大会"已显出失控的局面,胡适如果坚持对立的态度,情况更有可能恶化。因此宴后罗家伦要求和胡适一同回南港详谈,才得化解这个症结。其实关于这项"宪法"上的程序问题,胡适在 1951 年 5 月 31日致蒋氏的信里曾强调说,"'立法院'现行的'无记名表决',必须修改,必须改为'唱名表决'",⑥指的便是一般议会的投票方式。这次大会中胡适的活动不多,闭幕前便住进医院检查。对于通过"宪法"临时条款,蒋中正得以再次连任的结局,他自然是失望的。

　　这年 9 月的"雷震匪谍案"和《自由中国》的停刊,是胡、罗二人在美国开会、访问时发生的,主要原因是雷氏多时筹办新政党,触怒了蒋氏父子。胡适多年来主张国民党自由分化,分成几个独立的新党,但自己从未对组

---

① 《王世杰日记》6,1960 - 2 - 5。
② 《王世杰日记》6,1960 - 2 - 13。
③ 《胡适的日记》十八,1960 - 2 - 14。
④ 《胡适的日记》十八,1960 - 2 - 21。
⑤ 《胡适之先生年谱长编初稿》九,第 3208 - 3209 页。
⑥ 《胡适的日记》十七,1951 - 5 - 31。

党表示兴趣。1960年雷震屡次敦劝胡适出来领导"中国民主党",均受到胡适诚意的阻挡及警告,可是未见生效。① 其实雷氏本是资深国民党员,组织反对党也可以视为一种国民党分化的行为。不幸雷氏邀同组党者包括了一些台籍反对派名人,导致当局严厉打击,以"涉嫌叛乱"名义控告,"最后非但中国民主党胎死腹中,又连带《自由中国》陪葬"②,同时也为胡适与国民党的关系带来了最大的一次危机。

当胡适最坚持的言论自由受到危害时,他的反应是不留余地的。他立即从美国打电报给"副总统"陈诚,并写信给"行政院秘书长"陈雪屏,请他们转告蒋氏,要求将案件交司法机关审判,并指出杂志停刊对国外舆论之负面影响。与外国记者谈话时,他更是大声为雷震的"爱国"和"反共"辩护。胡适回台途中在日本停留期间,毛子水专程飞往东京先向他报告案情,并同机返台。同时,罗家伦与陈雪屏又联名打电报到东京给胡适说,"雷案尚在法律程序阶段,先生抵机场时记者及家属必环绕,务请不必当场有所表示,详情容面陈"③。10月22日深夜胡适返抵台北,在机场贵宾室迎接的人,大半是他最亲近的朋友如杨亮功、罗家伦、陈雪屏、李济、姚从吾、钱思亮、朱家骅等人,出机场后一同回到南港。当夜胡适在记者追问下不免说了几句气话,第二天登上了报,④更引起了国民党与政府内一些人的反感。

为此罗家伦曾在11月写信给党内某要员,详为解释误会的由来,信中最后说,"他(胡适)现在对于国际环境最近的演变,深抱隐忧,对于'国家'如何应付的措施,内心是很关切的。他是通达而以'国'为重的人,一定有他的分寸;但可虑的是反政府方面的人们千方百计的包围他,刺激他,而我们党内的同志和政府的同人反而疏远他,冷淡他,而且甚至于有

---

① 《胡适之先生年谱长编初稿》九,第3271、3305 - 3306、3332页。
② 李宁:《纪念雷震先生专访:盖棺三年话雷震》,收于李敖编著《雷震研究》,第164 - 165页。
③ 《文存》补编,第251 - 252页。
④ 常胜君:《三十年前〈夜访胡适谈三事〉追忆》,《传记文学》58:1。

若干很忠实却不甚明了中央苦心与大计的同志,也来加以刺激,那就无形中中了敌人反间之计了。弟此次与几位朋友,自告奋勇来做缓冲工作者,完全是为党国大局着想,无关任何个人,如因此而引起忠实同志之误解,亦非所问,只求问心无愧而已"①。这大概便是罗氏最后一次为胡适效力了。11 月 18 日胡适与蒋中正会面谈话时,双方为了雷案都表现得相当冲动,但是对最后的判决并未发生任何影响。

此后胡适工作繁忙,健康减退,同时又因为东西文化的争论遭到一些无聊文人的恶意攻击。1961 年 11 月胡适与罗氏夫妇有约,但临时送去一张名片,上面写的是:"自从十一月七日以来,脉搏颇不规则,已检查过三次,医生劝令暂勿出门,故今晚不能赴尊约,千万请志希兄嫂原谅。"随后他住入医院,1962 年 1 月 5 日罗家伦曾去探望;又过了八天再往南港晤谈,可能就是二人最后一次见面了。②

1962 年 2 月底胡适的猝死,为台湾各界带来了重大的打击。对许多人来说,他所象征的希望突然幻灭,罗家伦的伤感自然特别深切。3 月 2 日出殡,他是覆盖北大校旗的四人和覆盖"国旗"的六人之一,日记上说:"大殓后并与季陆、雪屏、天放诸位覆国旗于棺上。步行送至松江路口换汽车随灵至南港。沿途学生、青年与一般民众肃立两旁致祭送葬者比比皆是,不止五六万人。不等到南港地区,沿途路祭与放鞭炮者即已相接。商人、工人、均停止工作肃立致祭或敬礼。我看了真是感动到堕泪。有一个三轮车夫即在车上燃香烛并设水果两盘,自己低头肃立,表示祭意,看了尤为难过。"③他自己在瞻仰遗容时的痛哭,也留在记者的镜头里。接着他参加治丧委员会,为讨论墓地、遗著及遗嘱等事宜整整忙了一个月。

这个时期罗氏除了对记者的谈话外,还为新闻局写了一篇英文文章,

---

① 《文存》补编,第 327 – 328 页。
② 《罗家伦日记》,《近代中国》142 期,1962 – 1 – 5,1 – 13。
③ 《罗家伦日记》,《近代中国》142 期,1962 – 3 – 2。

题目是"When Wisdom and Virtue Met"。① 文中列述胡适领导文学革命、新文化运动,整理国故,从事教育、外交、学术等事迹;题目则是从蒋中正的挽联"新文化中旧道德的楷模,旧伦理中新思想的师表"里面提炼出来的。10 月胡适安葬南港旧庄,罗氏所起草的墓志铭是:"这位为学术文化进步,为思想言论自由,为维护民族的尊荣,为增进人类的幸福而劳心焦思,不惜耗尽一切生命力量的人——胡适先生——安眠在此地。"②最后采用的铭文较长,但是这几个词组,都包括在内。

对于胡适的死,当时有许多人用"巨星陨落"、"大星之殒"来作比喻。的确,这位文化大师是 20 世纪中国最明亮的一颗星;在他的光泽照明下无数大大小小的星列中,一颗较大的便是他的学生罗家伦。无奈这批(五四)师生,付出了半世纪的心血和努力,始终未能实现他们提倡文艺复兴和新文化创建的壮志。③ 罗家伦为胡适所作的挽联只有十个字:"为文化拓荒,回祖国殉道。"前一半是不辩的史实;后一半的"殉道",本来不是中国旧有的名词。他所指的"道",到底是科学和民主的信仰,还是那份"把世界重新造过"的天真? 这两句话里另一个含义好像是:中国的再生,不仅需要殉国的勇士,更需要"殉道"的文人。

---

① 《文存》十二,第 465 - 468 页。
② 《文存》十二,第 72 页。
③ 余英时:《文艺复兴乎? 启蒙运动乎?》,《五四新论》,第 1 - 31 页。

胡适与罗尔纲[*]

潘光哲^{**}

一

罗尔纲是当代研究太平天国史的名家之一,自 1937 年出版《太平天国史纲》①以来,在这个领域里一直享有崇高的名声。例如,顾颉刚总结中国近代的史学研究著述成果,在检讨太平天国史的部分时,即说此书剪

---

* 本文初撰于 1993 年夏,是呈缴给刘广京教授于是年春在台湾大学历史研究所开授"晚清史研究"课程的报告。先后经刘广京教授与业师张忠栋教授指正,刊于《文史哲学报》第 42 期(台北:台湾大学,1995 年 3 月)。刊出后,曾向北京中国社科院近代史研究所耿云志教授请益,并请将拙稿代为转呈时仍健在的罗尔纲教授指教(故本文原刊本篇末写道:"罗尔纲在 1958 年加入了中国共产党,而今耄耋之年矣,据云仍生活在北京,那个他展开学术事业起点的地方。"并注明消息来源是"据中研院近史所吕实强教授面告"),惜未能获得回应(或是罗尔纲教授根本不曾看过拙稿? 不得而详)。方笔者撰稿之时,所能寓目的材料有限(特别是罗尔纲写给胡适的信函,斯时犹未完全公开,笔者主要使用收录于《胡适来往书信选》〔香港:中华书局,1983 年〕里的 7 封信);十载寒暑,瞬间即过,现今关于胡适的文献资料大量问世,"胡适研究"的成果更是花开满园。如罗尔纲写给胡适的 29 通信函,均已刊布在耿云志教授主编的《胡适遗稿及秘藏书信》(合肥:黄山书社,1994 年)第 41 册,更可补正本文原刊本的阙误,并为细笔描摹胡、罗的师生情谊,添加素材。至若罗尔纲的《师门五年记》,已与其他回忆胡适的相关文字结为一集:罗尔纲,《师门五年记·胡适琐记》(北京:生活·读书·新知三联书店,1995 年),并有增补本,罗尔纲,《师门五年记·胡适琐记(增补本)》(北京:生活·读书·新知三联书店,1998 年)。与本文题旨相关的研究,笔者寓目所及,至少有以下两篇文章:李先富,《试论胡适对罗尔纲史学研究的影响》,《近代中国》135 期(台北:2000 年 2 月),第 6 - 15 页;李先富,《胡适对罗尔纲史学研究的影响》,《历史月刊》148 期(台北:2000 年 5 月),第 62 - 67 页。承李又宁教授雅意,拟重刊此文,隆谊厚爱,莫敢忘怀。笔者不敢悔其少作,惟既已得见新刊文献,理应自行改错纠谬,乃依据新见资料详为修改,更正原刊本的误失;如得蒙学界先进同好引用,请以本文为准。潘光哲谨志。2003年夏于台北。

** 潘光哲,台北"中央研究院"近代史研究所研究员,胡适纪念馆馆长。

① 罗尔纲:《太平天国史纲》(上海:商务印书馆,1937 年)。

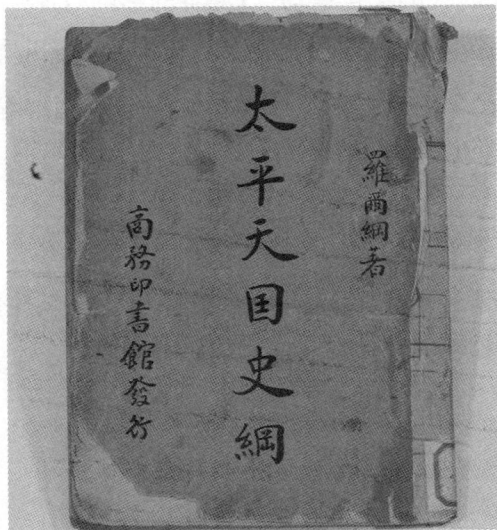

《太平天国史纲》书影

（南京太平天国历史博物馆藏）

裁得当，为简单而扼要的一部太平天国全史；费正清（J. K. Fairbank）等人主编的《剑桥中国史·晚清篇》（*The Cambridge History of China*, *vol. 10*, *Late Ch'ing*）一书，在关于太平天国史单元的"建议阅读书目"（Suggested Readings）里，也评誉此书是通论专书里最好的一种。[1] 向来被罗尔纲以师礼事之的胡适，收到他赠送的此书，阅读一遍[2]，尽管认为《太平天国史纲》这部书"叙事很简洁，是一部很可读的小史"[3]；但是对于这部书里的若干论断，他的评判却很严厉。

例如，罗尔纲认为，太平天国的种种改革，"都给后来的辛亥革命时

---

① 顾颉刚：《当代中国史学》（香港：龙门书店，1964 年影印），第 96 页；费正清、刘广京主编，张玉法主译：《剑桥中国史·晚清篇》（台北：南天书局，1987 年）上册，"建议阅读书目"，第 712 页。

② 据罗尔纲回忆，他是在 1937 年 2 月 21 日上午 7 时 30 分将《太平天国史纲》一书送到胡适家里去的，胡于是日晨读毕，即约罗尔纲于下午见面，并予斥责，罗还说胡适"那天是盛怒的"。见罗尔纲《附：关于师门五年记》，氏著《师门五年记·胡适琐记（增补本）》（北京：生活·读书·新知三联书店，1998 年），第 62－63 页。

③ 胡适："1937 年 2 月 21 日日记"，《胡适的日记》（香港：中华书局，1985 年），第 539 页。

代,以至五四运动时代的文化运动,以深重的影响",像是"施行太平天历,铲除宜忌吉凶的迷信,提倡通俗文字,主张删浮文而用质言,去古典而贵明晓,标出'文以纪实,言贵从心'的文学革命的理论,是对风俗思想的革命"。① 对于这般的论断,胡适甚不以为然。他对罗尔纲说:

> 做书不可学时髦。此书的毛病在于不免时髦。……我们直到近几年史料发现多了,始知道太平天国时代有一些社会改革。当初谁也不知道这些事,如何能有深重的影响呢?②

他又说:

> 你写这部书,专表扬太平天国,中国近代自经太平天国之乱,几十年来不曾恢复元气,你却没有写。做历史家不应有主观,须要把事实的真相全盘托出来,如果忽略了一边,那便是片面的记载了。这是不对的。你说五四新文化运动,是受了太平天国提倡通俗文学的影响,我还不曾读过太平天国的白话文哩。③

对于胡适的批评,当时罗尔纲的态度,是谨领受教的,甚至反省说道:

> 适之师的话,叫我毛骨悚然……我这部小书不正成为"教人革命"的宣传品了吗!至于太平天国提倡通俗文学一事,我只可以说太平天国曾有此种提倡,但却不能说五四新文学运动是受了他的影响而来。我这种牵强附会的说法……也就是违犯了适之师平日教我们

---

① 罗尔纲:《太平天国史纲》,第132-134页。
② 胡适:"1937年2月21日日记",《胡适的日记》,第539页。
③ 罗尔纲:《师门五年记(增订版)》(台北:胡适纪念馆,1976年),第50页。事实上,《太平天国史纲》确曾说在太平天国之后的安徽、浙江等地,有些地方七十多年来仍未恢复元气,见第129-130页。

"有一分证据说一分话,有三分证据说三分话"的教训。①

然而,罗尔纲敬领"师教"是一回事,他本人的历史撰述能否力行"师教",却又是另一回事。特别是 1949 年之后,胡适与罗尔纲分道扬镳,前者先在美洲大陆上流寓异乡,再抵台就任"中央研究院"院长;罗尔纲则在广西贵县江边"淌下了热泪",迎接了中国人民解放军的到来②,随后,他进入中国科学院经济研究所工作,1954 年调同院近代史研究所。③ 分处不同的环境,师生间的"思想"距离,亦更形遥远了。只是,两人之间的情谊,应该还埋藏在彼此的心灵深处,等待着适当的机会表白宣泄。

二

罗尔纲,1901 年 1 月 9 日生于广西贵县,1930 年自上海中国公学中国文学系毕业。当时的中国公学校长正是胡适,这也是促成罗尔纲与胡适结缘的开始。然而,在此之前,他对胡适之名就已然有一定的熟悉度了。

因为,在进入中国公学之前,罗尔纲即曾卷入 20 年代风起云涌的"革命"浪涛里。他回忆自己的中学岁月时说,自 1922 年初夏他就读的贵县中学由陈如心(勉恕)担任校长之后,该校就立即成为"宣传五四新文化、新道德、新思想,反对贵县封建势力的堡垒",罗尔纲也卷入了这股新思潮激荡旧势力的风暴之中。在校期间,学校上演过一部由胡适编的反对封建婚姻、提倡男女自愿结合的喜剧《终身大事》④,他在剧里也轧上一角,

---

① 罗尔纲:《师门五年记》,第 50－51 页。

② 罗尔纲:《两个人生》,原刊《光明日报》,1955 年 1 月 4 日,收入《胡适思想批判》(北京:生活·读书·新知三联书店,1955 年),第 2 辑,第 186 页。

③ 罗文起:《罗尔纲先生简历》,收入庆祝罗尔纲学术研究六十周年编委会编《罗尔纲与太平天国史》(成都:四川省社会科学院出版社,1987 年),第 22－23 页。

④ 胡适:《终身大事》,收入《胡适文存》(上海:亚东印书馆,1921 年),第 1 集,第 4 卷,第 283－302 页。

男扮女装,反串饰演田太太。① 由此可知他对胡适之名应该有一定的认识。后来他在写给胡适自剖心路历程的信里说:

> 在民国十二三年的时候,正是两广党化初次升腾的时代,那时候青年人最时髦的口号是"放落书包,到民间去"! 我那时适从上海高中毕业回里省亲,看见满街的标语口号,好似到了一个新奇的世界……在那个半年中,我就给人拉了鼻子走,做了许多糊涂的事。②

例如,他参加贵县领导青年运动的组织"微熹青年社",下乡进行反帝反军阀的宣传。③ 足足"胡闹了半年",受到父亲罗润亭④的痛责之后,罗尔纲这才又到上海念大学,却选择了"以宣传为目的的上海大学",进入社会学系。⑤ 上海大学当时是所"进步青年"麇集的学校,共产主义思潮澎湃。⑥ 然而罗尔纲自述说,他并未受到这个学校的坏处的影响,反倒是受到郑振铎等比较好的师长的教训,天天跑到图书馆看书。⑦ 在上海大学

---

① 罗尔纲:《贵中旧事》,收入氏著《困学丛书》(南宁:广西人民出版社,1989 年),第 630-631 页。

② 《罗尔纲致胡适(1931 年 9 月 15 日)》,耿云志主编:《胡适遗稿及秘藏书信》(合肥:黄山书社,1994 年),第 41 册,第 382-383 页(参见中国社会科学院近代史研究所中华民国史研究室编《胡适来往书信选》〔香港:中华书局,1983 年〕,中册,第 78-82 页);罗尔纲《贵中旧事》一文则说他的中学毕业文凭是在贵县中学得到的(《困学丛书》,第 633 页)。

③ 罗尔纲:《贵中旧事》,第 630-631 页。

④ 罗尔纲父亲之名讳,见罗尔纲《贵中旧事》,第 630 页。

⑤ 罗尔纲:《我是怎样走上研究太平天国史的路子的?》,收入氏著《困学集》(北京:中华书局,1986 年),第 463 页;按,罗尔纲在 1926 年考入上海大学社会学系,见《罗尔纲学术年表》,收入贾熟村、罗文起编《困学真知:历史学家罗尔纲》(南京:南京大学出版社,2001 年),第 292 页。

⑥ 关于上海大学的重要资料集,可参看黄美真等编《上海大学史料》(上海:复旦大学出版社,1984 年)。

⑦ 不过,从罗尔纲于 1926 年以罗尔刚之名发表在上海《民国日报》副刊《觉悟》的若干文章来看,他当时亦可称为热血澎湃的"革命青年",如他呼吁要"使全国农民都集中于革命旗帜之下"(罗尔刚:《农民运动的紧要》,《民国日报》副刊《觉悟》,1926 年 10 月 6 日),并批判"军阀们自己暗中受帝国主义者的帮助,拿来残民以逞",称颂"现在的俄顾问,他们的来意,也正像拜伦之助希腊"(罗尔刚:《双十节给我的悲哀》,《民国日报》副刊《觉悟》,1926 年 10 月 12 日),或是述说如何推动"集中革命的势力的工作"(罗尔刚:《怎样集中革命的势力?》,《民国日报》副刊《觉悟》,1926 年 10 月 22 日)。

待了两年,以婚姻之故而离校,没想到婚后上海大学就被国府查封了。在"清党"风潮里,罗尔纲的父亲亦受波及,身心受到重重刺激的罗尔纲,竟得了重性神经衰弱症。① 虽经亲人的鼓舞,他却始终无法振作起来。一直要到看见中国公学刊登在《申报》的招生广告,广告上校长胡适的名字,竟成了他"迷途的明灯",仰慕着胡适道德学问的他,于是不顾所有朋友的劝阻,在 1928 年转学到中国公学去。②

在中国公学就学的罗尔纲,以为"这所大学,宁静得犹如我国古代的书院",学生能专心向学。他认为,这是胡适治校颇得其法的结果。他也选修了胡适开的大班课程《中国文化史》,每周一早上在礼堂上课;1929 年,还以成绩名列全校前五名,得到了校内的奖学金,而为胡适所知。③ 罗尔纲说,在中国公学环境的熏陶与胡适的栽培下,"一个行尸走肉的青年",居然"复活起来",决意献身学术。④ 到了 1930 年 5 月初,即将毕业的前夕,他更决定"毕生献身于历史",以研究史学为志业,也惊觉"无家可归",便写了一封信给胡适,要求帮助,让他有机会"在国内的历史研究院或者大图书馆中'半工半读'"。⑤ 胡适的回信说道:"此间并无历史研究院,中央研究院的历史语言研究所又远在北京。大图书馆此间亦甚少。"言下之意,他的志愿想要实现,恐怕有些困难。但他问罗尔纲:"你每月需要多少钱? 期望多

---

① 罗尔纲另谓他早在 1925 年 7 月之后就得了严重的神经衰弱症(见《贵中旧事》,第 632 页)。

② 《罗尔纲致胡适(1931 年 9 月 15 日)》,《胡适遗稿及秘藏书信》,第 41 册,第 379 - 393 页(参见《胡适来往书信选》,中册,第 78 - 82 页)。然而,罗尔纲《关于胡适的点滴》则谓,他是因上海大学被封后,上海其他各大学不招转学生,只有中国公学肯收,所以才转入该校的;他又说,知道中国公学招转学生的消息,是同为上海大学而已转到该校的同学所告知的,而要到获悉自己被录取后,他才知道中国公学的校长是胡适。(收入:颜振吾主编的《胡适研究丛录》〔北京:生活·读书·新知三联书店,1989 年〕,第 12 - 18 页)于此从前说。

③ 罗尔纲:《关于胡适的点滴》,《胡适研究丛录》,第 13 - 14 页;罗尔纲:《师门五年记》,第 7 - 8 页。

④ 《罗尔纲致胡适(1931 年 9 月 15 日)》,《胡适遗稿及秘藏书信》,第 41 册,第 387 页(参见《胡适来往书信选》,中册,第 80 页)。

⑤ 《罗尔纲致胡适(1930 年 5 月 4 日)》,《胡适遗稿及秘藏书信》,第 41 册,第 368 - 371 页;罗尔纲:《师门五年记》,第 7 - 8 页。

少?"意欲为之筹谋。① 罗尔纲阅信后大喜,覆函答谢说:"莫说北京不曾见其远,为了研究学问,就是北冰洋也有勇气去干。"只是,他也知道北京不见得去得成,"如果北京方面事情不确定的,宁请校长为学生在上海方面设法找事做",只要"不致于与学问脱离关系的地方都很愿意",仍请胡适伸出援手。② 胡适接到这封来书后,乃决定邀请罗尔纲来自己家里工作,这真是让他喜出望外的消息,特地以挂号信回复感谢胡适的好意:

> 学生能够到校长的家去,在一个伟大的灵魂庇荫与指导之下去工作念书,实在做梦也没有想到。……学生是个立志向上的人,到校长家去,是要竭尽自己的所能,谨谨慎慎地跟着校长走,如果校长以为学生是尚可以栽培的教训的,学生实愿毕生服侍校长,就是到天涯海角也去。……③

胡适为什么会邀罗尔纲到他家中工作呢? 据他晚年给吴相湘的信里做出的解释,他认为罗尔纲"天资不太高,需要朋友督责,所以我总想管住他一点"④。除了这条资料之外,我们并不清楚胡适的原始用心究竟何在。⑤

---

① 胡适回给罗尔纲的这封信全文,未见,函中大意,参看《罗尔纲致胡适(1930 年 5 月 13 日)》,《胡适遗稿及秘藏书信》,第 41 册,第 372 - 373 页;罗尔纲:《师门五年记》,第 7 - 8 页。

② 《罗尔纲致胡适(1930 年 5 月 13 日)》,《胡适遗稿及秘藏书信》,第 41 册,第 370 - 373 页。

③ 《罗尔纲致胡适(1930 年 5 月 20 日)》,《胡适遗稿及秘藏书信》,第 41 册,第 374 页。

④ 《胡适致吴相湘(1959 年 3 月 4 日)》,胡颂平编著:《胡适之先生年谱长编初稿》(台北:联经出版事业公司,1984 年),第 8 册,第 2845 页。

⑤ 笔者推测,胡适邀请罗尔纲到家里工作,亦应与他需要人帮忙整理父亲胡传的遗稿有关,盖当时胡适正动笔撰写自传(日后集结为《四十自述》),为搜集胡传的事迹,自需整理其遗稿,如《四十自述》《序幕:我的母亲的订婚》篇末自署完稿于 1930 年 6 月 26 日,第二篇《九年的家乡教育》篇末自署完稿于 1930 年 11 月 21 日(胡适:《四十自述》,《胡适作品集》(台北:远流出版公司,1986 年),第 1 册,第 14、33 页);又查胡适 1930 年 7 月 20 日日记"整理我父亲的《钝夫年谱》,完了……",胡适 1930 年 8 月 19 日日记,"夜,试写自传第二章。翻我父日记……";(《胡适的日记(手稿本)》〔台北:远流出版事业股份有限公司,1990 年〕,第 9 册,无页码)当罗尔纲到胡家后,除了担任胡适的两个儿子胡祖望与思杜的家教外,第一件事便是整理胡传的遗稿。因此,胡适邀请罗尔纲到家里工作,应与此事有关;惟实情如何,自是永远难解的谜题,笔者仅能就涉及之资料,进行合乎情理之推测耳。

获悉胡适厚意"狂喜无既"的罗尔纲，遂于 1930 年的 6 月，搬进了位于沪西极司菲尔路的胡家。①

三

罗尔纲进入胡家后担任的工作，据他的自述，除了每天帮助胡适的两个儿子胡祖望、思杜读书之外②，最主要的工作，是抄录整理胡适父亲胡传的遗稿，翌年 3 月抄录工作完成。③ 曾将其中关于胡传于光绪十三年游历琼州、黎峒行程的日记一卷抄登一过，投刊《禹贡》二卷一期。④ 在这段期间，胡适于 1930 年 11 月 28 日举家搬离上海，迁居北京，⑤罗尔纲亦帮忙协助胡宅搬迁整理的工作。⑥ 而后，为考证《醒世姻缘》一书的作者西周生即是蒲松龄，罗尔纲又协助胡适进行校勘《聊斋全集》各种版本的工作，至 1931 年秋完成。⑦

就在这一年的四五月份，罗尔纲的父亲写信给他，以家庭经济略有困

---

① 罗尔纲得到胡适的邀请后，拟于 1930 年 6 月 23 日上午迁入胡宅，见《罗尔纲致胡适（1930 年 6 月 20 日）》，《胡适遗稿及秘藏书信》，第 41 册，第 456 页；又据罗尔纲云，他搬入胡宅的那一天，适逢胡适宴请张元济（罗尔纲：《师门五年记》，第 8 页），然查考《胡适的日记》（手稿本），张树年主编《张元济年谱》（北京：商务印书馆，1991 年），该年 6 月各条记载，均未见此项资料，故无法确切标举日期。
② 罗尔纲后来亦曾回忆他如何教导胡祖望、思杜读书的情况，见罗尔纲《章希吕记胡适几件事》，《师门五年记·胡适琐记（增补本）》，第 184－185 页。
③ 罗尔纲：《师门五年记》，第 9－11 页；罗尔纲又谓，他完成抄录胡传遗稿的时间是 1931 年春末夏初，见《太平天国史丛考·自序》，第 2 页，氏著《太平天国史丛考》（重庆：正中书局，1943 年）。
④ 胡传：《游历琼州黎峒行程日记》，《禹贡》，2 卷 1 期（1934 年 8 月），第 23－36 页；关于胡适命罗尔纲抄录此文送交《贡禹》刊录一事，参见《胡适致黄纯青（1951 年 1 月 21 日）》，《胡适之先生年谱长编初稿》，第 6 册，第 2160 页。
⑤ 按，罗尔纲回忆说，胡适离开上海时没有亲友送行（罗尔纲：《关于胡适的点滴》，《胡适研究丛录》，第 15 页，并参考罗尔纲《从沪迁平》，《师门五年记·胡适琐记（增补本）》，第 98－99 页，两处的回忆内容相同）；查胡适 1930 年 11 月 28 日日记："到车站来送别者有梦旦、拔可……几十人……"，《胡适的日记》（手稿本），第 10 册，无页码。
⑥ 罗尔纲：《师门五年记》，第 9－11 页；胡适 1930 年 12 月 12 日日记："与尔纲整理北京存书，至夜深始已。"《胡适的日记》（手稿本），第 10 册，无页码。
⑦ 罗尔纲：《师门五年记》，第 11－15 页。

难等因素,要他返乡工作。因为罗尔纲在胡家,费用概由家里提供,而且他帮胡适工作,辞谢酬劳。① 但是罗尔纲没有答应父亲的要求,拒绝返乡。到了秋天,因嗣母生病,家里再度来信,仍要他回家,于是他始决意返家省亲。② 在辞行之前,他写了一封长达 15 页的信放在胡适的书桌上,明白叙述了自己身受胡适师教前后的变化情况③,孺慕之情,明显可见。

1931 年 11 月 10 日,罗尔纲回到家乡,"除侍奉高堂之外",起初无所事事,只期待来春再回胡府。④ 他勤于写信给胡适请安问好,还寄赠一箱腊肉到北平去。⑤ 他本来计划在 1932 年"旧历正月十五后"启程⑥,胡适也愿意他重来北平,还想要寄旅费给他⑦。可惜因为战争与家庭的关系,阻挡了罗尔纲实现愿望的机会,他只好在县立贵县初级中学担任国文教员兼班主任,教"两班国语,四班历史,每周 21 小时,每天忙得很"⑧。他自称,回想起尚未进入中国公学的时候,成了"活工具、活招牌","被拉去喊口号,贴标语,在大会的群众面前癫狗似的狂吠","简直比一个盲目的屎蛆还不如,实在就是一只狂暴的野兽",深感"镌心似的痛苦",所以他在

---

① 胡适看到罗尔纲的辞行信后,给他的复信里说,罗尔纲回贵县后若欲再返胡宅,他当然十分欢迎。"但我不能不向你提出几个条件:(一)你不可再向你家中取钱来供你费用。(二)我每月送你 40 元零用,你不可再辞,……"观乎胡适此论当可知之。见罗尔纲《师门五年记》,第 16-17 页。
② 罗尔纲:《太平天国史丛考·自序》,第 5 页;罗尔纲:《师门五年记》,第 27 页。
③ 罗尔纲:《师门五年记》,第 16 页;此函即《罗尔纲致胡适(1931 年 9 月 15 日)》,《胡适遗稿及秘藏书信》,第 41 册,第 379-393 页(参见《胡适来往书信选》,中册,第 78-82 页)。
④ 《罗尔纲致胡适(1931 年 12 月 9 日)》,《胡适遗稿及秘藏书信》,第 41 册,第 394 页;据此函,罗尔纲返乡途中经澳门时曾分别写信给胡适与江冬秀夫妇,此二函未见;又,罗尔纲回忆说,他是 1931 年 10 月回到家乡的(见罗尔纲《写在太平天国史论文集前》,《困学丛书》,第 784 页)。
⑤ 《罗尔纲致胡适(1931 年 12 月 17 日)》,《胡适遗稿及秘藏书信》,第 41 册,第 395-397 页;《罗尔纲致胡适(1932 年 1 月 5 日)》,《胡适遗稿及秘藏书信》,第 41 册,第 400-401 页;《罗尔纲致胡适(1932 年 1 月 15 日)》,《胡适遗稿及秘藏书信》,第 41 册,第 402 页。
⑥ 《罗尔纲致胡适(1932 年 1 月 5 日)》,《胡适遗稿及秘藏书信》,第 41 册,第 399 页;《罗尔纲致胡适(1932 年 1 月 15 日)》,《胡适遗稿及秘藏书信》,第 41 册,第 406 页。
⑦ 《罗尔纲致胡适(1932 年 1 月 5 日)》,《胡适遗稿及秘藏书信》,第 41 册,第 399 页;据本函,胡适系于 1931 年 12 月 8 日致函罗尔纲表达此意,此函未见。
⑧ 《罗尔纲致胡适(1932 年 3 月 29 日)》,《胡适遗稿及秘藏书信》,第 41 册,第 409 页;罗尔纲:《师门五年记》,第 17-18 页;罗尔纲:《贵中旧事》,第 633、635 页。

教书的时候,要"现身说法,去警戒那些后起的少年们";①他在教学时,更本着胡适的思想态度指导学生;但是教学工作繁忙,无法治学,只在准备教学内容时,做了两篇小小的考证文章②。他不仅把这两篇文章寄给胡适,请他指正,还帮他留心考证《醒世姻缘》作者西周生确切身份与生平的资料③,以及《二十年目睹之怪现状》与《官场现形记》两书作者生平的材料④。然而,罗尔纲希望能继续到北平随侍胡适之心,却未曾稍减,屡屡表露在写给胡适的信里。

　　他的心愿,直至 1934 年方始实现。是年 3 月 25 日清晨五点,罗尔纲终于重返北平,再入胡府。⑤ 这回,胡适没有给罗尔纲固定的工作,只教他自己看书做研究,每天到北平图书馆看书。⑥ 不过,胡适偶尔也会吩咐罗尔纲帮他做些文书工作。例如,1934 年 4 月 15 日,胡适应林行规之邀游秀峰山,罗尔纲亦共行,胡适忆起前年与丁文江共游同地,各皆成诗,遂嘱罗尔纲抄录一份。⑦

　　也正是在这个阶段,罗尔纲正式展开研究太平天国史的学术历程。

---

① 《罗尔纲致胡适(1933 年 4 月 3 日)》,《胡适遗稿及秘藏书信》,第 41 册,第 423-424 页(参见《胡适来往书信选》,中册,第 204-205 页);据本函,胡适于 1933 年 2 月 3 日曾致函罗尔纲,此函未见。

② 罗尔纲:《师门五年记》,第 17-19 页;《罗尔纲致胡适(1932 年 8 月 2 日)》,《胡适遗稿及秘藏书信》,第 41 册,第 414-416 页(参见《胡适来往书信选》,中册,第 125-126 页)。按,此二文为《诸已考》、《李清照金石录后序张冠李戴订正》,均收入《困学丛书》,第 507-508,523-524 页。

③ 罗尔纲:《师门五年记》,第 19-20 页;《罗尔纲致胡适(1932 年 8 月 2 日)》,《胡适遗稿及秘藏书信》,第 41 册,第 417-418 页(参见《胡适来往书信选》,中册,第 126-127 页);胡适《醒世姻缘传考证·后记二》,《胡适论学近著》(上海:商务印书馆,1935 年),第 1 集,第 391-392 页;《胡适之先生年谱长编初稿》,第 3 册,第 1009 页。

④ 《罗尔纲致胡适(1933 年 4 月 3 日)》,《胡适遗稿及秘藏书信》,第 41 册,第 424-426 页(参见《胡适来往书信选》,中册,第 205-207 页)。

⑤ 罗尔纲:《师门五年记》,第 27 页;《章希吕日记(摘录)》,《胡适研究丛录》,第 254 页;胡适 1934 年 3 月 24 日日记:"(晚)饭后到东站接罗尔纲。始知平浦车……误点七个钟头……回家打电话问东站,不得通车消息,才睡了。尔纲直到五点才到我家中。"《胡适的日记(手稿本)》,第 11 册,无页码。

⑥ 罗尔纲:《师门五年记》,第 28、34 页。

⑦ 胡适 1935 年 4 月 15 日日记,《胡适的日记(手稿本)》,第 11 册,无页码。

四

罗尔纲自述,他本有意从事中国上古史研究的工作。在学期间曾写过一篇《春秋战国民族考》,因之,计划写一本《春秋战国民族史》。[①] 他之决意选此一范围为其学术研究的主题,系受到五四以降史学学坛的疑古风气的影响。[②] 然而,身为现代中国疑古史学之重要倡议者的胡适,却泼了他一盆冷水。胡适认为,上古史料真伪难辨,困难重重,盖以有问题的史料写出来的历史,必然是有问题的,犹如在沙滩上建筑房子一样。所以,胡适劝他转而研究中国近代史,因为这个范围的史料比较丰富,也比较容易辨别真伪。[③] 本已将《春秋战国民族史》写成两章稿本的罗尔纲,不禁惘然若失。虽然接受了胡适的建议,打算转变治学的领域:因为当时他正在整理胡传遗稿,稿里所叙诸事,样样都与近代中国史上的重大变化息息相关,但他对这些事却一点兴趣也没有。他自述道:"天天怀着研究中国近代史的心愿,还是茫茫然不得其门而入。"[④]

初次告别胡适,返抵家乡的罗尔纲,忙于教学工作,无暇全力治学,但仍未忘怀于学术工作。胡适劝他改治近代史,既找不到能引起兴趣的题目,罗尔纲遂计划进行"一点比较机械的分析史料的功夫",因此,一篇顾

---

① 罗尔纲:《师门五年记》,第 21-22 页;罗尔纲:《我是怎样走上研究太平天国史的路子的?》,第 463-464 页。

② 罗尔纲:《谈治学》,《困学丛书》,第 102-103 页;关于五四时期的疑古史学,参看彭明辉《疑古思想与现代中国史学的发展》(台北:商务印书馆,1991 年)。

③ 罗尔纲后来回忆说,这番谈话是 1931 年 2 月 16 日(庚午除夕)晚上的事,见罗尔纲《胡适庚午除夕给我的教导》,《师门五年记·胡适琐记(增补本)》,第 174-175 页;按,胡适"1931 年 2 月 16 日日记","与罗尔纲谈治学事",见《胡适的日记(手稿本)》,第 10 册,无页码;又,胡适与傅斯年于 1931 年 2 月 18 日讨论古史时,罗尔纲亦参加,傅说"每每旧的材料本是死的,而一加所得可信材料之若干点,则登时变成活的",胡适谓"尔纲此时尚不能承受此说"(见胡适"1931 年 2 月 18 日日记",《胡适的日记(手稿本)》,第 10 册,无页码)。

④ 罗尔纲:《师门五年记》,第 21-22 页;罗尔纲:《我是怎样走上研究太平天国史的路子的?》,第 463-464 页。

颉刚所写的《中国学术年表及说明》①，便引起了他的兴趣，他计划以顾氏此文为蓝本，进行史料的分析工作。他在给胡适的信上说明了自己的志愿，并恳请指点。②

罗尔纲这封信写于 1932 年 8 月，这说明他当时对于自己的学术研究工作的范围仍无定见；会选择走上研究太平天国史的路子，据他自述，则完全是一个偶然的机缘促成的。

他说，就在 1932 年初秋的一个下午，因为整理家里的藏书，翻出一部光绪《贵县志》，读到书中的《张嘉祥传》，里面的记载和薛福成的《庸盦笔记》里的《张忠武公逸事》完全不同。罗尔纲幼年时也曾听过得享高寿 104 岁，身历太平天国时代的叔曾祖母邓氏讲述过张嘉祥的故事③，这些印象，竟激起他查对两段记载孰是孰非的兴趣。经过查对，他发现薛福成的记载完全是向壁虚构。这样，也就引起他专门选择阅读道、咸时期文献的兴味，渐渐地竟引向他走上研究太平天国史的路子。④

罗尔纲方始研治太平天国史未几，恰逢家乡贵县成立修志局纂修县志，受命担任特约编纂，专责关于贵县太平天国史迹的咨询，时为 1933 年春。由此一机缘，他乃得以阅读修志局搜罗的二十余种咸、同以后所修的广西各府州县方志，并参考若干官书私乘，竟在那年年底，写成一部《太平

①　罗尔纲谓顾颉刚此文刊于民国十三年度的《学灯》；按，顾颉刚的《中国学术年表及说明》，撰于 1924 年 6 月 25 日，刊于《民铎》等各种刊物，惟未注明曾刊于《学灯》，见顾潮著《顾颉刚年谱》(北京：中国社会科学出版社，1993 年)，第 429 页；再查《〈学灯〉分类目录》(收入中央编译局研究室编《五四时期期刊介绍》〔北京：生活·读书·新知三联书店，1959 年第 1 版，1979 年第 1 次印刷〕，第 3 集，下册，第 730 - 905 页)，亦未见刊录顾颉刚此文之记录；《学灯》是上海《时事新报》的副刊，相关介绍，参见《学灯、社会主义研究——上海〈时事新报〉副刊》，收入《五四时期期刊介绍》，第 3 集，上册，第 270 - 287 页。

②　《罗尔纲致胡适(1932 年 8 月 2 日)》，《胡适遗稿及秘藏书信》，第 41 册，第 418 - 420 页(参见《胡适来往书信选》，中册，第 127 页)。

③　罗尔纲：《太平天国在广西调查资料全编序》，《困学丛书》，第 717 - 718 页；罗尔纲：《师门五年记》，第 22 页。

④　罗尔纲：《师门五年记》，第 22 - 25 页；罗尔纲：《我是怎样走上研究太平天国史的路子的?》，第 465 - 466 页。

天国广西起义史》与十几篇辨伪的札记。① 后来,这部《太平天国广西起义史》稿本,曾送交印行胡适多种著作的亚东图书馆,准备出版。②

然而,在 1934 年重返胡宅之后的罗尔纲,在北平锐意访求太平天国史料,涉猎渐广,发现依以写作《太平天国广西起义史》的史料甚为贫乏,存有不少的疏漏,于是决定停止出版,另起炉灶。此后,他研治太平天国史依循的主要方向,则一秉胡适的师教,在考证方面下功夫。③ 用他自己的话来说,太平天国史上的问题太多,如果不从考证方面着手,写成的著作无异于在沙滩上建房子一样的空虚。④ 因此,搜求各种有关太平天国的史料,对史料文献真伪的评判与进行太平天国史上若干问题的考证,成为罗尔纲研治太平天国史初期的方向。

在史料的访求方面,1933 年,罗尔纲兼贵县修志局职时,该局发现一部天地会文献遗佚,翌年罗即刊布⑤,并据之写成一篇讨论《水浒传》与天地会成立关系的文章⑥,此后并成为他考述太平天国与天地会关系的重要依据资料。⑦ 罗尔纲还找到了萧盛远的《粤匪纪略》⑧,王韬手抄本的谢

---

① 罗尔纲:《师门五年记》,第 26 - 27 页;《太平天国史丛考·自序》(第 3 页)则谓他花了三年的时间写成此书。

② 罗尔纲:《师门五年记》,第 28 页。关于胡适的著作多由亚东图书馆出版一事的缘由,参见沈寂《胡适与汪孟邹》,收入李又宁主编《胡适与他的朋友》(纽约:天外出版社,1990 年),第 345 - 389 页。

③ 罗尔纲:《师门五年记》,第 28、51 页。

④ 罗尔纲:《太平天国史丛考·自序》,第 3 - 4 页。

⑤ 关于这份天地会文献遗佚的发现与刊布、出版经过,罗氏本人有比较详细的记叙,见罗尔纲《天地会文献录》,《困学丛书》,第 5 - 9 页。

⑥ 罗尔纲《师门五年记》云,此文名"水浒传与天地会",文刊 1934 年的《大公报·史地副刊》;而罗尔纲《太平天国史纲》第 2 章第 1 节之注四云,刊于《大公报·史地周刊》第 9 期(第 28 页),经查《中国史学论文索引,1900—1937》(香港:三联书店香港分店,1980 年),可见此文实刊于 1934 年 11 月 16 日《大公报·史地周刊》第 9 期(下册,第 468 页);原文未见,关于此文引用天地会文件的叙述,见罗尔纲《师门五年记》,第 31 - 32 页。

⑦ 罗尔纲:《太平天国与天地会的关系考》,收入氏著《太平天国史考证集》(上海:独立出版社,1948 年),第 17 - 30 页。

⑧ 罗尔纲:《萧盛远著粤匪纪略之发现》,原刊《天津益世报·史学》,第 33 期(1936 年 7 月 19 日),收入《太平天国史丛考》,第 127 - 136 页。

介鹤《金陵癸甲纪事略》①，储枝芙的《皖樵纪实》②等未刊稿本。好友吴晗在此一方面亦助一臂之力③，帮忙在清华大学图书馆里找到了向荣的《忠武公会办发逆奏疏》④。

在史料的真伪考证方面，罗尔纲主张，对太平天国史料真伪的判断与分析，是靠着一条客观的标准予以鉴别的，这条标准，则依据以下几个观点。

（一）"要看清太平天国与天地会并起的时代关系"：太平天国与天地会并起反清，但是后者的势力远不如太平天国，故其文告常伪托太平天国以资号召。

（二）"要认明太平天国的革命目的与宗教信仰"：与天地会相较，太平天国之目的以别创新朝为目的，而前者之目标为复明；天地会信仰多神，太平天国则信仰一神的耶稣（稣）教，力排儒、道、佛而定一尊于上帝。所以，凡世传太平天国文件没有上帝教的思想而充满复明的观念与多神的信仰者，即可断定非太平天国之文件而系后人辗转传抄之误。

（三）"要认明太平天国的迷忌称谓与制度"：迷忌方面，如讳"上"为"尚"；称谓方面，如文告起首不作"奉天承运"字样而作"真天命"，凡名物

---

① 罗尔纲：《王韬手钞本谢介鹤金陵癸甲纪事略》，原刊《大公报·图书副刊》，第178期（1937年4月22日），收入《太平天国史考证集》，第220－224页。

② 罗尔纲：《皖樵纪实》，原刊《天津益世报·读书周刊》，第89期（1937年3月4日），收入《太平天国史考证集》，第225－230页。

③ 罗尔纲初回忆说，他自上海中国公学毕业时，吴晗只是一年级的学生，故彼此不识，1931年夏，吴晗持中国公学教授程憬写的介绍信来见，"一见成为知己"（罗尔纲：《怀吴晗》，《困学丛书》，第622页）；他后来则回忆说，先是，吴晗致函胡适，得回函后，即请上海中国公学教授程憬写介绍信，而持此介绍函于某个周日下午找罗尔纲，由罗带他去见胡适（见罗尔纲《胡适对吴晗的栽培》，《师门五年记·胡适琐记（增补本）》，第158页）。按，程憬字仰之（见苏雪林《我的教书生活》，《传记文学》，卷10期2〔台北，1967年2月〕，第71页），北京清华国学研究院毕业生（孙敦恒《清华国学研究院史话》〔北京：清华大学出版社，2002年〕，第62页），亦为罗尔纲之师（《罗尔纲致胡适〔1930年5月4日〕》谓："去年程师仰之曾劝学生毕业后再须加以研究……"，《胡适遗稿及秘藏书信》，第41册，第369页）；至于胡适与程憬的关系，据罗尔纲谓，两人是安徽绩溪同乡，由胡适帮助进入清华国学研究院，并请他来中国公学任教，见罗尔纲《任驻美大使自称过河卒子》，《师门五年记·胡适琐记（增补本）》，第152页。

④ 罗尔纲：《怀吴晗》，《困学丛书》，第623页。

制度之上都加"天"或"圣"字;制度方面,如丞相之上系以天官地官春官夏官秋官冬官,将军总制监军之上系以炎水木金土,官制有朝内军中守土之别。凡此皆为鉴别史料真伪之绝佳依据。

(四)应注意史料来源:例如西方各国图书馆博物院保存的太平天国官修书,"这是上上的文献,是最可以宝贵的",而世传的"来源不可靠的有伪造嫌疑的文件",如《石达开诗钞》、《石达开日记》等,"便应存怀疑的态度来慎重的考证他"。[①]

由罗尔纲本人的作品来看,他对所见到的各种太平天国史文献,都进行了相当程度的考证。例如,由曾国藩命张德坚编纂的《贼情汇纂》,是研究太平天国史的重要史料,但不乏误失之处,罗尔纲乃进行校勘,并撰《贼情汇纂订误》一文,指出其中错误。[②] 又因一般人不明了太平天国与天地会并起的关系,而常混淆了二者之文献,并且清季中国人为推动革命,以倾向革命、崇拜革命英雄的心理,竟托古人以鼓吹革命,伪造了不少太平天国的文献。如《太平天国诗文钞》一书就收录了不少这方面的资料,罗尔纲遂发表《读太平天国诗文钞》一文,指出其中伪作的材料。特别是书里收录的石达开诗作,罗尔纲依据石达开的身世、年龄、太平天国的制度,与石氏故乡广西贵县父老的口碑与光绪《贵县志》的记载,论证其为伪作。[③] 后来,柳亚子读到简又文引用罗尔纲此文的文章《太平天国文献赝品考》,撰文证实罗尔纲的论断,说世传石氏的这些诗作,都是其亡友高天

---

①　罗尔纲:《读太平天国诗文钞》,原刊《图书季刊》,1卷4期(1934年12月),第198-199页,收入《太平天国史考证集》,第194-195页。

②　罗尔纲:《贼情汇纂订误》,原刊《大公报·图书副刊》,第40期,1934年8月18日(据收入《太平天国史考证集》一书时之附录《龙漆女先生述胡以晄籍贯及起义事迹书》〔第210页〕),收入《太平天国史考证集》时,易为《贼情汇纂剧贼姓名上订误》(第203-218页);另有《贼情汇纂校勘记》,原刊《中央日报·文史副刊》,第18期,1937年4月4日,第11版,亦收入《太平天国史考证集》,第213-219页。

③　罗尔纲:《读太平天国诗文钞》,原刊《图书季刊》,1卷4期(1934年12月),第199-201页,收入《太平天国史考证集》,第195-197页。

梅(旭)于清末为鼓吹革命而于一夜之间写出来的。①

简结言之,诚如吴晗所论,罗尔纲研治太平天国史时,发现了一把"史尺",即太平天国的宗教思想和戒律、太平天国在习俗与文字上的忌讳及特殊的称谓仪式,他"用这准确的尺子测知了官书和私家记载的捏造伪托部分,同时也用这尺子校量太平(天国)文献的真实性"②。

关于太平天国史若干问题的考证,罗尔纲首先发表的成果,是考证所谓天德王洪大全其人是否存在的问题。有趣的是,洪大全此人之真伪问题,竟历经二十余年的考证方始定案。在此期间,各方研治太平天国史者论讼不断,为一大公案。③ 罗尔纲又陆续针对上书给太平天国的黄畹此人的真实身份问题④,世传朱九涛创上帝会,洪秀全师事之,此事真相如

① 罗尔纲:《师门五年记》,第29-31页;罗尔纲:《读太平天国诗文钞·附录:柳亚子先生两篇石达开诗集题跋》,收入《太平天国史考证集》,第200-202页;按,参见柳亚子《卢冀野辑〈石达开诗钞〉书后》、《残山剩水水楼刊本〈石达开遗诗〉书后》,均收入柳亚子文集编辑委员会主编《柳亚子文集·磨剑室文录》(上海:上海人民出版社,1993年),下册,第1213-1214、1216页。

② 《吴晗先生序》,罗尔纲:《太平天国史丛考》,第3-4页。

③ 罗尔纲首先于《贼情汇纂订误》一文中指出太平天国史上并无洪大全其人。后俞大纲以曾于故宫文献馆获读洪氏口供,乃撰《读罗尔纲〈贼情汇纂订误〉后论洪大全事迹》(文刊《北平图书馆刊》,8卷4期,第21-29页)一文驳罗氏之论;而罗尔纲则发表《洪大全考》(文刊《(清华)社会科学》,1卷3期,1936年4月,收入《太平天国史丛考》,第18-62页),仍持旧说。据罗尔纲云,俞氏读此文后,曾亲访之谓己见有误(见罗尔纲《天德王洪大全考》,收入氏著《太平天国史辨伪集》〔上海:商务印书馆,1950年〕,第1-2页;《谈治学》,《困学丛书》,第123页)。萧一山于1944年发表《天德王洪大全考》(收入包遵彭等编纂《中国近代史论丛》第一辑第四册《太平军》〔台北:正中书局,1956年〕,第133-144页),仍以为确有洪大全其人;罗尔纲则于1946年再撰《天德王洪大全考》(收入《太平天国史辨伪集》,第1-81页),1954年三撰《洪大全考》(收入《太平天国史事考》〔北京:生活·读书·新知三联书店,1955年〕,第75-185页,亦收入《困学集》,第50-145页),皆持旧说,并进一步推测,所谓洪大全可能是太平军起事时亦起兵于湖南郴州的天地会人焦亮。后随新档案的发现,又撰《洪大全考补》(收入《困学集》,第146-152页),再度论证洪大全的真实身份实乃焦亮。关于各家论者对洪大全问题之意见,罗尔纲1954年所撰《洪大全考》一文有摘述与驳论,收入《太平天国史事考》,第81-110页(亦收入《困学集》,第56-81页)。

④ 罗尔纲:《上太平军的黄畹考》,原刊《(北大)国学季刊》,4卷2期(1934年6月),第123-149页;后易为《黄畹考》,收入《太平天国史丛考》,第63-90页;后再经增补改写,又收入《太平天国史记载订谬集》,第111-139页。

何的问题，①详加考证，论断黄畹即王韬，朱九涛非创上帝会之人，洪秀全亦未师事之。这些篇章，都是他在研治太平天国史初期的重要创获。

在罗尔纲研治太平天国史的工作方面，胡适也给予相当程度的帮助与支持。例如，他撰写《水浒传与天地会》、《黄畹考》等文时，胡适帮他搜求有关资料，改正文稿，还介绍到学术期刊上发表。② 这般的协助，令他深难忘怀。

胡适的帮助不仅于此，在治学风格上，罗尔纲亦受其影响。整体地说，在校勘史料、辨伪史事的方法学途径层面，胡适的考据学方法，给予罗尔纲相当的启发与影响。他直至晚年反思自己得以获得辨伪、考证太平天国史各式各样的错综繁杂的史料及史事的训练与能力时，虽然未曾公开提起胡适的名字，仍强调整理胡传遗稿与校勘《聊斋文集》对培养他这方面能力的作用。③

胡适向来强调，他的考据学，究其实际，"只是思想学问的方法的一些例子"④。对各种旧小说产生源流、作者生平的考据，即可如是观。如他考证《醒世姻缘传》作者的真实身份的过程，便自认"可以做思想方法的一个实例"⑤。罗尔纲在胡家的时候，正是胡适考证《醒世姻缘传》作者真实

---

① 罗尔纲发表有关朱九涛事迹的文章，最早者或为《朱九涛与洪秀全》一文，文刊《天津益世报·史学》，第6期，1935年7月9日（原文未见，参见罗文起编《罗尔纲先生文章目录》，第444页）；《太平天国史丛考》收有《朱九涛考》一文（第1—17页），未详撰成年月；他自述道，对于朱氏之考证的撰述，以史料所限，始终未能满意，但自认其考证当为信史，见《太平天国史丛考·自序》，第1—2页。

② 罗尔纲：《师门五年记》，第31—33页；罗尔纲：《太平天国史丛考·自序》，第4页。罗尔纲说，为比对王韬、黄畹二人笔迹是否相同，胡适帮他向北平图书馆借阅王氏手稿笔记（见胡适1934年9月12日日记，《胡适的日记（手稿本）》，第12册，无页码）；罗尔纲又云，胡适写信给顾起潜（廷龙），要他查访王韬学籍，以查考黄畹之名与王韬是否有关（见胡适1934年10月14日日记与《顾起潜致胡适（1934年10月12日）》，均见《胡适的日记（手稿本）》，第12册，无页码）；罗尔纲后来还回忆说，他写成《水浒传与天地会》，送给胡适指教，胡即示以《大清律例》的相关资料，见罗尔纲《藏书》，《师门五年记·胡适琐记（增补本）》，第107页。

③ 罗尔纲《师门五年记》即已强调这一点（第10—11页，第13—14页），而于《我是怎样走上研究太平天国史的路子？》一文亦持同调（《困学集》，第463—464页）。

④ 胡适：《介绍我自己的思想》，《胡适论学近著》，第1集，第641—645页。

⑤ 胡适：《醒世姻缘传考证》，《胡适论学近著》，第1集，第333页。

身份的工作进行得如火如荼之际,他不但帮了不少忙,而且得以率先读到胡适的手稿。罗尔纲说,他由胡适的文章里学到了做考证的态度——"从此不敢轻信记载",所以,研究太平天国史时"对许多文献和传说都不敢轻易置信,常用怀疑的态度去考订他们,因此鉴别出许多伪文献和讹误的传说",也学到了"做考证的方法"——"如何大胆的假设而不致流于荒唐无稽,如何细心求证而有线索可寻"。而胡适的名言:"大胆的假设,细(小)心的求证"、"有几分证据,说几分话",自是被罗尔纲奉为金科玉律。①

从罗尔纲初期研究太平天国史的若干文章的论证风格来看,胡适的影响痕迹,确是斑斑在目。例如,胡适以内证方式考定《醒世姻缘》作者为蒲松龄,其论证方式,大致如下:他将《聊斋志异》的悍妇故事与《醒世姻缘》比较,以为二者的描写方法很有相同之处,故假设二者的作者应为同一人,后来这条假设得到其他文献的初步证实;而后,胡适又得到蒲氏的白话韵文作品,证实他也能写白话文学;最后再归纳比较蒲氏的白话作品与《醒世姻缘》里的土话、俚语,发现二者高度的一致性,因此可以论断《醒世姻缘》作者就是蒲松龄。② 罗尔纲考证黄畹即王韬的论证方式,与胡适可谓如出一辙。他也拿王氏与黄畹对同一问题的言论对比,证实二者观点根本上的一致;再比较二者的文笔辞句与风格,亦可证实皆系出于同一人的手笔。③

不过,罗尔纲越发深入太平天国史的研究领域,他的表现,则越和胡适的风格有相当的差异。在方法学途径的层面上,罗尔纲由对真伪莫辨,亟应小心鉴别、校勘的史料考证为起始,固然与胡适同调;惟当他进一步

---

① 罗尔纲:《师门五年记》,第11-15页;罗尔纲后来曾不无骄傲地说,"敢于怀疑太平天国史料之真或伪,史事之实或虚的",是他本人"开其风气","步一进而做考订工作的",也是他"一人披荆斩棘",乃是蒙胡适"教育出来的",见《罗尔纲致胡适(1947年11月19日)》,《胡适遗稿及秘藏书信》,第41册,第460-461页。

② 胡适:《醒世姻缘传考证》,第333-372页。

③ 罗尔纲:《黄畹考》,《太平天国史丛考》,第63-90页。当然,罗尔纲论断黄畹即王韬,亦从其姓名之关联做论证。他参证各种文献证实王韬以太平天国讳王一字故将其姓易为黄,而且也找到王氏表字兰卿以及他曾署名畹的材料,由而更证实了他的论断。

地廓清众说纷纭、实迹难辨的史事真相,再进而重建史事因源,论定其流变影响所及之时,却实同胡适大异其趣。

试看胡适自以为当可重新奠定中国校勘学在方法论层面走上科学之路基础①的论著:《校勘学方法论:序陈垣先生的元典章校补释例》②。胡适在此文里强调"校勘学的根本方法,就是:先求得底本的异同,然后考定其是非","校勘学的最可靠依据全在最古的底本;凡版本不能完全解决的疑难,只有最渊博的史识可以帮助解决"。他强调的重点,显然是以典籍版本作为校证文献的依据;至于文献校证,使之无讹无伪之后,如何依之考定史事、重建史实,即所谓历史写作之"史识"应如何培养?胡适则未置一词。终其一生,他对此一问题的意见皆系有限之至。③ 至于超越个别的、零散的问题——如某书的作者为何人、某一文献是否有所讹谬——的考据范畴,进而释论具体的历史过程——如造成太平天国之起事背景、发展经过,阐明其失败源由、影响所及等等——胡适的考据学方法,却无用武之地。《太平天国史纲》一书,作为罗尔纲研究太平天国史的第一部具体成果,正清楚地表现了这样的景况——虽然,他本人并没有这样的自觉,并依旧对胡适保持着感念之心。

五

当罗尔纲进行太平天国史研究小有所成之际,他在这个领域里却一度彷徨不已。他回忆说,在二进胡宅之后,胡适没有给他一个固定的工作,他不愿不劳而坐受胡家的款待,所以要求胡适帮忙介绍一份工作。胡适先要他到中华教育文化基金董事会担任文书,甚至对罗尔纲说,若他愿

---

① 胡适:《1934年的回忆(1935年1月2日)》,《胡适的日记(手稿本)》,第12册,无页码。

② 胡适:《校勘学方法论:序陈垣先生的元典章校补释例》,《胡适论学近著》,第1集,第135–148页。

③ 参见许冠三《新史学九十年》上册(香港:中文大学出版社,1988年),第160页。

进清华大学读英文,胡适愿意每月送他一百元。罗尔纲的志愿却是想到研究单位做事,所以拒绝了这份工作,也婉拒他的好意。于是胡适再要他到北大文科研究所考古研究室当助理,整理金石拓本,罗尔纲以为这是一件研究的工作,所以答应了。也就因为即将担任的是整理金石文字的工作,罗尔纲决意搁下太平天国史的探究,一意在新岗位上下功夫。而后,至 1935 年 1 月,因为妻小来到北平,他就搬出了胡家,在外赁屋。但因为与妻小同居,北大的薪水入不敷出,经济上发生困难,他只好重拾起研究太平天国的工作,靠卖稿增加收入,以维家计。①

来到北平之后没多久的 1934 年 5 月 20 日,罗尔纲被吴晗拉去参加由一群年轻的史学工作者,如汤象龙、谷霁光、梁方仲等人组成的史学研究会。这个小团体得到了主编天津《益世报·史学》与南京《中央日报·史学》的机会,于是,罗尔纲得以在这些刊物上发表了不少文章,换取稿费;一班好友如吴晗,又常帮他跑腿送稿,乃至预约稿费,解决他的生活问题。甚至于当罗尔纲完成《洪大全考》一文后,估计可得一百多元的稿费,几乎等于他两个月的薪资,吴晗帮他送交《燕京学报》,没想到因罗尔纲此文驳斥了俞大纲以洪大全确有其人的讲法,该刊编辑以俞氏为中研院史语所所长傅斯年的小舅子,怕得罪傅斯年而拒刊,吴晗跑去闹了一场,仍无法刊出,吴晗遂转交清大新刊的《社会科学》,这才顺利刊出。至于《太平天国史纲》一书同样也是在经济的压力下,于 1935 年底至翌年春,花了三四个月的时间完成的作品。②

在罗尔纲坐困愁城,发生经济危机得卖稿维生的时候,因为他不愿开口求援,胡适完全不知道这档子事。但是稿子写多了,终不免给胡适看到,他竟受到严厉的谴责。

---

① 罗尔纲:《师门五年记》,第 35－39 页;《章希昌日记(摘录)》,1934 年 8 月 29 日条,《胡适研究丛录》,第 259 页;罗尔纲:《怀吴晗》,《困学丛书》,第 622 页。

② 罗尔纲:《师门五年记》,第 33－34、50 页;罗尔纲:《税务司制度建立后海关税收分配统计(1861—1910)序》,《困学丛书》,第 694－695 页;罗尔纲:《谈治学》,《困学丛书》,第 123 页。

罗尔纲自述,自 1935 年春到翌年夏天,他写了近四十万字,除了太平天国史的文章之外,还有其他主题的文章。例如,他曾帮胡适进行校勘蒲松龄《聊斋文集》各种版本的工作,对这部书还算熟悉,就写了一篇《聊斋文集的稿本及其价值》,说《聊斋文集》各文"只有《述刘氏行实》一文是篇好文章";胡适看到之后,训了他一顿,认为他对《聊斋文集》的概括之论要不得,太过武断,因为"《述刘氏行实》一文固然是好文章,但他的文集里面好的文章还有不少哩"。① 后来,罗尔纲接受了胡适的教训,改正了这段议论。② 他的另一篇文章《清代士大夫好利风气的由来》③,引申管同、郭嵩焘的议论,大做文章。这篇文章给胡适看到之后,又写信痛责罗尔纲一顿。

胡适认为:

> 这种文章是做不得的。这个题目根本就不能成立。管同、郭嵩焘诸人可以随口乱道,他们是旧式文人,可以"西汉务利,东汉务名;唐人务利,宋人务名"一类的胡说。我们做新式史学的人,切不可这

---

① 罗尔纲:《师门五年记》,第 40 - 41 页。

② 按,此文原刊《大公报·图书副刊》,第 72 期,1935 年 3 月 28 日(参见《中国史学论文索引,1900—1937》,下册,第 471 页);原文全文未见,《困学丛书》收有《聊斋文集的稿本》一文(见第 525 - 531 页),罗尔纲在该文《后记》云,此文即为《聊斋文集的稿本及其价值》;比对《师门五年记》里征引《聊斋文集的稿本及其价值》一文与收于《困学丛书》一文相同的段落,可以发现其论断完全两样。《师门五年记》说:

"说到《聊斋文集》的价值,……其中只有《述刘氏行实》一文是篇好文章……"(第 40 页)。

《困学丛书》的论断却是:

"说到《聊斋文集》的价值,……虽然有许多'应酬'和'游戏'之作,但其中是有好文章的,如《述刘氏行实》一文,便是一篇好文章……"(第 528 页)。

《师门五年记》所征引的段落里,以下这段话于收入《困学丛书》时全部删除:

"此外各篇都是无端而代人歌哭的文章,都不能算是文学作品。所以我们拿文学的眼光来批评《聊斋文集》那是没有甚么价值的。"

罗尔纲《师门五年记》说他曾记下胡适的批评(第 41 页);观乎此,虽不能断定罗尔纲何时修订了自己的观点,但说他接受胡适的教训,应不为过。

③ 罗尔纲:《清代士大夫好利风气的由来》,《中央日报·史学》,第 11 期,1936 年 5 月 21 日,第 11 版。

样胡乱作概括论断。西汉务利，有何根据？东汉务名，有何根据？前人但见东汉有党锢清议等风气，就妄下断语以为东汉重气节。然卖官鬻爵之制，东汉何尝没有？"铜臭"故事岂就忘之？……治史者可以作大胆的假设，然而决不可作无证据的概论也。

相对于这般严厉的批评口气，胡适对罗尔纲以笔名"幼梧"写的《金石萃编唐碑补订偶记》①一文却颇致勉励之意，以为"此种文字可以做，作此种文字就是训练"②。

从胡适"大胆的假设，小心的求证"的方法学观点来说，罗尔纲既不能证明清代士大夫"好利"而不好名甚于前代，也不能证明清代所有或多数士大夫都"好利"而不"好名"，甚至也无法建立"好利"、"好名"的严格标准，而各代士大夫或有"好名"者，亦或有"好利"者，所以，放言高论"清代士大夫好利"，在胡适看来当然是个不能成立的题目。③ 惟在《太平天国史纲》一书里叙述太平天国起事的政治背景时，罗尔纲分析说："清代风气，士大夫公然言利，不以贪污为可耻。这种风气的由来，有三个主要的原因：一、由于朝廷的提倡；二、由于卖官鬻爵；三、由于清初酬劳功臣的分赃制度。"这段话与《清代士大夫好利风气的由来》一文完全一致④；胡适

---

① 罗尔纲：《金石萃编唐碑补订偶记》，原刊《天津益世报·史学》，第 29 期，1936 年 5 月 24 日（据《中国史学论文索引，1900—1937》，上册，第 350 页）；《困学丛书》收有《金石萃编唐碑补订》（第 517-522 页）一文，当为此文（因罗尔纲自叙收于《困学丛书》诸文皆为 20 年代至 40 年代所撰，见第 505 页），但不知是否有修改。

② 罗尔纲：《师门五年记》，第 42-44 页。

③ 参见余英时《中国近代思想史上的胡适》（台北：联经出版事业公司，1984 年），第 67-68 页；罗尔纲晚年读到余英时的这段议论后，深表同感，他说：胡适"看了我这篇短文为什么'冲动'起来，我一直不解"，要到读了余英时此文后才知道，因为它抵触了"胡适的思想方法，所以才如此生气的"。见罗尔纲《师门五年记·胡适琐记（增补本）》，第 47-48 页；《余英时论我写的〈清代士大夫好利风气的由来〉抵触胡适思想方法》，《师门五年记·胡适琐记（增补本）》，第 187-190 页。

④ 罗尔纲：《太平天国史纲》，第 28-33 页；按，《清代士大夫好利风气的由来》一文篇首即谓："清代风气，士大夫公然营利，不以贪污为可耻。这种风气的由来，有三个主要的原因：一、由于清初朝廷的提倡；二、由于卖官鬻爵；三、由于清初酬劳功臣的分赃制度。……"（见《中央日报·史学》，第 11 期，1936 年 5 月 21 日，第 11 版）。

后来批评此书里有为他所责怪的"明人好名，清人好利"的议论①，当是指此一段而论的。既批评《清代士大夫好利风气的由来》，罗尔纲此书的其他论断受胡适之斥责，其来有自。

反之，《金石萃编唐碑补订偶记》一文，则是罗尔纲在北大文科研究所整理金石拓本，依据更精审的拓本原样，考对前人的题跋文字，释证其中正误而写成的。用胡适的话来说，这种文章就是以"有几分证据，说几分话"的方法与态度写成的。相较之下，胡适鼓励罗尔纲写《金石萃编唐碑补订偶记》这样的文章，与他的方法论是非常一致的。

但是，罗尔纲并未遵从胡适的勉励，成为金石学专家；反而，他在1949年以前研治太平天国史或清代军制史的几部重要著作，在在皆显示出他和胡适考证之学渐行渐远的态势。

六

罗尔纲写作《太平天国史纲》，采取的是专题讨论的方式。就太平天国起事的背景、酝酿与发难的过程、起事的经过、太平天国治下的社会景况、太平天国革命的性质、其失败的原因及影响所及，分题释论，等于是重建太平天国兴亡的整体历程。而就其讨论架构言之，罗尔纲非常重视经济社会层面的因素与变化。

全书以太平天国革命的背景为始，首由经济面入手。远因方面，他以为，雍、乾以来豪富兼并、人口增加等景况，促成"革命的到来，已成为不可避免的命运"。近因方面，罗尔纲指出，鸦片输入，造成金融外溢，以致银贵钱贱，自耕农无法完纳钱粮，"动以昔日两年之赋，足今日一年之额"，只好丢下土地，离乡背井，佣工之得，益无足以维持生计，也只好走上逃亡的道路，此为其一；连年灾荒造成的灾民，更成为太平天国的预备军，此为其

---

① 《胡适致吴相湘（1959年3月4日）》，《胡适之先生年谱长编初稿》，第8册，第2845页。

二。而满汉种族对立下产生的秘密会社,清廷倡士人务利之风,贪污横行,政治腐败,兼以军备废弛,又在鸦片之役里吃了个大败仗,凡此亦皆被罗尔纲视为太平天国起事的民族、政治、军事等方面的缘由,都对当时的社会造成相当的影响。① 至于在分析洪秀全、冯云山入桂宣教所以有成,促成太平天国起事于桂的因缘时,他则强调当地官吏的放任,致使广西社会酿成了两桩大变故:一为客土械斗不已,二是民变数起,在广西,"革命的种子……已到处爆发,到处滋蔓,造成了一个无政府的暴民统治的世界","这两个大变故,都给太平天国金田发难预先贮满了火药,装下了火线"。②

既以多面向来讨论太平天国起事的背景,并指出对当时社会带来的影响,因之,罗尔纲断定太平天国革命的性质,就是从社会层面为着眼点,认为其基本群众以贫农为主,故其性质,为贫农的革命;他又指出,太平天国之性质虽为贫农革命,却和中国传统上陈胜、吴广以降直至乾、嘉之际的白莲教起事等贫农革命不同,因太平天国起事时的中国社会,已受到若干西洋思潮的影响,其意义与制度的精神"已经含有民主主义的要求,并且,掺入了社会主义的主张"③。可见,同为一般论定之贫农革命,他也能依据具体社会条件的差异,把太平天国作为贫农革命的性质,同陈胜、吴广、张献忠、李自成式的贫农革命区分开来。

罗尔纲也释论了太平天国统治下的社会制度的理想与实质,并给予高度的评价,认为那是个理想的公有制度。即令所谓"天朝田亩制度",只是一个部分实施的理想,然他论断说:"这样的一个社会制度,便是中国古哲人所梦想的各尽所能各取所需的理想社会。这个社会制度,虽仅得实行于军中,虽仅短短几年便成过去,但它却给太平天国的历史以永远不灭的光芒"④;而"'天朝田亩制度'在其集团中实行的共有共享,各尽所能各

---

① 罗尔纲:《太平天国史纲》,第1-36页。
② 罗尔纲:《太平天国史纲》,第42-46页。
③ 罗尔纲:《太平天国史纲》,第98-101页。
④ 罗尔纲:《太平天国史纲》,第81-96页。

取所需的制度",更被他断定符合共产主义的事实,甚至倡言"这个地上天国,这个理想世界,到今天还是一些人们所追求的鹄的"。① 由这些叙述看来,当时罗尔纲对社会主义/共产主义多少是有好感的。

在讨论太平天国的影响的篇幅里,罗尔纲除解释清季军制的变化、政治势/权力的转移,乃至上海公共租界制度的出现,如何因之而兴以外,②对财政、经济、社会层面的影响所及,他亦分别勾勒其轮廓。晚清财经方面的几项重大变化,诸如厘金制度的产生,海关管理之权尽落外人之手,兴借外债之始,货币制度的变动,长江流域诸省的减赋;社会方面的变动,人口因战乱而锐减,田亩亦因之抛荒;固是普遍的现象,而若干地区社会景况亦产生相当的变迁,都是太平天国之后出现的。③

罗尔纲的《太平天国史纲》展现了他在析论历史,重建历史时,对社会、经济背景及其变迁的重视。反观胡适一生的学术研究成果,虽常在论著的个别段落里强调某些资料可为社会、经济史料之用,甚至小说如《儒林外史》、《醒世姻缘》,也被视为可据以写史的材料。④ 但他几乎不曾对传统中国社会、经济方面的变化历程,或是,某个时代的社会、经济变迁等具体问题,做过有系统而详尽的研究。当然,他的学术兴趣由于主要着重在思想、考据方面,或许限制了朝这些领域发展的可能性,这是不容否认的。⑤ 然而,《太平天国史纲》作为罗尔纲在太平天国史的第一部具体研究成果,既是如此重视社会、经济方面的因素与影响,已然显示他述史的关怀意向,同胡适几无一致之处;罗尔纲后来的著述,如《清季兵为将有的起源》、《湘军新志》、《绿营兵志》等,更皆显示出这样的差异与变化。

---

① 罗尔纲:《太平天国史纲》,第132-133页。
② 罗尔纲:《太平天国史纲》,第109-119页。
③ 罗尔纲:《太平天国史纲》,第119-132页。
④ 参见许冠三《新史学九十年》,上册,第160-162页。
⑤ 参见唐德刚《胡适杂忆》(台北:传记文学出版社,1981年),第103-125页;唐德刚对胡适在社会经济史领域纯属外行的景况,有极风趣而中肯的评论。

七

罗尔纲写完《太平天国史纲》后,打算进行研究清代兵制特别是与太平天国相对立的湘军的制度的计划。在 1936 年 5、6 月之交时,曾将计划书送给胡适,请求他的指导。罗尔纲研究晚清兵制的计划书原貌,尚未得见,内容如何,不得而知。① 依据胡适读了他的计划书后所做的批评,略可得知一二。胡适在给他的信里说:

> ……我读你的计划,微嫌它条理太好,系统太分明。此系统的中心是"湘军以前,兵为国有;湘军以后,兵为将有"。凡治史学,一切太整齐的系统,都是形迹可疑的,因为人事从来不会如此容易被装进一个太整齐的系统里去。

因之,胡适以为:

> 最好的手续是……且把湘军一段放下来,先去看看湘军以前是否真没有"兵为将有"的情形。我可以大胆告诉你:一定有的。你试看《罗壮勇公年谱》,便知打白莲教时已是如此了。至于湘军以前,是

---

① 参见罗尔纲《清代兵制题记》,《困学丛书》,第 970 页;罗尔纲:《师门五年记》,第 42 - 48 页。按,罗尔纲发表《清代士大夫好利风气的由来》后,胡适写信批评此文,并于此函里鼓励他写类似《金石萃编唐碑补订偶记》的文章,罗尔纲接信遂后致函胡适,报告他的情况,同函并附有其拟就的"研究清代军制计划"(惟此函及其"计划",均未得见)。胡适即于 1936 年 6 月 29 日一日之内写了两封信给罗尔纲,对他研究清代兵制的计划提出建议。胡适指责罗尔纲《清代士大夫好利风气的由来》一文之信函未署年月,考《金石萃编唐碑补订偶记》,发表于 1936 年 5 月 24 日;而胡适覆函给罗尔纲,说明他对研究晚清兵制的意见,既是 6 月 29 日的事,是则他将研究清代兵制的计划送交给胡适,当是 1936 年五六月间的事。

否"兵为国有",也须研讨,不可仅依据制度条文即下结论。①

胡适又补充说:

> ……研究制度应排除主观的见解,尽力去搜求材料来把制度重行构造起来,此与考古学家从一个牙齿构造起一个原人一样,都可称为"再造"Reconstruct 工作。
>
> 研究制度的目的是要知道那个制度,究竟是个什么样子;平时如何组成,用时如何行使;其上承袭什么,其中含有何种新的成分,其后发生什么。如此才是制度史。

因此,他以为,研究湘军,应"严格的注重湘军本身",尤其是关于其来历、与乡勇团练之异、演变分化、将领的来源及选拔升迁、其水师、饷源、纪律、部队的联络、交通、斥候、战时的组织与运用与遣散的方法。②

虽然,罗尔纲曾表示,撰述《清季兵为将有的起源》、《湘军新志》、《绿营兵志》等论著,得益于胡适的教导③;胡适的意见亦确实有其可取之处,为其生平关于如何重建史实之法少见的论述。④ 然而,吾人细阅罗尔纲的这几部作品,却可发现,他的关怀所在与述论取向,实是同胡适的"训

---

① 罗尔纲:《师门五年记》,第45-46页。按,此一意见见诸胡适于1936年6月29日写给罗尔纲的第一封信。

② 罗尔纲:《师门五年记》,第46-48页。按,此一意见见诸胡适于1936年6月29日写给罗尔纲的第二封信。

③ 罗尔纲:《师门五年记》,第48-50页;罗尔纲谓,他在中日战起"逃难离平时,书物抛弃殆尽",惟将胡适的这两封信"珍重携归",于阳朔开始进行《湘军新志》的撰述工作时,将之"恭置案上,如亲承训诲,得以时惕苟且之戒",见《罗尔纲致胡适(1939年6月9日)》、《胡适遗稿及秘藏书信》,第41册,第431页。

④ 如当代制度史名家严耕望氏,即致函胡适表示,他对其"凡治史学,一切太整齐的系统,都是形迹可疑的,因为人事从来不会如此容易被装进一个太整齐的系统里去"一论深表同感,见《严耕望致胡适(1959年,月日不详)》、《胡适之先生年谱长编初稿》,第8册,第2989-2990页;并参考许冠三《新史学九十年》上册,第160-161页。

示"有相当差异的。

罗尔纲的《清季兵为将有的起源》所讨论的问题是：清季督抚专政、民初军阀割据，其源由起于"兵为将有"，那么，起于咸丰以降的"兵为将有"的局面，其根源又为何？依他的论述，此一局面实源于代绿营而起的湘军。湘军之制度及其筹饷之法，即是造成"兵为将有"之根源所在。盖湘军之制"兵皆弁所招，弁皆将的亲信"，故其营伍皆为其统领所私有，甚至虽同隶于一帅——曾国藩之治下，然若非其本营统领，竟号令不得。其"就地筹饷"之法，益发巩固"兵为将有"之局。饷源既不由中央拨给，国家即无能支配，将帅各私其军之势更不可止，此后更延宕至民国时期。①

罗尔纲后来自称此文之论点："湘军以后，兵为将有"只是一个假设，在写成《湘军新志》、《绿营兵志》二书后始得到更完整之证实。他说，这两部书：

> 在主旨来说，是要探索两种不同的兵制如何造成两种不同的政局；在研究方法来说，是对（这）一个假设进行正反两面的求证……②

故其论点尚待此后二书补正之；惟观其述论，一如写作《太平天国史纲》时着重的因素般，思考仍及于社会、经济层面的影响；亦且，从此文的论证来看，更明白地显示湘军之起，才是造成"兵为将有"根源所在，在此之前，全无兵为将有一事之"萌芽"，况乎其势？胡适的指导，对扭转罗尔纲的论断

---

① 罗尔纲：《清季兵为将有的起源》，原刊《中国社会经济史集刊》，5 卷 2 期（1937 年 6 月），第 235-250 页；后略加修改，易为《中国近代兵为将有的起源》，收入《困学集》，第 435-449 页。

② 罗尔纲：《清代兵志题记》，《困学丛书》，第 970-971 页；罗尔纲，《序》，《困学集》，第 13 页。

起不了多大的作用。①

　　及至着手撰述《湘军新志》，胡适虽有具体的指引，罗尔纲亦称此书专注于湘军军制之研讨，亦赖胡适之功②；然而，他对湘军军制原貌的重新建构，却非仅及制度而已。他对湘军之史的分析，除讨论其招募选拔军士的方法与标准，叙述军事体制的内容，教育训练的过程，检讨军纪风气的良劣及维持之道，乃至析论其战术之拟订运用等内部制度的态势之外——胡适所谓的对湘军制度本身进行研究——他的析论仍如《太平天国史纲》一书重视社会、经济层面的流变一般，亦思考湘军兴起前后（乃至被遣散之后）可能影响军事体制变化的其他政治、社会、经济的情势（与其整体历程）。也就是说，他并非仅就湘军本身论湘军，而是将湘军这样的一个军事体制，尝试安置在 19 世纪中叶的中国社会、经济、政治脉络里做讨论，揭示其意涵所在。

　　试观罗尔纲讨论湘军的产生，即着重于述说以湘人为主体的这支部队，是在什么样的环境里孕育出来的。他从清代湖南一省的学风、地理环境、民情、种族分布、经济背景等态势分析，认为实际上就正是因为三湘一省的环境有这样的独特性，方始造就了这样的部队。而在析论湘军领导阶层的背景时，罗尔纲则借由统计 182 位湘军将领的出身，释证书生实为湘军领导层的主干，从而将此一事实与传统中国书生（士大夫）与皇帝"相

————————

　　① 罗尔纲《师门五年记》曾特别征引《罗壮勇公年谱》的例子，说胡适对于湘军兴起前已有"兵为将有"之萌芽情势的论断是"不错的"，不过，他说虽有其事之萌芽，但"兵归国有"之局并没有改变（第 48 - 49 页）；惟在《清季兵为将有的起源》一文里，他并未将相同的事例视为"兵为将有"一事之萌芽，只说这件事显示兵将因同甘共苦，士兵会产生依恋旧长官、抗拒新长官的情绪，湘军未兴之前已然如此，况乎"湘军是将帅自招的军队，他们怎能不对自己的将帅发生私恩私惠之感？"（见《中国社会经济史集刊》，5 卷 2 期，第 246 - 247 页；《困学集》，第 446 页）。而后，他在《湘军新志》（上海：商务印书馆，1939 年；后经增改写易为《湘军兵志》〔北京：中华书局，1984 年〕）里，更详尽地析论《罗壮勇公年谱》的例子所反映的意义，仍强调在湘军兴起之前实无"兵为将有"之情势（《湘军新志》，第 148 - 152 页）。显然，罗尔纲本人在《师门五年记》里稍嫌扩大了胡适对他的影响，而在他自己亲身进行历史研究与撰述时，胡适的作用有限。

　　② 罗尔纲于《湘军新志》出版后，即寄呈远在美国的胡适教正，自称"是书撰述之方法，乃先从事钩稽索隐，重建湘军本身之制度，然后溯其渊源，叙其运用，明其影响"，皆出于胡适"手示之教"。（《罗尔纲致胡适（1939 年 6 月 9 日）》，《胡适遗稿及秘藏书信》，第 41 册，第 431 - 432 页）

依为命"的主势相联结,以述论湘军保清、反太平天国的因缘,故对持民族主义立场评骘曾文正保满反汉的观点,或是夸言湘军为勤王之师的意见,他认为都是片面之见。①

在讨论湘军饷源的部分,罗尔纲除更详尽地论述其"就地筹饷"之法的内容外,并指出这种方法对民生影响所及之层面,申论其利弊所在,益复就其对政局、政制之影响,细加勾勒②,更可见其企图彰明经济与社会、政治的相互关联的用心所在。当太平天国天京方为湘军攻克,其余党四散,而捻军正横行于皖、豫、楚诸省之际,曾国藩即下令遣撤湘军,令军众返乡。其人之动机所在,世人颇有不同之释论与评价。罗尔纲对此点亦提出了解释③。除此之外,他更就为众达数十万之湘军遣撤返乡后的情势,以社会问题视之,讨论对湖南一省之社经局势变化的影响。④ 此点为一般史家所未及措意之处,亦可见其治史之意趣所在,实非仅及此一体制之瓦解即止,更企图认识可能造成的影响。

在结论部分,罗尔纲评估湘军之制的历史作用的主要论点,与《清季兵为将有的起源》一文并无二致,仅及近代中国在军事体制、政治层面的重大变化——"清代兵制的改革"、"兵为将有的起源"与"督抚专政的形成"等三点而未及其余⑤,且未能总结论析社会、经济等方面的影响,不免略有缺憾。整体来说,全书之论亦未必皆为的论。如他强调晚清"督抚专政"之局的议论,即颇值商榷⑥;全书重建湘军之制的若干论题也有阙漏,

---

① 罗尔纲:《湘军新志》,第53-63页。
② 罗尔纲:《湘军新志》,第118-137页。
③ 罗尔纲分三点解释曾氏遣撤湘军的原因:(一)湘军为曾氏自招,军威太盛,遭清廷之忌,故遣撤以释其疑忌;(二)湘军成军已久,暮气渐深,弊窦丛生,士卒亦多入哥老会者,其势迫曾氏不得不遣撤;(三)湘军虽已成强弩之末,然奉曾氏之命由李鸿章所募之淮军已起,其势方盛,足可代湘军而负剿平民变之任。(《湘军新志》,第193-204页)
④ 罗尔纲:《湘军新志》,第209-215页。
⑤ 罗尔纲:《湘军新志》,第216-245页。
⑥ 参见刘广京《晚清督抚权力问题商榷》,收入氏著《经世思想与新兴企业》(台北:联经出版事业公司,1990年),第247-293页。

颇不乏犹待后世史家补正之处。①

整体而言，从本书主要释论的内容皆可明白看出，罗尔纲的治史意趣与关怀之重点所在，与胡适的指导——事实上，若说此即胡适本人研讨此题所拟采取的进路，亦未尝不可——确是大异其趣。就胡适论述的关心点与方法来看，他把重建湘军这个军事体制看成与考古学者以遗物重建原型是一致的，亦即如何假借材料以恢复其原样；若论与考古学者工作不一致的地方，至多是将制度的前因后果列入察考的范围。至于从各个角度观察制度本身的萌衍转折，析论制度与环境之间的动态的相互关联，显然非其措意之处；而发其义蕴，推断影响历史发展的经脉，更非其所求。可是，罗尔纲对于这个表面上看来仅仅是一个军事部队的体制，却是从多面向的角度加以观察分析：叙其成员，即从湖南一省的各种背景讨论之；述其饷源，即就其与民生、政局相涉之处分析之；考其遣撤因由与历程，复论解甲归田之士卒对故乡社会之影响。这些议论，都是胡适不曾提及的，甚至就其方法论的角度来看，要论定这些历史现象的出现，都和湘军制度有关，是与重建湘军制度史相关的题材，恐怕都是只有"大胆假设"而难"小心求证"的题目。胡适告诫他，研究湘军应"严格的注重湘军本身"，罗尔纲的做法却正同胡适的看法背道而驰。因此，《湘军新志》一书更清楚地呈现罗尔纲与胡适治史的差异所在，实可谓此书之问世，标志着罗尔纲的治学方向已完全脱离胡适的樊篱。

而后，罗尔纲撰写《绿营兵志》②，释证绿营是"兵为国有"之制度。他广博稽参各种资料，依据清代各朝《会典》、《会典则例》、《文献通考》、《中枢政考》、《东华录》及各家奏折、文稿与故宫档案等文献，就绿营之历史、

---

① 王尔敏于 60 年代探讨淮军之制时，以为事先当对湘军之制有充分的了解，然其认为，当时讨论湘军之论著尚有若干问题犹未解决，如：湘军训练的时间有多久？湘军待遇如何拟定？湘军扩张之重要因素、基础与关键人物为何？湘军团结的性质为何？ 等等。（王尔敏：《叙录》，氏著《淮军志》〔台北："中央研究院"近代史研究所，1967 年〕，第 395－396 页）；按，王氏此著征引书目即列有罗尔纲《湘军新志》一书，由是观之，罗尔纲此书必当仍有待后世史家补其阙漏之处也。

② 罗尔纲：《绿营兵志》（重庆：商务印书馆，1945 年；北京：中华书局，1984 年）。

兵制、兵政三大主题,在制度条文的规范及其实际的情形,分项别类述之。在绿营历史方面,罗尔纲讨论了绿营成立之因由,承袭与变革明代之制的源流所在,其建制沿革之情况,衰败没落以至虽欲重建而不可得,终至裁汰的原因与经过。在制度内容方面,罗尔纲勾勒出其实际状况,详列十八行省营制表,借以明悉各地建制;论断绿营是"土著的世业的制度",又详述其于承平之日司责差操、防汛与巡防之职的情势,战时征调、编制、粮秣运输、缺额补充等制及其实况;在其军政方面的内容,则就其诠选、检阅、奖惩、恩恤、俸饷、退休、军器等项之状况分别叙述,亦不以制度规章为准,而系举证若干实况讨论其利弊所在。

虽然,胡适认为,要论定湘军以前是否确是"兵为国有","不可仅依据制度条文即下结论",因为他不认为制度、人事的变化,能以整齐的系统加以处理。反观罗尔纲此书,确实并未仅就制度条文之记录而遽下结论;但整体观之,其论旨仍是自反面证实"湘军以前,兵为国有;湘军以后,兵为将有"此一假设。因他论断绿营是"土著的世业的制度",驻防各地之绿营兵皆须为本地人,外籍之人不得充任,身入绿营之后,终生在伍,迄老残方始得退,不能自由退伍;其子弟亦皆为余丁,优先考补,因而将帅升转不已,然兵则永为土著,不得随将为去留;将皆升转,故亦不得久持一地兵政。其兵籍系由兵部掌理,全国兵数皆可按籍稽之。饷发于兵部,疆臣不但不得擅自动用,更不得擅自筹划来源。也就是说,兵、饷二者全皆受中央的紧密控制,是兵为国有之军;绝不可能和湘军一样,组成、遣散之令皆操诸将帅,饷源更由将帅自筹,终至酿成兵为将有之局。[①] 显然,罗尔纲并未接受胡适的看法。

1946 年,罗尔纲又撰成《太平天国革命的背景》一稿,针对清初以来

---

① 　关于罗尔纲对绿营"兵皆土著,将皆升转",兵籍由兵部掌理,饷发于兵部,不得就地自筹等事之详细情况的释论,分见《绿营兵志》第 6、10、13 章。

至道光年间的人口、经济、政治、社会、民族各方面的情势演变,详加分析①,指出所以促成太平天国革命的因素有六:人口压迫、豪富兼并、耶稣教与鸦片、灾荒、政治堕废、民族思想及会党。② 此稿迄今尚未完全刊布③,然从已发表的部分篇章《太平天国革命前的人口压迫问题》④观之,他是从清代人口增长的情势所引起的各种社会、政治、经济变化,分析人口问题何以是太平天国革命的因素。这一论点于《太平天国史纲》早有论断⑤,此文涵括详尽则犹过之,更具体地展现他对社会、经济的变化过程作为促成历史发展之因素的关心与重视。

总结罗尔纲这几部著作,他的论点与关怀的层面、研讨的主要取向,同胡适完全两样。在《太平天国史纲》一书里,有不少胡适视为片面之见的论断,也有不符合"有几分证据,说几分话"的论点。至于罗尔纲本人虽自称《湘军新志》及《绿营兵志》这两部书之实质,无异于两篇考证,是对"湘军以前,兵为国有;湘军以后,兵为将有"这一个假设"进行正反两面的求证",⑥和胡适的考证文章,在题材处理的形式上仿若相当一致,但其论证之实质,以胡适惯用的内证方式,或是假借校勘之学以为论证之资,却是根本起不了什么作用的。胡适对于应如何研讨晚清兵制的意见,更未表现在《湘军新志》及《绿营兵志》二书里。整体来说,罗尔纲的这几部论著,都充分地表现他在重建史实、分析史事时,相当重视政治、社会、经济

---

① 《罗尔纲致胡适(1946 年 11 月 15 日)》,《胡适遗稿及秘藏书信》,第 41 册,第 442 页(参见《胡适来往书信选》下册,第 146 页);按,据此函,罗尔纲自称《太平天国的革命背景》一文于"今夏五月脱稿",后来他又说此文草成于 1945 年(见《罗尔纲致胡适(1947 年 11 月 19 日)》,《胡适遗稿及秘藏书信》,第 41 册,第 456 页);据罗文起《罗尔纲先生著作目录》,《太平天国的革命背景》一书则列为 1945 年撰,见《罗尔纲与太平天国史》,第 27 页。

② 罗尔纲:《跋》,《太平天国史迹调查集》,第 353－354 页。

③ 据罗文起《罗尔纲先生著作目录》,《太平天国的革命背景》列为"正在修订的著作"之一,该书条下并附有说明:"1945 年撰,待改写。"见《罗尔纲与太平天国史》,第 27 页。

④ 罗尔纲:《太平天国革命前的人口压迫问题》,《中国社会经济史集刊》,8 卷 1 期(1949 年 1 月),第 20－80 页;关于此文即是《太平天国的革命背景》一稿的一部分,见《太平天国史丛考丙集自序》,《困学丛书》,第 876 页。

⑤ 罗尔纲:《太平天国史纲》,第 7－10 页。

⑥ 罗尔纲:《清代兵志题记》,《困学丛书》,第 971 页。

等层面的相互作用及与历史态势发展之关联何在的用心,这正是胡适向未措意之处,亦非胡适之考证学所能处理的问题,更可以说是胡适治学最大的阙限所在。治学之途始自胡适之门的罗尔纲,他的这几部论著在在皆显示自己的治学方向,已同恩师道分南北了。

八

整体来说,胡适与罗尔纲之治学方向虽已颇相径庭,而在 1949 年,至少在 1948 年秋以前①,胡适与罗尔纲的师生之谊仍甚佳。为师的胡适仍相当关心罗尔纲的一切;罗尔纲则对胡适执弟子礼甚恭,不论是问学还是就业,不时请益。

罗尔纲在北大任职,久未升迁,朋友都甚感不平,就帮他另谋门路。约在 1935 年底或 1936 年初②,蒋廷黻离开清华大学,南下任官,原由他任教的《中国近代史》课程,吴晗推荐罗尔纲去接。但是胡适却不同意。胡适此举,惹火了罗尔纲的一群年轻朋友。他们除了帮他再想办法,另辟门路之外,甚至竟不准他像往常一样,每周日到胡家走动向胡适夫妇问安道好。如谷霁光介绍他到南开大学任教,汤象龙则推荐他到中央研究院社会科学研究所工作,而要到两个单位都答应聘请他去工作之后,才让他

---

① 目前所能见到的罗尔纲写给胡适的信,最晚的一封系年是 1948 年 10 月 21 日,《胡适遗稿及秘藏书信》,第 41 册,第 496－499 页(参见《胡适来往书信选》,下册,第 434－435 页)。

② 罗尔纲《师门五年记》说,此事发生在 1936 年春天,蒋廷黻任驻苏联大使之后(第 53 页);然据张朋园、沈怀玉合编《国民政府职官年表》(台北:"中央研究院"近代史研究所,1987 年),蒋廷黻任驻苏联大使,系年为 1936 年 8 月 26 日特任,11 月 7 日就任(第 576 页);据《蒋廷黻回忆录》云,1935 年 11 月,蒋介石以手令命之任行政院政务处长(第 172 页);胡适 1935 年 12 月 12 日日记,"[蒋]廷黻已南下,不是(任)外交次长,就是行政院政务处长",《胡适的日记(手稿本)》,第 12 册,无页码;查张朋园、沈怀玉合编《国民政府职官年表》对蒋廷黻任行政院政务处长一事,系年为 1936 年 3 月 27 日(见第 1 册,第 42 页);再查朱汇森主编《中华民国史事纪要(初稿)》,1935 年 12 月 17 日条:"行政院 241 次会议,院长蒋中正报告,政务处长已由院令派蒋廷黻先行到职"(见该书 1935 年 11 月至 12 月份册,第 575 页)。综合以上资料,可断定此事大致应发生于 1935 年 11 月,蒋廷黻将出任行政院政务处长,至 1936 年 3 月国府正式发布命令之间。

到胡家向胡适报告。

1936 年罗尔纲与汤象龙、谷霁光在天坛合影

（南京太平天国历史博物馆藏）

　　不论哪个单位邀约罗尔纲去工作，胡适都一样不以为然。在胡适看来，他不同意罗尔纲到清华教书的主要理由有两点。《中国近代史》这门课的范围很广，罗尔纲只对太平天国史有专门的研究，如何能教？况且蒋廷黻是名教授，罗尔纲初执教鞭，如何接得下他的课？胡适又以为，不论到南开大学或中研院，罗尔纲恐怕也难得到赏识，不如还是留在北大好。罗尔纲接受了他的劝告。后来，身为北大文学院院长兼文科研究所所长

的胡适决定,升罗尔纲当助教,加薪 20 元,并同意他接受中研院社会科学研究所的津贴,研究清代军制。①

未几,中日战起,胡适受命使美;罗尔纲于北平沦陷后,得到胡适夫人江冬秀借给南下旅费,始得南归②,并经汤象龙之介,正式离开北大,进入中研院社会科学研究所经济史组任职。③ 师生一别,竟至 1948 年 4 月中旬始有缘再见。④ 其间人世变化虽众,二人师生之谊仍笃。

战时漂泊转徙于西南的罗尔纲,始终惦记着远在太平洋彼岸的胡适。自己的著作《湘军新志》方甫出版,便寄呈远在美国的胡适教正,自称这部书与《太平天国史纲》"殊不可同日而语"⑤;写成于战争期间的《师门辱教记》(后由胡适易名为"师门五年记")一书,即是罗尔纲感念师谊而写成的一本小册子,全书充满了他对胡适的感谢之意。⑥

---

① 罗尔纲:《师门五年记》,第 52-54 页;罗尔纲:《怀吴晗》,《困学丛书》,第 623 页。

② 《罗尔纲致胡适(1939 年 6 月 9 日)》,《胡适遗稿及秘藏书信》,第 41 册,第 429 页;罗尔纲在回忆里,只说吴晗向江冬秀商借南下旅费,而未言及自己也如此,见罗尔纲《胡适对吴晗的栽培》,《师门五年记·胡适琐记(增补本)》,第 185-186 页。

③ 《罗尔纲致胡适(1939 年 6 月 9 日)》,《胡适遗稿及秘藏书信》,第 41 册,第 429 页;《罗尔纲致胡适(1946 年 11 月 15 日)》,《胡适遗稿及秘藏书信》,第 41 册,第 440 页(参见《胡适来往书信选》,下册,第 145 页)。

④ 据罗尔纲回忆,中日战后,他与胡适再度见面的日期是 1948 年 4 月初,见罗尔纲《任驻美大使自称过河卒子》,《师门五年记·胡适琐记(增补本)》,第 151 页;查胡适于 1948 年 3 月 25 日自北平抵南京,5 月 9 日回北平(《胡适的日记(手稿本)》,第 16 册,无页码),罗尔纲于 1948 年 4 月 12 日有致胡适函,略谓是日两度拟谒见胡适而均未果(《胡适遗稿及秘藏书信》,第 41 册,第 463-464 页),《罗尔纲致胡适(1948 年 5 月 21 日)》一函则谓"十一年长别离,这次在南京得叩谒尊前……"(《胡适遗稿及秘藏书信》,第 41 册,第 465 页),是以两人再度相聚,当在 1948 年 4 月 12 日以后,5 月 9 日以前。

⑤ 《罗尔纲致胡适(1939 年 6 月 9 日)》,《胡适遗稿及秘藏书信》,第 41 册,第 432 页。

⑥ 罗尔纲撰述《师门五年记》的因缘,见罗尔纲《自序》,《师门五年记》,第 4-6 页;罗尔纲在 1946 年 7 月底以前曾两度寄送《师门辱教记》给胡适,见《罗尔纲致胡适(1946 年 11 月 15 日)》,《胡适遗稿及秘藏书信》,第 41 册,第 435 页(参见《胡适来往书信选》下册,第 143 页)。查胡适曾一度将罗尔纲的《师门辱教记》易为《胡适先生的教学方法》(见《罗尔纲致胡适(1948 年 6 月 6 日)》,《胡适遗稿及秘藏书信》,第 41 册,第 473 页),则他应是在 1946 年 7 月底至 1948 年 6 月 6 日期间读到此书的(确切时间仍不详);胡适亦曾应罗尔纲之请,修改过《师门辱教记》的部分段落(《罗尔纲致胡适(1948 年 7 月 20 日)》,《胡适遗稿及秘藏书信》,第 41 册,第 485 页);而罗尔纲于 1948 年时拟重行出版《师门辱教记》,并请胡适写《序》,经过曲折,不详述,参见《罗尔纲致胡适(1948 年 5 月 21 日)》、《罗尔纲致胡适(1948 年 5 月 30 日)》、《罗尔纲致胡适(1948 年 6 月 14 日)》、《罗尔纲致胡适(1948 年 6 月 28 日)》等,均收入《胡适遗稿及秘藏书信》第 41 册。

　　到了战后,罗尔纲面对自己的出处,不时向胡适求援,也得到老师的善意回应。方胡适受命为北京大学校长,罗尔纲得到消息,即致函胡适表示欲离开中研院,重返北大;①他并函傅斯年,得傅允代向胡适说情。② 盖他自觉在中研院社会科学研究所工作,当推荐人汤象龙离开后,"人事顿觉麻烦",故南昌中正大学历史系主任谷霁光约聘罗尔纲至该校任教时,他便先打算应聘,然此一决定与可能有机会回北大之间,该如何选择,他即征求胡适的意见。③ 后来他接受胡适的意见,未至该校任教,把寄来的旅费和薪水都退了回去,继续留在南京的中研院。④ 可是,"南京居,大不易",经济因素与家累问题,使罗尔纲想到香港大学或岭南大学任教⑤,故当陈序经出长岭南大学,罗尔纲便请胡适推荐,也得到允诺⑥。可惜,一番阴错阳差,这件事竟未能成功。⑦ 后来罗尔纲终于应聘为南京中央大学兼任教授,讲授《太平天国史研究》课程,他即向胡适报告此事,也将自

---

　　① 《罗尔纲致胡适(1945年11月2日)》,《胡适遗稿及秘藏书信》,第41册,第433-434页;又,本函谓:他于1945年9月19日"由赵元任先生处转呈一函",此函未见。

　　② 可是,为什么罗尔纲始终未能重返北大,尚无从知晓。

　　③ 《罗尔纲致胡适(1946年11月15日)》,《胡适遗稿及秘藏书信》,第41册,第438、444-446页(参见《胡适来往书信选》,下册,第144、146-147页)。

　　④ 罗尔纲接受胡适意见而拒绝中正大学任教,见《罗尔纲致胡适(1947年6月15日)》,《胡适遗稿及秘藏书信》,第41册,第447页(按,本函谓他曾"接孟和先生转来赐谕",此函未见),另见《罗尔纲致胡适(1948年7月20日)》,《胡适遗稿及秘藏书信》,第41册,第485-486页(参见《胡适来往书信选》下册,第409页)。

　　⑤ 《罗尔纲致胡适(1948年5月21日)》,《胡适遗稿及秘藏书信》,第41册,第465-467页。

　　⑥ 《罗尔纲致胡适(1948年5月30日)》,《胡适遗稿及秘藏书信》,第41册,第469页;《罗尔纲致胡适(1948年5月30日)》,《胡适遗稿及秘藏书信》,第41册,第473页。可是,罗尔纲一直误以为陈序经即是陈受颐,故函内皆称陈序经为陈受颐;事实上,陈受颐于1936年离开中国后即未再返国(见吴相湘《陈受颐精研中西文化交流史实》,《传记文学》,卷46期6〔台北:1985年6月〕,第10-15页),而陈序经确系于1948年被任命为岭南大学校长(见《民国人物小传陈序经(1903—1967)》,《传记文学》,卷65期1〔台北:1994年7月〕,第136-139页)。

　　⑦ 详见《罗尔纲致胡适(1948年6月14日)》,《胡适遗稿及秘藏书信》,第41册,第477-479页;《罗尔纲致胡适(1948年6月28日)》,《胡适遗稿及秘藏书信》,第41册,第480-481页;其间经过曲折,不详述。

适之师尊前：

学生感冒睡床了三天，今天已经好了，起来撰中央

大学「太平天国史研究」课程讲授纲目。学生决定一边授

课一边写「太平天国史考证学」一稿。此稿分三部分，一、

方法论，二、史料鉴定，三、史迹考证。学生所用考证学，

方法，一点一滴都是敬遵

师教，然而所应用到的也只是伟大的

师教中的一鳞一爪罢了。兹敬将所撰目录奉呈敬乞

師賜教。如果身體好,明年夏天大約可寫成初稿奉呈

尊前。又中央大學課程除以所呈考證學綱目為教授主幹

外,並於第一部後加「史料目錄」作為第二部,先教學

生怎樣去搜集其次把所見太平天國史料做四庫全書

總目提要辦法於每目之下加以提要,使學生知道內

容,將史料鑑定作為第三部,史蹟考證作為第四部。

再於第四部之後加第五部「史事解釋」,教學生知道歷史

家要有廣博的知識,然後方能對形形色色的史事

中央研究院社會研究所用箋

加以解釋。學生舉了幾個例：如「天父天兄的降託與交感

巫術」這便要懂得巫術的原則原理才能去解釋楊秀清

蕭朝貴利用廣西「降僮」的巫術去蠱惑群眾。又如「瘋子

天王的洪秀全」這便要懂得變態心理學與病理學去病理瘋子

對洪秀全有澈澈的了解。又如「天曆發微」這便要懂

曆法才能分析天曆的構成。又如擺軍的運動戰，這便

要懂得運動戰的原則原理方能解釋那用長矛的擺子

屢次殲滅用來福槍並且有了西洋近代礮兵營的

中央研究院社會研究所用箋

135

淮軍的道理。學生

目的是要青年人知道要寫歷史必須有慶

博的知識，斷不是懂得一點「史觀」就可以寫歷史的。本六節

為「綜合著作」這是對最後一章再造太平天國史的討論。學生

對授課事一點不敢苟且，曾經渾思熟慮了許久但不知有無錯

誤？敬乞

師賜教！又前蒙

師所賜自傳序文，隨函一併錄呈，禮拜六那天得侍坐

了一點多鐘，春風桃李談不盡的依慕！十年來

難得有此種機會。學生擬待

師開會稍閒後，再趨往請安受教。肅此，敬請

福安

學生 羅爾綱敬上 卅七年九月□日

中央研究院社會研究所用箋

一九四八年九月廿四日

1948年9月24日，罗尔纲致胡适函，欲撰写《太平天国史考证学》，请胡适指正（4页）

（南京太平天国历史博物馆藏）

己的授课计划呈请胡适指教,更向他报告任教后的上课情况与心得。①

这时的胡适,除了指点协助罗尔纲的进退出处之外,也不忘彼此情谊。如罗尔纲身染疟疾的老毛病,胡适即修书南京中央医院院长请为治疗②;南下时分,如机缘合宜,也愿与老学生畅谈阔论,如他于 1948 年 9 月 17 日晨抵南京③,参加中央研究院第一次院士会议,即于翌日与罗尔纲见面,两人竟谈了一个多小时,让罗尔纲深感机缘难得,"春风桃李,说不尽的依慕"④。这是两人最后一次见面,此后便各路分东西,不复参商了。

有趣的是,罗尔纲从来不曾意识到自己的治学方向与成果表现,同胡适已然有相当大的差异,还不断地把胡适的考证学当成治学南针,甚至发愿说要写一部《胡适之先生考证学》,以展现胡适的考证学"融通中西之长,而独创典范,乃万世不朽的准则"。⑤ 当他向胡适报告计划,在讲授"太平天国史研究"课程的同时,撰写一部《太平天国史考证学》,也说自己的考证学方法完全得力于胡适的师教,所以送请胡适指正。⑥ 胡适对他的计划有什么样的意见,文献难征,不得而知。但是,胡适对罗尔纲的太

---

① 分别参见《罗尔纲致胡适(1948 年 7 月 20 日)》,《胡适遗稿及秘藏书信》,第 41 册,第 486 页(参见《胡适来往书信选》下册,第 409 页);《罗尔纲致胡适(1948 年 9 月 24 日)》,《胡适遗稿及秘藏书信》,第 41 册,第 492 - 495 页(参见《胡适来往书信选》,下册,第 432 - 433 页);《罗尔纲致胡适(1948 年 10 月 21 日)》,《胡适遗稿及秘藏书信》,第 41 册,第 496 - 497 页(参见《胡适来往书信选》下册,第 435 页)。

② 《罗尔纲致胡适(1948 年 8 月 10 日)》,《胡适遗稿及秘藏书信》,第 41 册,第 486 - 490 页;又,本函谓:他于 8 月 9 日收到胡适"赐谕",是日收到胡适为《师门辱教记》写的《序》,此函与此《序》,均未见。

③ 《胡适昨抵京》,《中央日报》,1948 年 9 月 18 日,第 2 版。

④ 《罗尔纲致胡适(1948 年 9 月 24 日)》,《胡适遗稿及秘藏书信》,第 41 册,第 495 页(参见《胡适来往书信选》下册,第 433 页);按,本函谓:"礼拜六那天得侍坐了一点多钟……十年来难得有此机会",查 1948 年 9 月 24 日为周五,是则上周六当为 9 月 18 日。

⑤ 《罗尔纲致胡适(1945 年 11 月 2 日)》,《胡适遗稿及秘藏书信》,第 41 册,第 433 页;《罗尔纲致胡适(1946 年 11 月 15 日)》,《胡适遗稿及秘藏书信》,第 41 册,第 439 页(参见《胡适来往书信选》下册,第 144 - 145 页)。

⑥ 《罗尔纲致胡适(1948 年 9 月 24 日)》,《胡适遗稿及秘藏书信》,第 41 册,第 492 页(参见《胡适来往书信选》下册,第 432 页)。

平天国史研究工作,恐怕无法再提供正面的意见,却是相当明显的。毕竟,治学方向的歧异,不是靠师生情谊便可弥补的。

九

1949 年之后,滞留于中国大陆的罗尔纲,对自己此前研究太平天国史的取向,有着相当强烈的自我批判。特别是对采取胡适式的考证学方法进行考证、研究——他称之为"旧考据方法"——以及在经过思想改造后,懂得用马克思主义的立场、观点与方法进行考证——他称之为"新考据方法"——两者之间,对考据史料真伪,有何等的差异,对辨正史事真伪,有何不同,他都以相当犀利的文字提出了自我批评。①

所以,当年胡适批评《太平天国史纲》专表扬太平天国,却没有写出太平天国对中国的影响,是带有主观意见而不够客观,未能全盘道出事实真相的做法,罗尔纲本是谨领受教的,此际则转口说依据胡适强调的客观立场写作,是中了他的"毒",是不站在阶级斗争的立场写历史②;早先写《湘军新志》时,自以为站在客观立场,后来才知道,因为没有"阶级观点",此书其实是为"地主阶级曾国藩"辩护而不自知③;在《太平天国革命的背景》稿本里,罗尔纲以六项因素分析太平天国革命的原因,于检讨时,则自我批评说不懂得"阶级斗争是太平天国革命的决定原因"的道理,所以不能全面地、联系地探讨促成太平天国革命的决定性原因,以致见树不见林④;考证黄畹即是王韬,本是罗尔纲早期在胡适考据学方法影响下完成的重要论著,而至此时,他转向批判自己早先只能考证黄畹即是王韬,却

---

① 整体来说,他自认为,可以分成六点来区别"旧考据方法"与"新考据方法"的差异,不详述,参见罗尔纲《跋》,《太平天国史迹调查集》,第 351－367 页。

② 罗尔纲《两个人生》,《胡适思想批判》,第 2 辑,第 183－184 页。

③ 罗尔纲《湘军兵志后记》,《困学丛书》,第 973－974 页。按《湘军新志》一书经改写后易为《湘军兵志》,于 1984 年出版。

④ 罗尔纲:《跋》,《太平天国史迹调查集》,第 353－354 页。

不能考断他上书太平天国军的原因,要到学习马克思主义之后,才可以对个中缘由提出解释:论断王韬上书太平天国的理由在于保护自己的家庭,甚至说他是受了"英国帝国主义侵略者"的指使,为了要拖延太平军进攻上海的时机而假意上书。①

这样的转变,可以说是相当剧烈的。其间转变的心路历程,在私人文献犹未问世之前,尚难探知;但是,从罗尔纲本人研治太平天国史的过程来看,不论是侧重的层面亦或是研讨的取向,却早已超越胡适治学的范围。用他自己的话来说,他扬弃胡适式的"旧考据方法",并不是要到他经过以马克思主义改造自己的思想后才开始的,而是在他早于1949年之前陆续发表的论著里便已现端倪。

从1954年起,罗尔纲更以马克思主义的观点、方法与立场,重新改写、整理自己研究太平天国史的旧稿与新撰述的论著,并结集成书,洋洋七巨册②,以作为检讨自己"所用的旧考据方法的局限"与展示如何"从一个旧方法训练的历史工作者改造成一个新的科学的历史工作者"的成果③。在他治学取向转变为奉马克思主义为宗之后,如何以之作为继续考证太平天国史其他问题的指南针,并具体运用这样的意识形态撰述太平天国史④,更是和胡适全无关联的历程了,反倒毋宁是吾人考察当代中国史学研究者,如何由一位一般意义下的史学家,转变成为一名马克思主

① 罗尔纲:《黄畹考》,《太平天国史记载订谬集》,第136-139页;《跋》,《太平天国史迹调查集》,第353-354页。
② 这七部书分别是:《太平天国史记载订谬集》(1955)、《太平天国史事考》(1955)、《太平天国史料辨伪集》(1955)、《天历考及天历与夏历公历对照表》(1955)、《太平天国史料考释集》(1956)、《太平天国文物图释》(1956)、《太平天国史迹调查集》(1958),均由北京的生活·读书·新知三联书店出版;参见罗文起《罗尔纲先生著作目录》,《罗尔纲与太平天国史》,第25页。
③ 罗尔纲:《跋》,《太平天国史迹调查集》,第347页。
④ 罗尔纲在1949年之后,又完成了两部大规模的太平天国全史式的著作:首为《太平天国史稿》(1951年初版;1955年改写版;北京:中华书局,1957(增订版));次为四巨册的《太平天国史》(北京:中华书局,1991年)。在这两部史著中,他对太平天国的整体发展历程与参与者的生平事迹作了相当有分量的叙述;此外,在1957年增订版的《太平天国史稿》与《太平天国史》卷首均有《序论》一篇,以相当显明的马克思主义观点分析太平天国的背景、性质、失败的原因、影响等主题,亦可作为探究他如何以马克思主义撰述太平天国史的材料。

义史学家(Marxist historian)的一个绝佳范例。

十

就在罗尔纲"缴出"自己经过"思想改造"的成果的同时,胡适则正在美国埋头校注《水经注》,仍在考据之学的园地里继续他的学术事业。师生相隔万里,治学之途早已分道而行,这个时候的差异更为明显了。

1955 年 1 月,中国大陆"胡适思想批判"运动正如火如荼展开之际,罗尔纲发表了《两个人生》一文,"谴责"自己前半生中了胡适"反动学术思想的毒",在"解放"之后,经过各种改造,终于挣脱"胡适思想"的桎梏,而告别了"灰冷的、虚无的、无可奈何的人生",走向另一个"热爱的、满怀信心的乐观的战斗人生"。[①] 他力图借着自我批判,呈现出自己在思想改造后如何痛下决心,无论是在政治或学术上,都和胡适一刀两断的信念,言语仿若相当激越。在连篇累牍的"批胡"文献里,较诸其他动辄痛斥胡适为"帝国主义走狗",冠以"洋奴"、"文化买办"之衔的文章,罗尔纲的文章在遣字用词方面,还算客气,顶多加以"反动"一词,似乎还顾念着往昔的师生之情,没有乱戴帽子。

这时候的胡适却正隔岸冷眼旁观各方人物——包括过去的好友、门生——对他的严峻批判。胡适读了之后,对唐德刚表示,完全不相信罗尔纲会这样激烈批判他。[②] 胡适认为,罗尔纲的批判,也不会是自由意志下的产物。仿佛看见自己思想的幽灵,仍在那一片大陆上盘旋不去的胡适,就在这一年,动笔撰写了《四十年来中国文艺复兴运动留下的"抗暴消毒"

---

① 罗尔纲:《两个人生》,《胡适思想批判》,第 2 辑,第 183-188 页(按,罗尔纲后来回忆说,他在看过胡适次子胡思杜发表《我的父亲》,"划清敌我界线"后,得到启发,因此也要同胡适"划清敌我界线",见罗尔纲:《胡思杜》,《师门五年记·胡适琐记(增补本)》,第 145-146 页)。

② 唐德刚:《胡适杂忆》,第 23-24 页。

力量——中国共产党清算胡适思想的历史意义》①一文（但未完稿）。胡适很乐观地估计：当年他参与的"中国文艺复兴运动"，或是由他命名为"新思潮运动"②，或是名之曰"新文化运动"的运动历程，所遗留下来的思想遗产，"一个治学运思的方法"，在中国大陆上仍是薪火相传，不乏后继之力，所以中共得发起这般大规模的"胡适思想批判运动"来消灭这笔思想遗产。

　　显然，胡适对自己一直提倡的思想方法，依旧满怀信心，认为并不是中共凭政治力量所能消灭得了的，这场批判运动，在他看来，不过只是一幕喜剧。罗尔纲的这篇文章，似乎只是这一幕剧中一阙串场用的咏叹调。

1958 年 12 月 17 日胡适在南港书房校阅师门五年记
（南京太平天国历史博物馆藏）

　　所以，胡适不但不相信罗尔纲会出乎自由意志而批判他，似乎也不能

---

　　① 胡适：《四十年来中国文艺复兴运动留下的"抗暴消毒"力量——中国共产党清算胡适思想的历史意义》，收入《胡适手稿》（台北：胡适纪念馆，1970 年），第 9 集，下册，卷 3，第 489－557 页；按，胡适撰述此文之时间为 1955 年，因他在此文中说："去年（1954）"中国大陆决定展开"批判胡适思想的讨论会……"（第 523 页）。
　　② 胡适：《新思潮的意义》，收入《胡适文存》，卷 4，第 151－164 页。

忘怀与罗尔纲的情谊。最明显的证据,就是他自费重新刊行《师门五年记》一书,送给各方亲朋好友。① 即令他在给吴相湘的信里略曾批评了罗尔纲,说他一直教罗尔纲要以不苟且的态度立身治学,要自觉地监督自己,但他似乎不能做到,因此会有"明人好名,清人务利"这样浮泛空洞的论议。然而,他也自责说,自己实在太忙,没有工夫监督他②,依旧是情深谊厚之语。直到去世前半年多,他和何勇仁见面,还谈到罗尔纲:

> 何勇仁先生……曾在民十三四年间在广西任交涉员,他当时组织了一个学社,以南宁师范学校为中心,给一些有志学生讲谈"新文化"……何君给我的信上说:"当时有作为的学生……均到上海升学……其中有一个贵县姓罗的学生,……。"我今天对他说:那个贵县姓罗的学生,是罗尔纲,毫无可疑(他的原名大概不是尔纲)。我曾见尔纲的自白书,题作"两个世界"(?)他说他曾进上海大学……又曾回到广西去参加各种"革命"工作。清党以后他逃到澳门,又逃到上海。那时上海大学已被封闭了,他自己也经过了一种思想上大变化,才"转"到中国公学去上学。尔纲的自白书见于《胡适思想批判》的第二辑。今天我同何君长谈,很多感慨……③

目前所能看到的胡适的最后一份提及罗尔纲的文献资料,正是胡适于 1961 年 8 月 16 日写给何勇仁的信:

---

① 胡适:《后记》,《师门五年记》,第 57 页;胡适自费委请台北艺文印书馆代为重印《师门五年记》一书,见《胡适致严一萍(1959 年 1 月 23 日)》,《胡适之先生年谱长编初稿》,第 8 册,第 2809 - 2810 页。
② 《胡适致吴相湘(1959 年 3 月 4 日)》,《胡适之先生年谱长编初稿》,第 8 册,第 2845 页。
③ 见陶英惠辑注《胡适最后的几天日记(二)——纪念胡适院长逝世三十六周年》,《传记文学》,卷 72 期 3(台北:1998 年 3 月),第 30 - 36 页(按,本日记不见于《胡适的日记(手稿本)》)。胡适在写日记时,对罗尔纲的"自白书"是否题作《两个世界》,他自己也不能确定,故加上了"?"符号(应为《两个人生》)。又,胡适是日与何勇仁的见面谈话,距离胡适逝世(1962 年 2 月 24 日)恰正 7 个月。

上月廿三日蒙先生远来看我，得畅谈半个上午……那天我们谈及贵县姓罗的学生，大概就是罗尔纲。先生读了他的"坦白状"，想必也是这样猜想罢？[1]

想来当胡适和何勇仁畅谈之际，罗尔纲的身影与两人之间的师生情谊，又浮现在他的脑海里吧！

至于身处中国大陆的罗尔纲，饱经政治风霜，自己更和胡适一样，成为被公开批判的靶子。[2] 正是在这样的现实背景下，直到80年代，他在回述自己的治学历程时，却还不公开地提起胡适的名字，未直接指名道姓提及胡适对自己的帮助[3]，不免令人稍感遗憾。在胡适家里消磨过一段青年岁月的罗尔纲，即使从来不曾丧失这段生活经验的记忆[4]，私下也从来不会忘怀于这一段师生情缘[5]；但对于已走入历史的胡适，在公开回顾

[1] 《胡适致何勇仁（1961年8月16日）》，《胡适之先生年谱长编初稿》，第10册，第3698页。有趣的是，当罗尔纲读到这封信，他的反应是："我于1961年时并没有写有什么《坦白状》来批判胡适。我们以前知道当胡适于1961年11月心脏病复发入医院，围剿立刻起来了，一直到1962年2月24日胡适逝世时还没有停止。现在读了这封信，知道当1961年就已经有人假造我写的什么坦白状来气胡适哩！"（罗尔纲：《1961年何勇仁说他读了我攻击胡适的〈坦白状〉》，《师门五年记·胡适琐记（增补本）》，第178-179页）其实，胡适所谓的《坦白状》，仍是指罗尔纲自己的《两个人生》一文也；惟其反应，亦甚耐人寻味，他会不会把自己身受批判的经历与记忆，投射在对于胡适当时的遭遇的理解上？他是否将胡适遭受的批判，等同于自己的经验呢？

[2] 罗尔纲研究太平天国忠王李秀成的成果，在1964年时被点名批判，掀起无限波涛，他本人的回忆，参见罗尔纲《生涯再忆：罗尔纲自述》（太原：山西人民出版社，1997年），第67-68页；相关简述，参见夏春涛《太平天国运动史》，收入曾业英主编《五十年来的中国近代史研究》（上海：上海书店出版社，2000年），第463-464页。

[3] 罗尔纲：《我是怎样走上研究太平天国史的路子的？》，《困学集》，第462-468页；按，本文发表于《书林》1980年第2期（见罗文起编《罗尔纲先生文章目录》，收入钟文典选编《罗尔纲文选》〔桂林：广西师范大学出版社，1999年〕，第452页）。

[4] 如高增德所言，他于80年代初期约请罗尔纲撰写自传，罗尔纲答以"因有师承问题，难于下笔，未能遵命"（见高增德《跋语》，收入罗尔纲《生涯再忆：罗尔纲自述》，第145页）。

[5] 在1949年之后，罗尔纲始终还保留的一本自己写的《师门辱教记》（即《师门五年记》），至"文革"时被烧毁了，当70年代末期他得悉苏双碧从香港得到了这本书，即特别致函苏氏希望将此书转送给他（见苏双碧《一代宗师笃诚质朴——悼罗尔纲先生》，收入中国太平天国史研究会等编《纪念罗尔纲教授文集·江苏文史资料第110辑》〔南京：《江苏文史资料》编辑部出版发行，1998年〕，第19-20页），可见其眷念之情。

自己的历史的时候,他却仿佛遗忘了。① 所幸,大江总是不舍日夜向海奔流的,当胡适这个名字不再是禁忌,在一个相对自由开放的现实环境里,罗尔纲终于开始公开谈起胡适了,他不做任何褒贬,只向读者叙述了自己与胡适结缘的点点滴滴。不论是在胡适当校长,他当学生的中国公学里的校园生活,还是胡家搬家的情况,或是他在胡府里亲眼观察到的胡适、江冬秀的夫妻感情,娓娓道来,读来令人如历其境。② 这一段不能再追回了的生活,连同和胡适的师生情谊,兼及胡适的谆谆师教,都镌刻在他的记忆深处。他不再忌讳向公众表白自己是胡适的学生,热烈地向世人宣告自己身受师教的感念③,为这段岁月留下书面回忆,成为他撒手人寰之前的最后一项工作,只可惜,壮志未酬。④

综观胡适与罗尔纲之间的这一段师生情缘,在私人的人际关系领域里,一个是一直盼望学生做出一番事业的老师;一个是恭谨领受师教,念兹在兹,努力以赴但求不违师教的学生。所以,学生写了在老师看来大有问题的文章,老师毫不客气地严加批评,学生更会将老师的教训引以为诫;学生开展自己的事业碰上困境,也总是向老师请教,把老师的意见当

① 从"同情的了解"角度而言,罗尔纲本人既身受批判,如"惊弓之鸟",他私下固仍难忘与胡适的师生之谊,但在现实政治环境下,他在 80 年代初期还不公开地提起胡适的名字,实情有可原。

② 罗尔纲:《关于胡适的点滴》,《胡适研究丛录》,第 12－18 页。

③ 罗尔纲晚年犹谓,他读了胡适的信"才懂得研究制度的目的何在,什么叫做制度。我著的《湘军新志》和《绿营兵制》都是照他这个指示做的",见罗尔纲《怎样研究制度史》,《师门五年记·胡适琐记(增补本)》,第 141－142 页;罗尔纲这种始终以"不违师教"自持,而著述却与"师教"大相径庭的心理,颇堪玩味,却正显示他对胡适的学术指导,始终抱持感怀之念。

④ 罗尔纲生前出版了《师门五年记·胡适琐记》(北京:生活·读书·新知三联书店,1995 年),并拟持续撰写关于胡适的回忆文字,但未及完成,便即逝世,1998 年始由三联书店编出《师门五年记·胡适琐记(增补本)》面世(见《增补说明》,《师门五年记·胡适琐记(增补本)》)。比较台北版的《师门五年记》与两个北京版的《师门五年记》(1995、1998),可以发现,罗尔纲确曾有所添补,如关于他被推荐接任蒋廷黻在清华大学开授《中国近代史》课程一事,北京版的《师门五年记》都增添了一段述说他与蒋廷黻结缘的故事(1995 年版,第 69 页;1998 年版,第 57 页);他本人已经忘记了 1934 年重入北平胡府的确切时间,读到《胡适研究丛录》刊录的《章希吕日记》记有此事,他便据此资料补记(1995 年版,第 37 页;1998 年版,第 29 页),凡此俱可见已然 90 余高龄的罗尔纲,对这项工作投注的心力,就此而言,罗尔纲对胡适师恩的感念,实终其一生(至于台北版的与两个北京版的其他不同段落,不再一一核校)。

成引领方向的指南针。虽然,末了在现实政治力的作用下,师生的情谊被迫中断,甚至不免显示了师生反目的趋向,但是,这段师生佳话,却不是任何政治力量所能抹杀的。

然而,师生各自开展各有贡献的学术研究领域,却有相当大的差异。在初期,老师固然有引路之功与帮助之力,学生的治学表现也显示确实深受师教的影响,文章论证的风格深得师教神蕴;但当学生自己披荆斩棘,在这方亟待深耕易耨的园地里生产了自己的果实之后,就已超越了老师治学的樊篱,在学术上走出自己的路来。此际,老师当能捻须含笑,问学有先后,术业有专攻,焉知后之不如己也? 虽然,这显示了老师本人治学领域的局限,但毕竟也算得上是一段学术佳话。

但是,政治力量常让人无所逃于天地之间。胡适与罗尔纲师生情谊虽厚,问学之途或有歧异,两人最后竟也有着不同的政治选择。胡适在1962年2月24日猝死台湾,归骨于“田横之岛”。罗尔纲在1958年加入中国共产党,犹能幸免于难,1997年5月25日在北京逝世之际,以研究太平天国史的“一代宗师”身份,为学界同钦共仰。现今台北“中央研究院”建有胡适纪念馆,南京太平天国历史博物馆设有“罗尔纲史学馆”。胡、罗师生之名,永为世人同怀长忆;他们的师生情缘,则早已在历史上画下句点。

胡适与杨联陞

陶英惠[*]

一、前言

胡适（适之）籍隶安徽绩溪，1891 年 12 月 17 日生于上海。1962 年 2 月 24 日，在台北"中央研究院"欢迎新院士酒会席散送客时，以心脏病猝发而倒地不起，享年 71 岁。

杨联陞（莲生）为河北清苑（保定）人，1914 年 7 月 26 日生，1990 年 11 月 16 日在美国麻州阿灵顿寓所安眠中去世，享年 76 岁。

胡适比杨联陞大 23 岁。俩人平日都为学术工作而忽略了健康。其过世的情形，颇为相同，免受一些针药之苦，也算是有福气的人。

探讨他们俩人的关系，最具体的材料便是现存俩人来往的 200 余封书札。

胡适早在 1919 年时，已经感觉到自己在近代思想史上的地位，便立志要随时记录下来，曾在 7 月 10 日日记中记云：

> 札记实在能记录一个人的思想变迁，并且是打草稿的绝好地方。因此，我又想作札记了。[①]

---

[*] 陶英惠，"中央研究院"近代史研究所研究员，现已退休。
[①] 耿云志主编：《胡适遗稿及秘藏书信》（安徽：黄山书社，1994 年 12 月第一版），第 14 册，第 79 页。

他这里所说的"札记",就是"日记"。到了 1921(原文误书为"1920")年 4 月 27 日,又在日记中记云:

> 今天在《晨报》上看……末段引 Graham Wallas 的话:"人的思想是流动的,你如果不当时把他用文字记下,过时不见,再寻他不得。所以一枝笔和一片纸,要常常带在身边。"
>
> 这话很使我感觉("动")。我这三四年来,也不知被我的懒笔断送了多少很可有结果的思想,也不知被他损失了多少可以供将来的人做参考资料的事实。①

他为了免去以后的损失,又立志重作札记。1930 年 12 月 1 日,他在日记中记他整理北京存件时感慨云:

> 又理出我和(陈)独秀争论《新青年》移北京编辑事的来往信件一束,此事甚有关近年思想史,我几乎记不起此中曲折情形了。
>
> 最可惜的是我在民 6、7、8、9 年中未留有日记。若记了日记,中国近年思想史可添不少史料。②

杨联陞认为:由此"可见先生(胡适)在近代思想中的重要地位早已自觉,此点颇似梁任公"③。所以胡适留下了大量的日记,并养成了勤于写信以及有信必复的习惯,将其"思想"随时记录下来。有信必复,是一种礼貌,也是他平易近人的地方。由于他交游广阔,所以累积与友人来往的函札的数量,十分可观;在民国以来的学人中,恐怕很少有人可与之相比。

---

① 《胡适的日记》(手稿本)(台北:远流出版事业股份有限公司,1990 年 12 月 17 日初版),第一册。
② 《胡适的日记》(手稿本),第十册。
③ 1986 年 10 月 20 日杨联陞复吴大猷院长函,"中央研究院"总办事处秘书组藏原件。

他给朋友的信,不是空泛的客套话,多数都言之有物,使收信人受惠不少;他从友人的来信中,也获益良多。

要了解一个人,除了他在日记中留下的一些真心话之外,与好友的通信中,往往也会吐露真言(当然也有蓄意作伪,替自己掩饰的),保留了一些在正式文书中不便说明的真相。

有些问题,是在与友人通信中激荡起来的,例如:王重民于 1943 年 11 月 5 日给胡适的一封信,竟引起他对《水经注》案重加审查的兴趣,而历时将近 20 年;假设胡适不去研究此案,杨联陞也不可能投下那么多时间和精力去参与。在往复讨论的函件中,记录下当时的思想、见解以及相关的学术活动情形,不仅使后人对他们的治学之道有更多的领悟,也是传记资料中非常重要的一部分。正如耿云志所说:

> 胡氏的书札、函电,为我们窥探他的学术研究、政治活动和社会联系,提供了丰富而有价值的史料。[1]
>
> 还可以见到……推动中国学术进步的那一群学者间的友谊和互相切磋的情形,可以了解到学术界某些重要新问题提出的缘起,和某些重要古籍和史料的发现所引起的学者们的兴奋。[2]

胡适对于写给别人的信,特别注意保存,因为其中留有他当时对某些问题的看法,曾一度将收到及寄出之书信,登记在"来往信簿"中,供作日后参考。由于彼时尚乏影印设备,只有将重要的函件自己抄留副本,或写在日记中,这是一件相当令人厌烦的工作;在自己实在无暇录副时,则请收信人看完后退还"团圆"。杨联陞就有多次誊抄胡适的来信再寄回去的记录。也正因如此,给予后人在研究方面极大的便利。

---

[1] 耿云志、欧阳哲生编:《胡适书信集》(北京:北京大学出版社,1996 年第一版),上册,编辑说明,第 1 页。

[2] 耿云志主编:《胡适遗稿及秘藏书信》,第一册,序,第 9 页。

二、交往经过

1942 年 9 月 8 日，胡适交卸了驻美大使职务，自华府移居纽约，以心脏病不宜长途飞行，或另有其他因素之考虑，①所以仍旧留在美国，观察世局的演变，并从事中断了五年的学术研究工作。

杨联陞于 1942 年在哈佛大学历史系获得文学硕士学位后，除继续在哈佛历史及远东语文系攻读博士学位，并任哈佛燕京社社员、美国远东学会会员外，又于 1943—1945 年担任哈佛大学海外政治学院讲师（Instructor，School for Overseas Administration，Harvard University）五个学期。② 兹将两人交往经过，摘要记述如下。

（一）由结识到深交：1943 至 1945 年同在美国

1943 年 2 月 11 日至 15 日，胡适应邀到哈佛大学演讲、开会，除会见波士顿的一些名士外，也曾与哈佛、麻省理工学院两校中国学生会的职员及会员一百多人聚会、讲话。③ 由于他没有在日记中留下这一百多人的名字，无法确知杨联陞是否参加了这次聚会。即使参加了聚会，可能由于人数太多，而时间有限，所以没有引起胡适的特别注意。

同年 10 月 3 日，胡适又自纽约来到康桥，应哈佛海外政治学院之聘，就"中国历史文化"作了六次讲演。10 月 10 日，"与张其昀（晓峰）、金岳霖、杨联陞同吃午饭，饭后同到 Dunster House（晓峰寓）大谈"。10 月 14 日，"晚上在周一良家吃晚饭。同坐的杨联陞、吴保安、任华，都是此间最

---

① 《胡适的日记》（手稿本），第十五册，1942 年 10 月 28 日摘抄郭泰祺（复初）函云："近阅报载言美各大学纷纷请兄留美讲学。鄙竟兄若能勉循其请，似较'即作归计'之为愈。因在目前情况之下，兄果返国，公私两面或均感觉困难，于公于私，恐无可裨益。"
② 杨联陞于"中央研究院"院士候选人提名表中所附亲笔填写的履历表，"中央研究院"总办事处秘书组档案原件。
③ 《胡适的日记》（手稿本），第十五册，1943 年 2 月 11 日至 15 日日记。

深于中国文字历史的人"。胡适深感"在纽约作考证文字,无人可与讨论,故我每写一文,就寄与王重民兄,请他先看。此间人颇多,少年人之中颇多可与大谈中国文史之学的"。① 这是两人最早见面的一些记录,胡对杨便已有良好印象。10 月 18 日杨联陞致函胡适②,从此两人开始函札来往,前后达 20 年之久,由论学而相知日深,建立了深厚的师友情谊,直到 1962 年胡适去世。

由于两人来往的函札并未找齐,而胡适的日记也有残缺,所以记载他们所讨论的事情偶有不联贯的地方。虽然如此,仍可根据现有的资料,理出一条线索来。在现存的 205 封来往函札中,正如杨联陞所说:"多数讨论文史","处处可见胡先生奖掖后进之深情"。③

1943 年 10 月至年底,虽然只有两个多月,仍保存下 9 封信。杨联陞为写论文,"系里的规定是以翻译为主,可是很难找适当的材料",便请教胡适:"自汉至宋的史料之中,有什么相当重要而不甚难译又不甚长的东西吗?"(10 月 26 日函)胡适答以《颜氏家训》符合其所提三个条件。(10 月 27 日)终因有人已译出而作罢。胡适因受康桥诸诗人的影响,也常与之交换诗作。更重要的是在 11 月间,胡适开始重审《水经注》案,杨联陞成为他讨论此案的主要学人之一,或协助收集相关材料,或就所提之论点提出辩难。

1944 年,两人通信甚勤,现存有 21 封。7 月 15 日,胡适又到哈佛大学陆军特训班讲"中国文化史",翌日返纽约。9 月初,杨联陞曾到纽约访

---

① 《胡适的日记》(手稿本),第十五册,1943 年 10 月 3 日至 14 日日记。

② 胡适于 1943 年 10 月 27 日复杨联陞函云:"在康桥得与老兄和周(一良)、吴(保安)、张(隆延)、任(华)诸兄畅谈,十分高兴,至今不忘。别后接到 10 月 18 日和 26 日两书,多谢多谢。"见胡适纪念馆编《论学谈诗二十年:胡适杨联陞往来书札》(台北:联经出版事业公司,1998 年 3 月初版),第 3 页。(本文以下所引胡、杨书札,均见该书,为简便计,只注其页码。)杨联陞 10 月 18 日致胡适的信,尚未觅得,很可能就是 1943 年通信之始。

③ 1975 年 12 月 1 日杨联陞致钱思亮院长函,胡适纪念馆藏复印件。

胡适。① 10 月 22 日,胡适应聘到哈佛大学讲八个月的"中国思想史",自 11 月 6 日起每星期一、三、五上课。② 杨联陞到课堂旁听,过从更密。12 月 13 日,杨联陞过博士普通口试,考中国史秦汉至隋唐,日本史上古奈良 平安,英国十八世纪史。考试前,胡适笑谓系主任叶理绥(Serge Eli sseeff)云:"要不要帮忙同考,难他一难?"叶笑谢。③ 12 月 17 日是胡适 53 岁生日,他于 16 日晚在饭店请朋友吃饭,Mrs. Hartman 特从纽约赶来暖 寿,杨联陞也在座;17 日,胡适偕杨联陞到 Grafton 去清理所购老传教士 Robert Lilley 所留下之旧书,费了六个多小时,装成五大木箱,交转运公 司运回。半夜再从波士顿坐火车去纽约过节假。杨联陞在车上赠胡适 诗,云:

> 才开寿宴迎佳客,又冒新寒到草庐。
> 积习先生除未尽,殷勤异域访遗书。④

胡适翌日撰《和联陞兄,即致深深的谢意》诗,云:

> 雪霁风尖寒彻骨,木头短屋似蜗庐。
> 笑君也有闲情思,助我终朝捆破书!⑤

1945 年,胡适在哈佛的课于 5 月 30 日结束。这段时间,两人经常见

---

① 胡颂平编著:《胡适之先生年谱长编初稿》(台北:联经出版事业公司,1984 年 5 月初版),第 五册,第 1853 - 1854 页。

② 耿云志主编:《胡适遗稿及秘藏书信》,第十七册,胡适 1944 年 11 月 6 日日记,第 407 页。

③ 胡颂平编著:《胡适之先生年谱长编初稿》,第五册,第 1856 页。

④ 耿云志主编:《胡适遗稿及秘藏书信》,第十七册,胡适 1944 年 12 月 16、17、21 日日记,第 419、420、423 页。据杨联陞告诉余英时说:其赠诗首句"才开寿宴迎佳客"中的"佳客"原作"娇客",系 戏指其美国女看护 Mrs. Hartman。胡笑了一笑,把"娇"字改作"佳"字。(见余英时为《论学谈诗二 十年》所撰序文,第Ⅴ-Ⅵ页。)

⑤ 胡适纪念馆藏手稿。

面,故无书信往还。6月3日,杨联陞到耶鲁大学教大兵(?)一学期,因哈佛特别班已结束,如无特别教职,只做研究生,须服兵役。其博士论文《晋书食货志译注》已经完稿。8月14日,日本投降。9月6日,国民政府任命胡适为北京大学校长;在其未回国就任前,派傅斯年暂代。

(二)胡适回国,杨联陞滞留在美(1946—1949)

1946年1—2月,胡适曾到哥伦比亚及康奈尔大学讲学。6月5日,自纽约搭船回国,7月5日到上海,29日飞北平,9月就任北大校长。

杨联陞于1月29日通过最后一次口试,取得博士学位,学业告一段落。可是为了其后的工作问题,究竟何去何从,颇费斟酌。张其昀抢先约他到浙江大学任史地系副教授,讲授中国经济史及隋唐史,业已洽妥,而他迟迟接不到聘书,函电交催,一直没有下文;傅斯年有意聘他到中央研究院历史语言研究所工作,托赵元任代洽;由于浙大的旧约难违,他难以决定。而他本人,因为家在北平,上有老母及长幼十余口,并无恒业,自他负笈美国后,全恃鬻卖借以维持生活,若赴杭州或南京,两处分寓,不惟定省有失,经济方面亦不能兼顾,自应到北大任教为宜。故将履历表寄给胡适,请他代为决定。经过"几个月翻来覆去的混乱状态",在"候差"期间,由张隆延于9月揽至联合国秘书处语文组任研究专员,暂时栖身。他当时的感受是:为了"衣食之计"而暂时放弃学问,颇有"出卖灵魂"之感,心有不甘;虽有"厚禄",决不能作为"万世之业"。①

1947年1月,哈燕社的叶理绥等要拉杨联陞回去任助理教授,兼教历史同语文,限3月底回答,他仍请胡适代为定夺。这时国内的情形日趋恶劣,对于回国不能无虑,而联合国也在裁人,其心情之苦闷,可想而知。3月5日,收到胡适的电报:"Advise accepting Harvard.""又收到邓嗣禹的信,说您也跟他谈过赞成我到哈佛的信(话?),并且说等我回国时,北大

---

① 1946年9月6日杨联陞致胡适函,第70页。

仍旧要我。您对我真太好了!"①胡适的一封电报,虽然只是短短的三个英文字,便为杨联陞决定了去留:他乃辞去联合国的职务,于 9 月 24 日回哈佛上课。10 月,换成永久居住教授签证,从此定居美国。他在哈佛潜心于教学及学术研究,一帆风顺,1951 年升副教授,1958 年升教授,1965 年荣膺哈佛燕京中国史讲座教授,是国人获得此项荣衔的第一人。

胡适自回国后,可能因为北大校务太忙,与杨联陞之通信锐减。1948年,全年竟没有一封信留存下来。12 月 14 日,北平被中共军队包围,西苑机场已不能使用;15 日,胡适搭政府所派专机,仓卒离平,到达南京。

(三)胡适再度赴美(1949—1958)

胡适于 1949 年 4 月 6 日,自沪登轮赴美,27 日到纽约。1950 年 9月,应普林斯顿大学之聘在葛斯德东方图书馆工作,两年聘约期满后,改任荣誉主持人。1956 年 9 月,到加州大学讲学 4 个月。1957 年 11 月,当选"中央研究院"院长。

这期间,胡适在美国的情形,周质平于《胡适与赵元任》一文中,有很令人感伤的记述,云:

> 五十年代真可以说是胡适一生中最暗淡的岁月。一个年过六十,一个从妻子孩子身上得不到任何慰藉的老人,一个曾经管领中国学术风骚数十年的宗师硕儒,为了谋些临时的教职往返奔波于美国东西两岸之间,那份累累于道途的辛酸和落寞,牢骚和无奈都剖白在他给赵元任的信里。②

胡适除了与老友剖白外,和晚辈杨联陞的通信则十分含蓄,尽在不言中;

---

① 1947 年 3 月 16 日杨联陞致胡适函,第 80 页。
② 李又宁主编:《胡适与他的朋友》(纽约天外出版社,1990 年 12 月出版),第一集,第 144 页。

杨联陞也深深地体会到他的处境,不予点破,采取勤于通信论学的方式,以引起他的乐趣,并解开其心结。所以书札往返十分频繁,1953 年有 33 封,1956 年则高达 36 封,为通信最多之一年。

(四)胡适返台任"中研院"院长(1958—1962)

1958 年 4 月,胡适自美返台就任"中央研究院"院长的职务。除积极拓展院务外,并拟订长期发展科学计划,加强对国际学术界之联系与合作。此外,如开会、演讲、接待各方访客等,几无片刻之暇,已无法专心治学。因此,与杨联陞之通信也大为减少,其内容也不全是论学了。

(五)相互关怀

在他们的交往中,要特别一提的是:二人都是为学术研究工作太辛苦,常常发愤忘"眠",不顾健康。在后期的往返信札中,互相报告生病以及慰问的,占了相当多的篇幅,类皆真情流露、感人至深的话语。

1957 年 4 月 23 日杨联陞信中说:

> 您 4 月 20 日这封又长又精采的信,信末说您差不多"全"好了,——实在叫人高兴!(第 331 页)

9 月 12 日,胡适在信中说:

> 就在一个月之前,我又进医院住了 6 天,为的是 8 月中连着发烧,医生也说不出个道理来。(第 343 页)

1958 年 10 月 7 日胡适信中说:

> 你近来"精神非常之不振,易感疲倦,杂忧虑极多。"……此种现

象,主要原因大概是因为我们平日太不爱惜精力,往往有"透支"的事实。"透支"总是要偿还的。所以我在1938年12月就得了一次心脏病,在医院里住了77天!（第367页）

10月11日杨联陞回信云：

我八号进医院,今天出院,……应该不久就可以把血压再降下来,讨厌在这个毛病一不小心就可以复发,说句笑话,算是"君子有终身之忧"吧。（第369页）

1959年1月14日,胡适致函杨联陞云：

何炳棣兄到此,说你又病了,我听了很挂念。……我十分盼望你这一回住医院可以安心调养,不可出院太早,……这是此间许多朋友的希望,所以我要特别叮嘱,不可让我们失望。你这些年来,实在太辛苦,太不爱惜精力,所以去年以来你有几次生病。……以后在医院得听大夫的话,在家得听太太和小姐的话!（第371页）

同年4月27日,胡适致函杨联陞说：

今天在台大医院里收到你4月18日的信,我看了信封上你的字迹,高兴的直跳起来。（第372页）

他自己尚在住院,看到杨联陞出院回家的信,竟高兴地直跳起来,关爱之情,跃然纸上!他除了叮嘱"当惜精力,决不过劳"外,并要"把这个好消息报告给我们的许多朋友"。翌日即函告赵元任,①继于6月5日再函赵元任,问他有没有收到报告杨联陞完全恢复了的消息?并说:"我很盼望他此次复原是永久的,不会再发病了。"②胡适于7月赴美开会,见到了杨联陞,在8月28日给他的信中说:

> 这回亲眼看见你,觉得你真是完全恢复了!我真是十分高兴!千万节劳自卫,还不可以不听太太和小姐的禁令!(第376页)

同年12月23日,杨联陞回信说:

> 您说"每到晚上总觉得舍不得去睡",这很像曾文正所谓"精神愈用愈出"。我则相信睡觉于身体好处多不可言(于血压尤其显著),"夜晚虽黑,其味则甜"(意译米其蓝之楼诗句)。先生如亦多睡,精神必然更好!(并非替医生宣传)(第384-385页)

这些真情流露的函札,可以看出两位学人是如何彼此关怀的!不仅是为私交,也是为学界的人才,要相互珍重。

(六)委托杨联陞整理文稿

胡适的著作甚多,并有大批未刊的手稿。自1957年2月在纽约施行胃溃疡大手术后,兼有心脏病之隐忧,健康情形一直不好,胡适乃于这年6月4日预立遗嘱,其第四条云:

> 请求而非指定哈佛大学的杨联陞教授与台湾大学的毛子水教授

---

① 胡颂平编著:《胡适之先生年谱长编初稿》,第八册,第2878-2879页。
② 胡颂平编著:《胡适之先生年谱长编初稿》,第八册,第2927页。

两人中的存在者依他们认为合适的方法安排我的手稿与文件的保管、编辑与出版。①

修改遗嘱事,他先于 5 月 26 日函知杨联陞,此信惜未找到。杨于 27 日复信云:

> 您修改"遗嘱",授权毛子水先生同我处理您将来的"遗稿"。这是一件大事,我不敢不从命。您在前些年早就同我说过:学生整理先生的文稿不可贪多,而收录未定之稿,或先生自己以为不应存之稿。但这里实在需要很大的判断能力。我觉得编辑人决定不收入"全集"的文稿,也该有个目录,附在集后,并说明不收之故(例如"未定稿"),如未刊行,并应说手稿保存在何处。我觉得"刊布"与"保存"是两回事。即便刊行"全集",也应该有些选择,至于"保存",又有学术性纪念性两端,从学术看,也许还可以选择(例如先生关于一个问题,曾起草过两次稿子,自然以后稿为定,前稿只作供校勘之用),若为纪念,则片纸只字都可能有人要保存,那就只好各行其是了。您如果再详细的指示,有时间倒可以写下来,将来负责的人好遵照办理。(第 341－342 页)

胡适在那么多的朋友当中,所以选了毛子水,那是因为在他的朋辈中,他们公认毛子水学识渊博,是一位通人;其所以指定学生辈的杨联陞,很可能是两人十多年的论学过程中,杨联陞深切了解他研究各项问题的背景及经过,并曾参加讨论。以此项重任相托,就是对杨联陞学术成就的高度肯定。

事实上,胡适在生前就已委请杨联陞着手编辑其英文学术文选,现存

---

① 胡适纪念馆藏原件。

1961 年杨联陞给胡适的几封信中,就曾有详细的讨论:

> 在哈佛讲中国思想中的不朽的那篇文章,在神学院刊的单印本,我已经找出来了,本想就给您寄去,不过又一想,您不久要来,也可面交。还有,我最近想,您讲宗教史的文章,除此以外,还有哈佛三百年纪念一篇,东西哲学里讲禅宗的一篇(也许还有别的,一时想不起来,中文的不算),似乎可以合印一本论文集,学生看起来很方便,如果您同意,大约第一得打听哈佛有关方面是否同意(因为我不明白有没有版权问题),也许写封信问问 Pusey 校长就行,杂志学报应无问题;第二就是在那里印的问题,如果您一时没有地方,我最近答应给一家出版社作编辑顾问,也许可以先同他们初步商讨一下,看他们有没有兴趣。说老实话,用英文写的讲中国宗教史的文字,实在太少,这本书一定会受学生的欢迎。(2 月 11 日信,第 390 页)

这显然是一封答复胡适托他办事的信,可惜胡的去信未能找到。此信寄到台北时,胡适正因心脏病发住入台大医院,故请劳干(贞一)于 3 月 3 日代复一信,最后一段云:

> 关于印行胡先生的论文集,胡先生是感觉兴趣的,吾兄提出那几篇都很好。此外有闻宗教、思想和文化的,还有好几篇(见中央研究院史语所胡先生祝寿论文集的附录英文著作目录),似乎可以印一个这一方面的论文集。现在问题只是那几篇会有版权方面的问题,因为胡先生在病中,不能一篇一篇的商量,不过只以杂志和学报为主,大致也差不多了;至于在那里印,我想不成什么问题,由吾兄斟酌去办,胡先生只有谢谢吾兄的帮忙。(第 393 页)

4 月 21 日,杨联陞再函胡适报告进行情形:

关于您的英文论文选集，我同 Beacon Rress 的编辑 Karl Hill 初步谈过，我给他看了您的 Immortality 同 *Philosophy East & West* 里登的讲禅宗史的那篇文章，并且告诉他，我想至少应该再收 Indianization 同 *JNCBRAS*〔Journal，North China Branch，Royal Asiatic Society 皇家亚洲学会华北分会学报〕里讲禅宗的那一篇。

现在看他们的意思，希望再放大些，页数也可以多到大约 300 页左右（或再稍多），他们预备印硬皮装本，如果稿子 1 月交，1962 年内可以出版。不知您的意思如何？另外他们非常希望您能为这个选集特别写一篇导言，长短随意。我觉得这也是一件合理的请求。

我想您那篇 Natural Lay in the Chinese Tradition 应该收入，另外 Authority & Freedom in the Ancient Asiatic World 我尚未见，（如果要特别从 Law 方面充实，您好像有一篇讲王〔汪〕辉祖的演讲，还有讲宋儒与法律的演讲，不知能否整理出来？）此外应收入多少，请您先指示方略，我再同 Hill 续谈。

要印哈佛的东西，也许得得校长允许准。如果您太忙，请授权与我，我可以代写一信。（第 394 页）

7 月 29 日，杨联陞再函胡适请示：

这里的 Beacon Press 对您的论文集非常有兴趣，已经问过我两次，我说恐怕是胡先生因为健康未全恢复，一时没有功夫写导言或序言。我的意思，还是不必限于杂志学报文字，书（即令是全书都是您写的，例如在支加哥讲的中国文艺复兴）也无妨抽印单章。您觉得如何？我很希望您给我一封英文信，授权我向各方请求关于版权方面的事情（例如哈佛那两篇，恐怕得给 Pusey 校长写信）。导言或序言，等目录全定时，您或可一挥而就。（第 395 页）

胡适答复的信,至今尚未发现。可能是健康尚未完全恢复,也可能是"中央研究院"的院务太忙,精力有些不济,尚未撰写导言或序言。杨联陞又于 10 月 12 日函催:

> 关于编印您的英文学术论文选集这件事,波士顿的 Beacon Press 甚感兴趣,催过我好几次。说只要编好了,他们随时可以同您订立出版契约(意思是关于版税方面的规定),希望我在明春休假之前办出个眉目来。
>
> 我上星期给哈佛 Pusey 校长写了封信,请求大学允许把您的"中国之印度化"同"中国的不朽观念"两文,收入选集,已得 Cooperation Secretary Mr. Bailey 回信答应。如此至少有两篇不成问题了,其他拟以杂志学报文字为主,也许还得写几封信。
>
> 现有两件事:
>
> (1)关于学报文字,有特别不可遗漏的,再请您多指示(您提过 *JNCBRAS* 一篇),愈详尽愈好,如此则内容大体可定。
>
> (2)您可否为这个选集写一篇导言,三五页就行,十几页更好,最好能在今年年底以前赐下。
>
> 其余杂务,大概我都办得了。选集尽量用原文,如有小改动,例如拼音或"不朽观念"文中关于范缜作《神灭论》之年一类问题,我再请示。(第 396 页)

从这几封信中,不难看出他是如何积极地进行。由于胡适的序或导言,终未写出,"惜未办成"。[①]

杨联陞对胡适的思想史一书,特别重视,在 1944 年 3 月 14 日给胡适的信中,就劝他赶快写:

---

① 1986 年 10 月 20 日杨联陞复吴大猷院长函。

您的思想史，还是动起手来好。外国人写中国通史，不是不大，就是不精，总难让人满意。……越是概论，越得大师来写。哈佛的入门课永远是教授担任。您的书千万不要放弃。（第33页）①

在胡适逝世一年多之后，杨联陞尚在念念不忘胡适对他的嘱托，"你们后死有责！"的话，一直在耳边响。② 但他最关心的，仍是胡适有关思想史方面的著述，1963年12月6日胡适纪念馆管理委员会第十四次会议中，留有如下的一段记录：

> 杨联陞先生来函，谓胡先生1956年在加利福尼亚大学所讲中国思想史的十次演讲稿，曾允由彼整理。查杨联陞先生系胡先生遗嘱指定遗著整理人之一，应将上项演讲稿摄成照片寄彼一份。

经摄成照片476张，于1964年2月寄给杨联陞。据杨联陞于1986年10月20日致吴大猷函云：

> 王志维先生寄来之英文稿，可能是胡先生试写而未写成之中国思想史稿，与讲演稿不同。此稿需要补充加注及update之处不少，晚在十年前大病之后，自认无力整理（英文本来不佳，病后更差，思想史近二三十年新著迭出，不能全顾），即交与余英时教授请他斟酌办理，但以今日学问之发展为背景，如何发挥胡著之光彩，大非易事。若只图简便，竟以馆藏之稿付印，恐于胡先于声名有损，此事必须慎

---

① 耿云志：《胡适年谱》（成都：四川人民出版社，1989年12月第一版），第314页，记胡适于1944年7月17日，写信给雷海宗、田培林等，说两年来写《中国思想史》的工作被考证的兴趣引开，"把写通史的工作忘在脑后，用全力去做考证。……往往废寝忘餐，夜间工作到天亮"。所以杨联陞才写此信相劝。

② 1986年10月20日杨联陞复吴大猷院长函。

重。……晚所以断定寄来之英文稿,乃从先生习惯推定,只可能与某些次讲演内容有关,而非在某大学之特别讲稿也。

可能是由于他的过分谨慎,这部分讲稿未能整理出版。

1986 年年初,远流出版公司与远东图书公司,为胡适著作权事引起诉讼,胡适纪念馆也卷入了这场纷争。当时笔者正在奉调兼任"中央研究院"秘书主任,认为胡适遗著之整理已授权毛子水及杨联陞,而两人年事已高,且分居国内外,势难从事此项工作;若遽遂归道山,即丧失了法律依据,必将产生更多困扰。为一劳永逸计,乃商请吴大猷院长于是年 10 月 2 日分函毛、杨二人,将遗嘱所授各种权责,转授"中央研究院"办理。① 毛子水迅将同意书寄回,杨联陞亦于 10 月 20 日函复:"晚学自然乐于同意。"又于提及《胡适手稿》时云:"晚之贡献绝少,但于十集手稿之出版,自觉如释重负。"②这一段师生之情,实属难能而可贵!

(七)奖掖后进与感念知遇

胡适给杨联陞信中的称呼,由"莲生兄"、"陞兄"到"杨公",可以感觉出来关系越来越亲切;杨联陞给胡适的信中,则始终上称"胡先生",下署"学生",保持着一贯的尊敬,没有逾越。

胡适在 1943 年初识杨联陞时,即发现他是"可与大谈中国文史之学的"一人,经过一年的论学,便已肯定他在治学方面深具潜力。时值抗战末期,胡适已开始为北大物色人才,便将杨联陞列为延揽的对象之一。他于 1944 年 6 月 21 日在致函杨联陞时说:

北京大学万一能复兴,我很盼望(周)一良与兄都肯到我们这个

---

① "中央研究院"总办事处秘书组藏原函副本。
② 1986 年 10 月 20 日杨联陞复吴大猷院长函。

"贫而乐"的大学去教书！（第 39 页）

1953 年 3 月 8 日，胡适函告杨联陞，4 月 8 日至 10 日，American Oriental Society 开年会，讨论 Effects of Post-war Nationalism on the Language & Literature of the Asian Nations，他被邀参加，即回信说：

> 我实不配参加讨论，也许杨联陞先生可以考虑。如果他们来问到你，那就是我"嫁祸"之过了。（第 146 页）

由胡适的谦虚，也可以看出他对杨联陞的推重。

1957 年 4 月 2 日至 4 日，"中央研究院"在台北举行第二次院士会议，亦即迁台之后第一次院士会议，并未办理院士选举。但在闭幕后不久，即为翌年 4 月第三次院士会议时选举院士展开了提名作业，胡适便已考虑到了杨联陞。他在这一年的 6 月 19 日给赵元任的信中讨论应该提名哪些人时说：

> 我也想到联升，但，如果顾到史学"老辈"（按：指蒋廷黻、姚从吾），联陞怕要等候一年了。[1]

到了 1958 年筹备第四次院士会议时，胡适于 9 月 15 日函赵元任云：

> 请你想想明年可以提名作院士的人选。杨联陞兄最好由你领衔提名。[2]

---

[1] 胡颂平编著：《胡适之先生年谱长编初稿》，第七册，第 2586 页。
[2] 胡颂平编著：《胡适之先生年谱长编初稿》，第七册，第 2733 页。

胡适这时已任院长,似不便领衔提名,但他不仅大力推荐,也参加了联署。10 月 22 日,杨联陞致函胡适云:

> 前几天严耕望来告诉我,说你同另外四位院士要提名我作院士候补(选)人,真是惶恐之至!这当然是您提携后进的意思,不过我实在没有甚么成就可言,只好说把在国外的人另眼看待了。(第 370 页)

"把在国外的人另眼看待",这本来只是一句表示谦虚的话,可是在后来的院士选举中,曾发生过多选"本土院士"的呼声,所谓"海外院士"则成为被质疑和诟病的话题之一,当非始料所及。杨联陞由于确有真才实学,于 1959 年 7 月 1 日所举行的第四次院士会议中,顺利当选为人文组第三届院士。胡适即以电报通知并道贺,杨联陞于 7 月 7 日复信道谢云:

> 这都是你同诸位前辈先生的奖掖、同辈朋友的捧场,以后只可更加努力,身体与学问兼顾,庶几不负先生的期望。(第 374 页)

杨联陞对胡适,恪守有事弟子服其劳之义。1946 年,胡适束装自美返国接任北大校长,杨联陞于 3 月 15 日致函云:

> 您的行装收拾得怎么样了,如果理书的人不够,请来叫我,千万不要客气。……您自己需要多休养,万万不能太累,所谓有事弟子服其劳。(第 65 页)

又于 4 月 5 日去信说:

> 您如果需要"人手",还是那句话,万勿客气,我是一招即至。(第 66 页)

胡适原定 4 月 24 日由西雅图搭船回国,因有很多事尚未办完,于 4 月 17 日将船位退了。① 就在 17 日这天,杨联陞到纽约胡适的寓所拜访,18 日又去拜访,19 日午与赵元任夫妇、周一良、王岷源、张培联合做东为胡适送行,全汉升及 Mrs. Hartman 作陪。5 月 26 日,杨联陞再到其寓所拜访。② 由于开船的日期数度临时更改,所以没有赶得及送上船。

抗战胜利了,旅美的学人,都在安排自己的出路,有些经常来往的朋友,如邓嗣禹、王岷源、陈新民、任华、王重民、韩寿萱、冯家升,都先后回国一展长才,杨联陞尚在"候差",举棋未定,所以对胡适特别想念,在 1947 年 3 月 16 日信中说:

> 这几天特别思念您。前天去长岛(上班)的车上,想起那年陪您冒寒下乡收书,现在那些书应该都安然到了北平了罢。今天星期日,午饭后到 Mertopolitan Museum 去,星期日至一点才开,我早到了一刻钟,就走到 81 街 104 号您以前的寓所去"重温旧梦"。门内的房客一览表上您那块小黑牌子(5H)还在,上面贴着印有 Mrs. Hartman 字样的一个小白纸条,想来房主人还不肯把您的名牌换掉,所以来了个折衷办法。我没有惊动 Mrs. Hartman,又走出来了。门外的绿布棚子等等一切如故。(第 80 页)

杨这次去"重温旧梦",在给胡的信中,除了表达个人的思念外,也报告了房主人对胡的怀念情谊,这恐怕是胡最想知道而又不便打听的消息。由此也可以看出杨之细腻与周到。

及至胡适于 1949 年再赴美定居,两人又恢复了论学的乐趣,杨联陞仍执弟子礼甚恭,如于 1956 年 9 月 29 日函中说:"你如有什么假设,我们

---

① 《胡适的日记》(手稿本),第十五册,1946 年 4 月 17 日日记。
② 《胡适的日记》(手稿本),第十五册,1946 年 4 月 17 日至 5 月 26 日日记。

作学生的可以帮忙查查书。"胡适对他的器重、提携及知遇之恩,他永远心存感激。在胡适逝世后的第三年——1965年,杨联陞获得哈佛燕京讲座教授的荣衔,余英时曾有诗贺他,他的答诗说:

> 古月寒梅系梦思,谁期海外发新枝。
> 随缘且上须弥座,转忆当年听法时。

余英时的解释是:

> "古月寒梅"分别指胡适之、梅贻琦两位先生,他一生的学术基础早已在中国奠定,北大和清华的学风对他具有定型的作用。尤其是胡适之先生和他论学的时间很长,影响更大。"海外发新枝"不仅是指他的学生,而且也包括他自己在内,然而这种发展并不是始料所及的。这首诗最能说明杨先生"饮水思源"的精神。①

1982年,《史语所集刊》要出《纪念赵元任先生论文集》专号,向杨联陞邀稿,他乃辑了1956年与胡适、赵元任讨论古汉语中"某也"的信寄去,并于7月7日附致丁邦新所长的说明函中,再度表达了对赵元任、胡适的感念:

> 这些信请斟酌复制作为纪念赵、胡两先生之用。胡先生去世已20年了,我受他们二位提携指导之恩,直恐毕生难报了。②

---

① 余英时:《谁期海外发新枝——敬悼杨联陞先生》,台北,《中国时报》,1991年1月22 - 26日。
② 《"中央研究院"历史语言研究所集刊》第五十三本,《纪念赵元任先生论文集》第四分册,1982年12月出版,第596页。

三、论学情形

现存胡适与杨联陞来往的 205 封信中，主要的内容就是论学。由于两人皆为非常渊博的学者，所讨论的问题极为广泛；而笔者才疏学浅，对论及的内容，实无从置喙，仅能就曾经讨论过的重要问题，稍作说明。

在这 205 封信中，胡适论学的对象虽是杨联陞，可是同在康桥的学者，如洪业（煨莲）、裘开明（暗辉）、陈观胜等，如有相关的问题，往往也会加入讨论、辩难的行列，分别代查资料，提供意见。经过这样的程序后再发表的文章，一定可以减少一些不自觉的错误或盲点；而参加讨论者，自然也因此而拓展了自己的视野，对双方都有益处。如 1954 年胡适致杨联陞、洪业函中说："谢谢你们对我短文的批评！这正是我最愿意得到的反响。"杨联陞在撰文之前，也常常先将题目、撰写方式及有关资料等，函请胡适指教；完稿后，再送请胡适改正。

在论学的过程中，先由一人提出问题，另一人再就所知提供意见，或查对资料，追求真相。就笔者所获得的印象，杨联陞多半是随着胡适的研究兴趣、方向为转移的。他曾对余英时说：

> 在美国讲中国学问，范围很难控制，因为学生的兴趣各有不同，先生也就不能不跟着扩大研究的领域了。①

他不仅随着老师（胡适）的兴趣不断扩大研究领域；为了应付学生，也收到了教学相长的效果。这应该是他赢得"博雅"美誉的重要因素之一。两人交往的各种学术活动，如新辟的研究领域、进度等，都在来往的函札中留下了记录。无疑的，这是中国现代学术史上十分珍贵的史料，也是研

---

① 余英时前揭文。

究两个学人最直接的传记素材。

（一）重审《水经注》疑案

他们讨论最多的首推《水经注》疑案。胡适自 1943 年 11 月 8 日开始审查，以他之心灵手敏，原以为可在一个月内完成，结果是越陷越深，欲罢不能，即使在 1947 年国内政局动荡不安时，仍寄情于此一课题，自己似乎也感到有些不解，曾于 1947 年 4 月 24 日在致张元济函中说：

> 在此天翻地覆之日，我乃作此小校勘，念之，不禁自笑。①

虽说这是由于治学之乐趣使然，也未尝没有避世的意味。其实他曾举过歌德的故事劝过别人：

> Goethe 自记他每遇到政治上最不愉快的情形，他总勉强从事于离本题最远的学术工作，以收敛心思。故当拿破仑战氛最恶之时，哥德每日从事于研究中国文字。②

这个故事，应该也是他当时心境的写照。

当胡适着手重审此案时，杨联陞尚未对《水经注》下过功夫。为配合胡适的研究，他不仅利用哈佛藏书之便，代为查对、收集资料，并曾代为汉译日文方面的论著，成了胡适交换研究心得和辩难的对象之一。这也是二人早期论学书札的主要话题，留有四十三封来往的信札。直至 1959 年 10 月 22 日，胡适在其日记中记云：

---

① 耿云志：《胡适年谱》，第 344 页。
② 胡适纪念馆藏，1961 年 11 月 23 日胡适日记手稿。

　　上午整理我在1955—1955（第一个1955为1945之笔误）和杨联陞、洪煨莲两君讨论全谢山的《水经注》来往信件，竟有三万多字。[1]

由此可见他们在这一问题上，付出了多少心力和时间。

(二) 讨论中国语文及文法

　　讨论中国语文及文法，是他们论学的另一个重点。

　　1943年夏，哈佛大学政治系教授Carl J. Friedrich去拜访胡适。时哈佛正在筹设陆军特别训练班，作为速成的中国语文师资训练机构，胡适向他建议应由赵元任主持这个速成班，Friedrich采纳了他的意见，并促成由赵元任主持。[2] 时赵元任在哈佛开方言学课，杨联陞有缘听讲；及速成班成立，又追随任教，以学员兼授中文文法。[3] 很可能是借由赵元任的这层关系，杨联陞而与胡适相识；这只是推想，仍有待查证。

　　杨联陞在速成班授课，所编之《文法讲义》，皆陆续寄请胡适指教，并在1944年1月22日信中说：

　　　　看起来我对于文法要由"玩儿票"变为正式"下海"了。（第20页）

胡适复信欢迎他"下海"，又于1月29日致函期勉云：

　　　　我对中国文法，虽然有了三十多年的兴趣，总没有跳"下海"去。我很希望老兄多多着力，不要抛弃，将来给我们一部最合学理又最适用的中国文法。（第29页）

---

[1] 《胡适的日记》(手稿本)，第十八册。
[2] 胡颂平编著：《胡适之先生年谱长编初稿》，第五册，第1832页。
[3] 《杨联陞论文集》(北京：中国社会科学出版社，1992年6月第一版)，第139页。

杨联陞没有辜负胡适对他的期望,真的在中国语文方面下过一番功夫,曾与赵元任合编《国语字典》,颇具特色。又如在任职于联合国时,函告胡适云:

> 现在正写一篇文章,讲英文被动句的译法,是有感于傅译翻译诸君之滥用"被"字。如"这个通知,将要被分送给各代表团",我看了实在难过,"就要分送"四个字岂不又自然又清楚?中国语文对于"格" voice 本来是不大在意的;他们这种"谋害中文"(这也是外国话,一笑),我实在不能坐视!(1947 年 3 月 16 日信,第 81 页)

他曾就中国语文方面的问题,与胡适作过很多次的讨论,有时也请他们公认的专家赵元任加入讨论。后来他将一部分有关函札辑在一起,题目为"胡适、赵元任同杨联陞讨论'某也'的信",在《"中央研究院"历史语言研究所集刊》第 53 本《纪念赵元任先生论文集》第 4 分册中发表,①是一组相当有趣味的书信。

(三)中国社会经济史之商榷

1952 年,杨联陞所著《中国货币信用小史》(*Money and Credit in China：a Short History*)由哈佛大学出版。这是他的专业之一。胡适于 1953 年 5 月读过后,两人曾有 7 封信讨论其中之"度牒"及"会子"等问题。其中最重要的一点,是胡适告诉他一件伪造"会子"的史料。(5 月 15 日信,第 151－152 页)杨联陞于 6 月 19 日的回信中说:

> 你上次指示我《朱子文集》中关于伪造会子的史料,我也告诉全

---

① 《"中央研究院"历史语言研究所集刊》第 53 本《纪念赵元任先生论文集》第 4 分册,第 585－596 页。

汉升了,这样重要的史料,他这货币史专家必是乐闻的。(第161页)

胡适于6月22日信中说:

> 《朱子文集》中伪造会子的史料,承你抄给汉升兄,我很高兴。这是我近来细读朱子各书的意外收获,能得你们两位中国经济史家赏识,我当然引为荣幸。(第166页)

他们彼此分享论学乐趣的情形,可见一斑。其后杨联陞根据这些讨论,撰成《会子形状考》,对胡适所提示的资料,数度表示感谢之意。①

(四)佛学、佛教及道教思想之讨论

胡、杨两位对佛学、佛教以及道德思想,都有精深的研究,也留有多次讨论的函札。

1952年1月31日至2月7日,由于杨联陞为胡适抄录道教《太平经》说"承负"的条文,两人有三封信讨论"报"与"承负"问题,胡适感觉这个思想不全是中国本位的思想,中国士大夫奉佛者很多,但是佛教传华四百年时尚未动摇那殃延子孙的中国本位的报应论。杨联陞虽然也猜疑过不全是中国本位思想,总认为不易说得确实;他说中国传统思想,有时似把经济上的贷借观念放大,引申到社会关系,可是经济意义不及道德意义重要。

1952年9月20日,胡适写成《六祖坛经作檀经考》一文,寄杨联陞、洪业、裴开明、陈观胜等,请他们指教。四人传阅后,洪业持怀疑态度,杨联陞再去查了许多有关的资料,亦无法证明确指是"坛"或"檀",仍持存疑的态度,并未随声附和。胡适再回信详加说明。直到1959年2月2日,

① 杨联陞:《国史探微》(台北:联经出版事业公司,1983年3月初版),第331-340页。

胡适在该文封面自注云:"后来我看了神会的《坛经》的两个敦煌本,我也不坚持'檀经'的说法了。"时隔六年半,仍未放弃这一个字的正确与否,其一丝不苟的治学精神,可见一斑。

1960年6月16日,杨联陞写了一篇《道教之自搏与佛教之自扑》,在8月9日寄请胡适指正。自搏与自扑,同为忏悔之仪式。胡适于8月15日回信,对其自搏的考证,颇为嘉许;对其自扑的解释,则提出疑问;对其推论,也不甚以为然。杨联陞因为该稿已寄出付印,只能就必要处略加改动,有很多宝贵意见未能采纳,颇引以为憾。1962年2月24日,胡适逝世,他又搜集有关材料,于同年9月3日撰写了《道教之自搏与佛教之自扑补论》,将胡适的意见也容纳进去,作为对胡适的纪念,连同前文一并在《"中央研究院"历史语言研究所集刊》第34本《故院长胡适先生纪念论文集》上册(1962年12月出版)第275—289页中发表。

此外,如"六牙象"、"质子"、"六博",甚至象棋,他们也曾有过多次讨论。可见其治学兴趣之广。

(五) 用中国的研究传统矫正西方汉学流弊

萧公权在其《问学谏往录》中曾说:"矫正'中国研究'的缺失偏差是在美中国学者的一个责任。"①这也正是杨联陞在美任教的许多贡献之一。余英时在《谁期海外发新枝——敬悼杨联陞先生》②一文中说:

> 杨先生紧守"证据"的关口并反复示人以中国史料所特长的困难和复杂性,因此使得不少后起之秀知所警惕,不敢妄发空论。

美国人研究中国史的毛病是什么? 他引述1960年杨联陞在华盛顿大学

---

① 萧公权:《问学谏往录》(台北:传记文学出版社,1983年1月1日初版),第225页。
② 余英时前揭文。

主持的中美学术会议上的发言：

> 特别指出美国人研究中国史的往往富于想象力，如果不加以适当控制，他们可能会"误认天上的浮云为地平线上的树林"。

余英时并举了一个杨联陞点破"浮云"为"树林"的笑话：

> 最有趣的例子是老一辈汉学名家魏复古(Karl A. Wittfogel)的《东方专制论》(*Oriental Despotism, A Study of Total Power*)。为了证明汉帝国大量使用人民的劳动力，魏复古先生根据汉代褒斜道石刻的记载，指出这条驿道的修筑一共动用了七十六万六千八百人，其中只有二千六百九十人是刑徒。可见汉代一般平民被迫服役的数目之大。杨先生在《兴建考》中告诉读者，魏复古先生误解了石刻原文的意思，"七十六万六千八百"这个数字指的是工作日，筑道的人其实便是这二千六百九十个刑徒。换句话说，前一项数字不过是后一项数字乘上工作日的总和而已。这个石刻文件因此完全不能证明汉代政府曾经在公共工程中使用过刑徒以外的劳动力。

其实在 1943 年 10 月 26 日杨联陞写给胡适的第二封(现存第一封)信中，就留有一段与魏复古交谈的情形：

> 他说讲中国上古史不可不念王国维、郭沫若的文章，不可不用金文、甲骨文，如司徒即是司土之类不可不知。我说这些知识，对于中人以上的史学系大学生，不过是家常便饭，无甚希罕。他似乎觉得奇怪。我想这我没有"吹牛"。我又告诉他甲骨、金文可以用，不过妄用是很危险的。他讲的东西，大概也是概论性质，明天也许去听一听。(第 2 页)

其自信、自负的情形,溢于言表。胡适在回这封信时,未置可否,应该是对他的了解尚不够,不便轻许。到后来盛赞他是"最渊博的人"①,自然不会认为他"吹牛"了。余英时在举过他纠正魏复古的例子后说:

> 我敢于肯定地说:由于杨先生的存在,西方汉学界在五十、六十年代减少了许多像魏复古那样把"浮云"当作"树林"的事例。弭患于无形,这是他对汉学界的一种看不见的贡献。

至于用中国的研究传统来矫正西方汉学流弊的事,杨联陞与胡适的论学书札中,尚留有几则有趣的例子:

1951 年 1 月 31 日,胡适致函杨联陞,大意是说:霍普金斯大学的 Dr. John De Francis,在其新出版的 *Nationalism and Language Reform in China* 书中,误把"胡愈之"的文章当作胡适之的了。② 杨联陞在 2 月 4 日的回信中,也说了一个类似的笑话:

> 此君(Dr. Francis)实在荒唐,信中还想委过于罗莘田(常培)等,尤属不该,天下岂有看文章人代作者受过的! 以前在上海杂志上看到有人作书请胡怀琛作序而于书中大骂胡寄尘,不知二人为一,后来被胡自己发现,传为笑柄。如今胡愈之或反要因此"传名"了。(第112 - 113 页)

1956 年 3 月 10 日,杨联陞写信给胡适说:Erwin Reifler(华盛顿大学教授,中文名赖福来)有一篇讲"无念尔祖"的文章,曾投《哈佛亚洲学报》,被他退回,并告诉 Reifler 正确的资料;Reifler 只在文末随便加一小注,又

---

① 1953 年 5 月 15 日胡适致杨联陞函,第 151 页。
② 原函未见。其主要内容参见《胡适的日记》(手稿本),第十七册,1951 年 1 月 22 日及 27 日日记。

误解了胡适的话，即在辅仁的《华裔学志》复刊号登出。遂在信中予以斥责此君云：

> 颇有自鸣得意之状，真是妄人姿态。（那年他到哈佛，比较语言系请他讲演，有一条大用力气证明"说""悦"意思之相关，而不知古籍以"说"为"悦"，呜呼！）（第261－262页）

又于3月24日给胡适的信中批评云：

> 第一注（即全文末尾之注）最后一句，可恶之极！一个人研究到殷周之际而不读《说儒》。及其他有关文字，是"愚"！听了先生的话不懂、假装不懂，还要像煞有介事的说 To my surprise 是"妄"！此君有些小聪明，但太喜卖弄，例如他大讲形声字声中有义，仿佛是他的空前发现，而不知（或假作不知）古人早有"右文"之说，清儒及近代学者又已大加发挥，真是可笑亦复可哀也。（第271页）

又如王莽改国号曰"新"，此"新"字的含义，原有地名、美号两说，杨联陞于《哈佛亚洲学报》评论德效骞（Homer H. Dubs）教授译注《汉书·新莽传》时，指出两说应该并存。德效骞则坚持地名之说。因此，杨联陞自1956年4月10日至5月31日，曾与胡适除当面交换意见外，又通过16封信详加讨论。他在《国史探微》第59页中特别注记："曾蒙胡适之先生通函指示。"

1956年8月17日，杨联陞在给胡适信中云：

> 您提的 Waley 译《老子》那些笑话，我想大半是他无师自通之故，……说起全经难译，Waley 自己也感到了，他这次同我谈高本汉译《书经》，好像句句都懂不知阙疑。……照您所举诸例，Waley 也自

信过勇,以译《老子》《诗经》者笑《书经》不可全译,也恐是五十百步之差吧。(第 310－311 页)

杨联陞曾经撰写过许多篇书评,篇篇都有深度,除纠正原著的错误外,间可解开专家所困惑已久的难题。其"所评论的书范围之广,遇到错误时决不宽贷的态度,使许多人在背后称他为西方汉学界的全能警察"[1]。余英时在上引文中认为:

> 杨先生对于西方汉学界的最大贡献毋宁在于他通过各种方式——课堂讲授、著作、书评、学术会议、私人接触等——把中国现代史学传统中比较成熟而健康的成分引进汉学研究之中。

此外,杨联陞也有推许的学者,如提及他的好友,也是恩人的贾德纳(Charles Sidney Gardner):

> 学问实在不错。我今年又细读他的《中国旧史学》(*Chinese Traditional Historiography*),觉得他对于法国派几位大师之说,都能贯通,如关于群经的几个脚注,作得真算不坏。绝非卖野人头者可比。[2]

再如他哈燕社的同事雷夏(Reischauer,即赖世和)及柯立夫(Francis Woodman Cleaves),他在给胡适的信中颇予好评:

> 同事雷夏、柯立夫史学都有根底,也肯用功。柯君之于蒙古学,

---

[1] 李明骏:《分裂的世代——从冯、钱、杨之死谈文化冲突》,台北,《中国时报》,1991 年 4 月 29 日。

[2] 1947 年 11 月 11 日杨联陞致胡适函,第 84 页。

将来有承继伯希和之望。①

　　柯在这里教中文、蒙古文、宋元文选读、四库提要等课,对元史造诣颇深。(有人期望他在这方面承继伯希和,确有可能。)②

他两度提到柯立夫有承继伯希和之望,自是予以高度肯定的说法。其老友赵赓扬在纪念他的文章中,题目即为"东方伯希和:汉学家杨联陞",文中记 1957 年 8 月 10 日杨联陞自美回台接受"政府"颁赠学术奖章时,梅贻琦在日记中的一段话:

　　今日杨联陞教授接受"教育部""金质奖章",西方学者目为伯希和以后所罕有之成名史学家。③

这说明他的成就,在西方学者心目中,已经超过了伯希和。

(六) 写信记年问题

　　在两人论学期间,尚有一事值得一提,即写信记年问题。

　　西方人写信的通例,年月日及收发信人的地址都要完备。国人写信时,往往省略了年份或月份,甚至只写"即日"。殊不知时间一久,便无从查考。有些重要的函件,极具史料价值,惟因缺乏完整的日期,造成了征引及考证的困难,如抗战前周恩来致陈果夫、陈立夫函,引起长达数年的笔墨官司,便是一个明显的例子。④ 当时如果写上年份,就不会浪费那么多人的时间了。

---

① 1947 年 1 月 14 日杨联陞致胡适函,第 75 页。
② 1949 年 12 月 1 日杨联陞致胡适函,第 96 页。
③ 《中外杂志》,第 49 卷,第 5 册,1991 年 5 月号,第 104 页。
④ 苏土登基《周恩来致陈果夫、陈立夫函年份剖析》,见蒋永敬主编《1925 年至 1950 年之中国:陈立夫回忆录讨论会论文集》(台北:"国史馆",1997 年 6 月印行),第 51－68 页。

杨联陞写信,起初也没有记年的习惯,胡适则是提倡写信时要将年月日都写清楚的人,因于 1950 年 5 月 29 日致函提醒云:

> 你写信不记年,但记日月,我劝你以后每次记年,日久自知其大有用。(第 99 页)

自此以后,杨联陞写信也加上年份。1952 年 9 月 25 日,在给胡适的信中说,他读《道藏》一五二册《周氏冥通记》,记陶隐居弟子周子良屡次梦与神人对话,神人见周子良的记事,纠正他每一纸都要写年月日,以免岁代已远,后人见之,不知其何年。因告诉胡适:

> 想起您曾命我写信记年,与此神人意见相同,不觉一笑。(第 139 页)

胡适在同年 10 月 1 日复信云:

> 我没想到我的记年月日的主张(最初我似受章实斋的指示),竟有神人占我先着了!(第 14 页)

因此,胡适纪念馆在编印《论学谈诗二十年:胡适杨联陞往来书札》时,便节省了许多考证日期的时间。

四、促进学术交流与维护文化资产

胡适已隐然是中国学界的领袖人物,凡与教育、学术、文化有关的事情,他总是默默地尽心尽力去做。杨联陞学成后,虽然一直留在美国任教,也谦虚地说自己"人微言轻","但希望得多有与中国学术界合作的机缘"。① 两人携手合作,曾获得一些成绩。兹举两事稍加说明。

(一) 协助学人"出国"进修或访问研究

1953 年 6 月 15 日董作宾致函胡适云:

> 去年元任、世骧极力进行拉我到加大,顾立雅也拉我回芝大。今年都不成。我和先生说过,积蓄快贴完了,靠卖文不能活,卖字无人要,只有靠"美援",不知先生有无他法? 这是个人私事,人快六十岁了,还是栖栖皇皇为活着而忙碌不休,可发浩叹!②

一代学人困顿之情形,跃然纸上! 胡适于 6 月 22 日录送杨联陞,并云:

> 他问的"美援",一面当然是"中基会",一面也有点指着哈燕学社。我去冬在台北时,有一天,蒋孟邻兄约了台大、"中研院"七八个朋友谈话,说有一位朋友曾对他说,哈燕学社颇想在台湾做点有益于学术(文史方面)的事,所以他(蒋)约我们谈谈。……大致是希望哈燕学社与台大、"中研"史语所发生"人的交换",每年有二三人从哈佛到台北,利用史语所的资料,做点研究,同时也可以给台大带点"新血""新力"去;同时每年由哈燕社资助一两位自由中国的文史学者出来到哈佛作一二年的研究,使他们可以得点"脱胎换骨"的新空气、新生命"……孟邻先生没有说代表哈燕社说话的人是谁。我也没问他。此事你们在康桥有所闻否? (第 164－165 页)

---

① 1953 年 6 月 24 日杨联陞致胡适函,第 167 页。
② 1953 年 6 月 22 日杨联陞致胡适函,第 164 页。

杨联陞于 24 日答复胡适,为他解开了心中的谜:

> 去年有名记者 Alsop 君说曾与福特基金会讲通,肯资助中国学者若干人到哈佛来作较长期(三年?)的研究。系里开过几次会,由我同洪(煨莲)先生拟具名单,彦老(董作宾)与劳贞一(干)都在内。……但福特方面的钱,全无踪影,看起来没有多少希望了。(第167 页)

在 50 年代,由于"政府"财政困难,学人想"出国"进修或访问研究,非常不易。杨联陞在哈佛任教,常想在这一方面尽些心力;胡适除了要改善一下在台学人的生活外,另有一个更深远的看法:

> 中国文史界的老一辈人,都太老了,正需要一点新生力量。老辈行将退伍,他们需要两事:(1)要多训练好学生为继起之人;(2)要有中年少年的健者起来批评整理他们已有的成绩,使这些成绩达到 generally accepted 的境界。①

最明显的例子,就是协助劳干赴美访问研究。

1953 年 5 月 15 日,胡适收到劳干的信,信里说明他的研究计划,并请教应在何处研究? 哈佛? 芝加哥? 普林斯顿? 胡适即将此信转给杨联陞,请他考虑一下并予以指导。另一个问题是汉简问题,胡适在函中说:

> 汉简仍存国会(图书)馆。我想嘱劳君将"中研院"现存的汉简照片带到华府来 check 一次,比全部重照省力多,又省钱多。你看如何? (第 151 页)

---

① 1953 年 6 月 1 日胡适致杨联陞函,第 203 页。

关于汉简的保管情形,胡适曾两度致函杨联陞说明,一为 1944 年 8 月 23 日:

> 汉简全部由沈仲章救出,送到香港,二次照相后,全部寄给我。现存国会(美国国会图书馆)保存。(锁钥都在我处。)装置全依二次照相时的次序、层次;因我怕二次制版又全毁了,所以不移动原来层次,以便为第三次制版之用。因此,我不曾向外宣传,也不曾允许展览。(第 46 页)

1953 年 6 月 30 日又函复杨联陞的询问:

> 当年"西北科学考察团"在新疆发见的汉简,是原存北大研究所的,1937 年,我特别救出来,交沈仲章带到南方,后由中央研究院收藏,在香港商务印书馆照相。其后在 1941 年原件运到华府,由我寄存国会图书馆。劳干依据照片做了《释文》与《考证》。原件本准备 1946—1947 年之间由王重民带回国。但因国内交通其时已不方便,故此项汉简仍在华府。收条在我处。(第 170 页)

关于汉简自北平秘运香港,再自香港运美,以及自美运来台湾的详细经过,请参考邢义田《傅斯年、胡适与居延汉简的运美及返台》一文。① 胡适是抢救这批文物过程中的关键人物之一,他在维护汉简方面所作的努力,对劳干的研究工作,帮助极大。

两人为安排劳干赴美事,自 1953 年 5 月 15 日至 7 月 18 日,两个月内通了 12 封信,解决了下列问题:(一)胡适认为劳干的研究计划太大,

---

① 《"中央研究院"历史语言研究所集刊》第 66 本,第 3 分册,1995 年 9 月出版,第 921－952 页。

请杨联陞修改。（二）经费则由中基会支付，每月 175 元，来往旅费 1 400 元，以一年为限。（三）决定到哈佛大学研究。（四）当时赴美签证，十分困难，为求得到签证，再三商酌邀请函之写法；名义则用"Visiting Scholar"，这可能是以后学人赴美用此名义的滥觞。（五）杨联陞为使劳干有"赴美讲学"之名，特为安排一次学术讲演，并告诉胡适：

> 柯立夫下年拟选劳干在联合国同志会讲汉代文化的稿子作中文选读，我已给全（汉升）的信里提及此事（也是为劳贞一"打气"之意）。①

胡适对其设想之周到，在回信时说："老兄为劳贞一'打气'，十分可感！"②

劳干大约于 1953 年 9 月抵美，到翌年 2 月初，胡、杨又在为其继续在美研究事而努力。杨联陞在 2 月 3 日致函胡适云："劳公继续研究事，本希望'柳暗花明'，最近看起来，又不妙了。"胡适即于 2 月 6 日函复："劳公研究事，我盼望你能帮他弄成。"至 5 月 19 日，再函杨联陞，大意是说：盼望哈佛燕京社再资助劳干留一年，若不成，则改请清华基金资助他再留一年或 10 个月。因为清华与台大合作计划的一部分是资送台大教授赴美研究，胡适是清华奖学金的委员之一，不便出面，但已与清华校长梅贻琦谈过，应无问题，故请杨联陞致函梅贻琦推荐。6 月 1 日，胡适再函杨联陞，说他写给梅贻琦的信"特别恳切，我想应该有效力"，对于劳干延长时间的事，总算是放了心，同时也在信中透露了一些为办此事的感慨：

> 我总觉得哈燕学社对于日本研究的热心远超过对中国研究的热心。这里面固然有"人"的问题，但外边人看了，总不免要想到中国话的"势利"二字。即如此次的 Fellowship 十几个，"多数是日本推荐

---

① 1953 年 7 月 7 日杨联陞致胡适函，第 171 页。
② 1953 年 7 月 18 日杨联陞致胡适函，第 174 页。

的",台湾、香港各只一个,尚未可必得!试问,新亚书院若够得上"一个",台大当然可以推荐五六个。叫台大推荐"一个",当然就很难了。关于对清华基金的劳贞一请求书与推荐信,最好是用英文,虽然委员会全是中国人。①

哈燕学社的"势利",自不足为异!可是向全是中国人的委员会写推荐信,却"最好是用英文",则非常耐人寻味!

(二) 缩照在台善本书计划

1952 年 11 月 19 日,胡适自美返台讲学。12 月 27 日,"故宫"、"中央"两个博物院的共同理事会开会。胡适为该会理事,是日适在台南工学院讲演,不克出席,"教育部长"程天放硬要他写一书面提案,代为提出。其提案为"请将全台所存善本孤本书及史料都缩照 microfilm,分存国内外,以防火险(火、白蚁、地震、轰炸)",获得通过,并指定胡适、王云五、程天放、朱家骅、罗家伦、钱思亮、陈雪屏、董作宾成立"摄印史籍小组委员会",策划进行。该小组于 1953 年 1 月 8 日在台大开会,决议:

> 选择"故宫"、"中图"、台大、史语所、省图、"国史馆"六机关所藏善本书及史料,预计以一千二百万(叶)为标准,摄制小型影片,以便分地保存。即请胡适理事向美国有关方面洽筹款,购买机械器材,并派技术人员来台摄照。一俟筹募款项有着,即在台湾组织委员会,进行实际工作。②

胡适于 1 月 17 日离台飞日本,22 日返美后,根据上述决议于 3 月 4

---

① 1954 年 6 月 1 日胡适致杨联陞函,第 204 页。
② 1953 年 3 月 8 日杨联陞致胡适函,第 143 - 146 页。又参见胡适于 1962 年 1 月 18 日致王世杰、孔德成函,收在胡颂平编著《胡适之先生年谱长编初稿》,第十册,第 3865 - 3867 页。

日到国会图书馆与馆长 Evans 商谈。他们估计用六部机器,派专家一人,共需时三年,约需美金 15 万元。胡适拟请哈燕社负担此项费用,故函杨联陞,请会同洪煨莲、裘开明先试洽哈燕社社长叶理绥,然后亲拟说帖寄叶。中间经过多方面探听,才知道叶不喜欢同国会图书馆合作,也不答复胡适。李干也曾与福特基金接洽,该会原说可以考虑,结果也没有下文。

胡适努力奔走此事的经过,在他于 1953 年 3 月 8 日、3 月 12 日、4 月 16 日、4 月 27 日、6 月 25 日给杨联陞的信中,留下了详细的记录。他在这几封信中,还透露了两件鲜为人知的事:

1. 1942—1946 年,美国国会图书馆缩照北平图书馆善本书甲库全部,计善本书 2 800 部,共 250 页,照成 1 070 卷,全部经费四万多元。该案是由胡适授权国会图书馆办的。后来各大学借印全套 microfilm,需六七千元,早已收回成本。

2. 胡适这次途经日本时,特到东京的"议会图书馆",由馆长金森陪同去看他们的缩照机械,都是闲着的。当时美国国会图书馆正在洽商缩印该馆所无而日本所藏的中国方志,已有成议。可是胡适听金森的口气,"似乎是反对孤本缩照的意思! 他好像是说,孤本有了许多缩照本,就不孤了!"他听了这种议论,对此"中央"、"故宫博物院"理事会通过他缩照在台善本书的提案,并积极着手进行一事,"才感觉台北的学人与政客的态度是空前的大度!"(第 145—147 页)

由此可以看出胡适对保存珍贵的文化资产,是何等的重视。

五、结语

胡适比杨联陞大 23 岁,1942 年,杨联陞还是未满 30 岁的青年人,甫在哈佛大学获得硕士学位,又继续攻读博士学位;胡适这时已是年逾知命,在中国学术界享誉已久的宗师。他交卸了驻美大使的职务,重拾学术研究工作,两人才开始结识,由通信论学,而建立了深厚的师友情谊,并在晚年预立遗嘱时，委请杨联陞整理其"遗"稿。

胡适是一位多方面的人物，交游层面甚广，俗语说："欲知其人，先观其友。"要了解胡适，他所交往的朋友，似为不可或缺的一环。在他的许多朋友中，杨联陞所占的分量并不是很大。以胡适与他的朋友为主的人物研究论文，已发表过不少；李又宁曾编印《胡适与他的朋友》专书，已出版了 4 集，①收有 35 篇论文，又编印《回忆胡适之先生文集》2 集，②收了 14 篇文章；再如黄艾仁著《胡适与中国名人》③，撰写了 21 篇。这些都是从不同的人物、不同的角度来探讨胡适；唯独讨论胡适与杨联陞者，尚付阙如。其主要的原因，可能就是资料不足。

胡适与杨联陞交往的情形，有关的记载非常少。胡适的日记中，偶有寥寥数语；杨联陞也留有日记，惟尚未见发表。因此，现在的 205 封函札，便成为研究两人关系最重要的史料。这些来往的书信，大部分是未曾发表过的，胡适纪念馆将之辑为一册，经余英时院士作序并定名为"论学谈诗二十年：胡适杨联陞往来书札"，由联经出版事业公司于 1998 年 3 月印行。在编印的过程中，笔者曾详加阅读，其主要的内容即为"论学"。从中可以看到他们所参与的学术活动、治学领域、相互的影响以及兴趣转移的痕迹。因将其有重大意义者加以综合整理，草成此文，冀能借此可以了解胡适的一个侧影。

1997 年 12 月 31 日初稿

1998 年 4 月 30 日改稿

附录：《胡适与杨联陞论学书札》统计表〔略〕

（原收入《胡适与他的朋友》第五集，1999 年 8 月纽约天外出版社出版）

---

① 均由纽约天外出版社印行，分于 1990 年 12 月、1991 年 12 月、1997 年 1 月、1997 年 5 月出版。李又宁注：陶英惠先生撰写此文时，《胡适与他的朋友》出版到 4 集，所以陶之原文写"已出版了 4 集"。其后，《朋友》又出版了 2 集。2015 年 5 月 30 日补记。

② 均由纽约天外出版社于 1997 年 5 月同时出版。

③ 江苏教育出版社，1993 年 5 月一版。

胡适与徐芳

蔡登山 [*]

一、寻访 30 年代女诗人徐芳

早在 2003 年前,因筹拍胡适纪录片,而得知"徐芳"这个名字,但只知她是北大国文系毕业的高材生,是胡适之先生的爱徒,其余则茫昧无稽。

2005 年冬,在大量阅读史料的过程中,发现胡适、吴宓的日记,顾颉刚的年谱,张中行的回忆录,施蛰存的序跋,都提及徐芳这个女诗人,尤其是张中行还是徐芳的同班同学,两人有过四年的同窗之谊。后来在北大史料的剪报中,寻觅到徐芳代表国文系进谒校长蒋梦麟,谈改革系务之事;更有她进谒文学院院长胡适,就胡适接替马裕藻兼任国文系系主任,而提出改革建议的身影。

在北大《歌谣周刊》复刊后,她以北大文科研究所助理的身份,更衔胡适之命,接下该刊长达一年有余的主编工作。其间她在繁忙的编务工作外,还写了四篇内容扎实、言之有据的歌谣论文。

抗战军兴,大批学者、文人辗转于重庆、昆明等大后方地区,徐芳也只

---

* 蔡登山,文史作家,现为台湾秀威出版公司副总编辑,长期致力于两岸文化交流。曾制作《作家身影》纪录片,完成鲁迅、周作人、郁达夫、徐志摩、朱自清、老舍、冰心、沈从文、巴金、曹禺、萧乾、张爱玲诸人之传记影像,开探索作家心灵风气之先。著有《人间四月天》、《传奇未完——张爱玲》、《色戒爱玲》、《鲁迅爱过的人》、《何处寻你——胡适的恋人与友人》、《梅兰芳与孟小冬》、《民国的身影》、《读人阅史——从晚清到民国》等十数本作品。

身来到西南。施蛰存在昆明就见过她,当时在场的还有吴宓、沈从文、李长之等人,大家都异口同声地叫着:"女诗人徐芳。"然而到了20世纪40年代后,这个名字,却在大家的脑海中淡出了。不仅如此,后来我们遍查文学史,尤其是新诗史,都未见其留下任何鸿爪,甚至后来连徐芳这个人,也杳如黄鹤了。

2006年1月间,透过此地一位资深的记者,打通了电话,因缘际会,见到已95高龄的徐芳奶奶。时光虽在她的容颜写下了风霜,却也在她的脑海中平添了心史。她面对我的探询,开启了记忆之钥,这些记忆有着时代的印痕,往事历历,并不如烟!惊讶于她的太多可念之人、可感之事、可忆之情,乃劝其重拾旧笔,为文学史再添斑斓的一章。

而在新作尚未写就之前,整理旧作,就成为刻不容缓的事。同年3月间,在女儿的协助下,终于整理出《中国新诗史》及《徐芳诗文集》两册文稿。其中除少量的诗文曾经发表过外,其余均为未刊稿,当然包括《中国新诗史》。该论著为她在北大的毕业论文,是在胡适的指导下完成的,初稿目录上还有胡适的朱笔批改。后来胡适曾将其交给赵景深,拟将出版。然因抗战逃难都唯恐不及,夫复何言付梓之事呢?于是,一本甚早完成的"新诗史"的著作,就此尘封了70年!

在展读她的诗文集时,我们看到她由初试啼声的嫩笔,到风华正茂的健笔,再到国事蜩螗的另笔;我们看到她上承闺秀余绪,继染歌谣风韵,终至笔端时见忧患的风格与样貌。而这些生命的陈迹,都化作文字的清婉与感喟。珠罗翠网,花雨缤纷。

在30年代,寥若晨星的女诗人之中,在林徽因、谢冰心以降,徐芳是颗被遗落的明珠。她的被遗落,在于世局的动荡和她"大隐于市"的个性。老人一生行事风格追求安稳平淡,不喜张扬。在经多次的劝说后,才愿将其作品刊布,但其本意也只想留作纪念,聊为备忘而已。

但作为新诗史料而言,这些或清丽婉约或暗含隐怀的珠玑之作,在30年代,是该占有一席之地的。而以花样年华的大四学生,胆敢月旦她

的师辈诗人,并能洞若观火、一语中的地道出诗人们的不足之处,则若非
她本身也是创作能手,是不能,也不易深入堂奥并探骊得珠的。

因此《中国新诗史》虽为其少作,却可看出她早慧的才华与高卓的悟
力。她在通读被评论者的诗作之后,通过其诗境,返映到自己的诗心,再
透过她如椽之笔,化为精辟的论述。她锦心绣口,假物喻象地写下她的真
知灼见,虽片羽吉光,却饶富况味。70 年后的今天,我们读之,还不能不
佩服她的慧眼与胆识。

一卷论文集,一卷诗文集外,还有两个剧本,少量的诗作,尚未寻获。
部分的往来书信,尚未整理完成。那就有待来兹,再做补遗了。

"五四"的灯火虽已远逝,但它造就了一批女作家、女诗人,她们以"才
堪咏絮"的健笔,幻化出绚烂缤纷的虹彩。它成了爱好新文学,尤其是女
性文学的读者,所不能不看的一道绚丽的风景。而徐芳又宛如其中的一
道光影,倏起倏消,如梦还真。

二、胡适与徐芳的一段情缘

1939 年 8 月 14 日江冬秀给远在美国当驻美大使的胡适写信,信中
说:"我算算有一个半月没有写信给你了。我有一件很不高兴的事。我这
两个月来,那[拿]不起笔来,不过你是知道我的皮[脾]气,放不下话的。
我这次里[理]信件,里面有几封信,上面写的人名是美的先生,此人是哪
位妖怪?"胡适接信后在 9 月 21 日给在上海的江冬秀回了一封信,信中
说:"昨天刚寄信给你,说你好久没有信了。今天接到你的信了(8 月 14
的)。谢谢你劝我的话。我可以对你说,那位徐小姐,我两年多来,只写过
一封规劝她的信。你可以放心,我自问不做十分对不住你的事……"由此
观之,江冬秀对胡适与徐小姐的关系,虽事过境迁,但还是颇有余愠的,这
也难怪我们的胡大使要忙加解释。但徐小姐究竟是什么人? 与胡适又有
何种关系? 历年来的研究者似乎无人知晓,甚至将胡适在这段期间写的

情诗,因找不到人"对号入座",而将它归给曹佩声,认为是胡适旧情难了。
胡适是有"旧爱",但不能不保证他没有"新欢",尤其是当对方较主动时,
一向"理性"的胡博士,也不免"感性"起来了。我们应该实事求是,还原当
年的历史场景——

1936 年 5 月间,胡适写下一首题为"扔了?"的情诗,诗这么写着:

烦恼意难逃,——
还是爱他不爱?
两鬓疏疏白发,
担不了相思新债。
低声下气去求他,
求他扔了我。
他说,"我唱我的歌,
管你和也不和!"

46 岁已名满天下,又是北大文学院的院长,家有妻小的胡博士,似乎
为情所困了。因为他收到一位笔名舟生的女学生 5 月 12 日的来信,信中
除了对老师的关怀外,还附上了她写于 3 月 7 日的一首名为"无题"的诗,
诗云:

她要一首美丽的情歌,
那歌是
从他心里写出,
可以给他永久吟哦。
他不给
她感到无限寂寞。
她说,"明儿我唱一首给你,

你和也不和?"

面对一位才堪咏絮、秀外慧中的女弟子,胡适在爱才惜才下,又为背不起的"相思新债"而烦恼。胡适深感这恋情来得热烈而真切,虽然它的萌发可能已有蛮久的一段时期,但从师生的感情,急转直上,恐怕是在1936年的年初。

1936年1月5日,好友丁文江在长沙病逝,胡适为处理后事,于1月10日离开北平南下,11日到南京,停留数日后,即转赴上海。而当时刚从北大毕业不久的徐芳,也正在上海,两人见了面。这次的见面,除了谈心外,谈新诗是他们的主题,徐芳所珍藏的文稿中,就有当时胡适写在"胡适稿纸"留赠给她的诗,包括《豆棚闲话》中的《明末流寇中的革命歌》(案:即赵元任谱曲的《老天爷》),及胡适自己的《多谢》、《旧梦》、《小诗》三首诗作。当然徐芳也给胡适看了她的诗稿。胡适1月22日的日记就说:"徐芳女士来谈,她写了几首新诗给我看,我最喜欢她的《车中》一首。"徐芳的《车中》是这么写的:

> 橘子皮,扔出去,
> 残了的玫瑰,扔出去,
> 南行的火车在赶行程。
> 我闭眼坐在车里,
> 什么都不看,
> 什么都不想,
> 只想得一会儿安静。
> 但我惦着一个人,
> 他使得我的心不定,
> 青的山,绿的水
> 都被我丢尽。

我也想把他往外一扔，

但我怎么舍得扔！

但我怎么舍得扔！

第二天，胡适写了一首《无题》诗，作出回应，诗云：

寻遍了车中，

只不见他踪迹。

尽日清谈高会，

总空虚孤寂。

明知他是不曾来，——

不曾来最好。

我也清闲自在，

免得为他烦恼。

不久后，胡适和徐芳相继回到了北京。2月12日胡适在日记中说："舟生来，久不见他了，送他 Poem，劝他做选诗事。"而据现存在徐芳手中的文稿来看，她确实听了老师的话，编选了厚厚的《中国新诗选》文稿。

徐芳，江苏无锡人，系出名门。曾祖父徐寿（1818—1884）为晚清著名的科学家、造船工程师、西方科技书籍的翻译家。祖父徐建寅（1845—1901）制造火轮船，研发无烟火药。父亲徐尚武（1872—1958），仿黄色炸药，研制成安全炸药，著有《徐氏火药学》22卷。徐芳还有一个姑丈名赵诒诗（颂南），曾任中国驻巴黎总领事。1926年7月，胡适因参加中英庚款访问团而远赴伦敦、巴黎。8月24日，他在巴黎见了赵颂南总领事。次日赵领事请胡适吃饭，并同游 Palais des Beanx Arts，胡适说，"馆中展览的美术作品皆是法国百年中的作家的作品"。

而8月31日，胡适更是被赵领事相邀到他的乡间避暑处游玩，这次并见到了赵夫人，也就是徐寿的孙女，徐建寅的长女，徐芳的姑姑。

胡适在日记中说："颂南为我说无锡徐家父子与中国新文化的关系。当时有两个怪杰，一为金匮华蘅芳，一为徐寿。曾国藩与李鸿章创立制造局时，其计划皆出于这两个人；他们不愿作官而愿意在里面译书。徐是一个有机械天才的人，又喜研究化学，每日亲作试验，把红顶子搁在衣袋里，亲自动手作工。华精于算学。后来把他的兄弟世芳带出来，也成算学家。徐把他的儿建寅带出来，有劳绩便让他去得保举，故仲虎（建寅）先生做了官。……徐雪村（寿）曾造一个轮船，名为黄鹤，曾开到上海、南京。徐仲虎为德州兵工厂创办者。他曾留学德国三年，精于工艺化学。康、梁保他与端方同办农工商务局。戊戌变法后，张之洞请他办汉阳兵工厂，他辞去德国技师而自己管无烟火药的制造。他自己试验无烟火药，有成效；后来做大分量的试验，火药炸发，肢体炸裂而死，肚肠皆炸出了。他是第一个为科学的牺牲者。（颂南亲见此事。）……颂南为张经甫先生的最得意的学生。他在梅溪书院很久，最受经甫先生的感化。……经甫先生最佩服先父铁花先生（案：经甫，即张焕纶，是胡传在上海龙门书院的同学和朋友，后来创办梅溪书院），有一天带了颂南去见先父，他还记得先父的黑面与威稜的目光。二哥、三哥在梅溪时，他还见着他们。"这是胡适对徐氏家族的初步认识，但他却万万没有想到五年之后，徐寿的曾孙女，赵颂南的侄女，会进入他的视野里，并且成为他的学生。

徐芳1912年10月5日生，1920年进入北平第三十六小学，后又转至第十八小学。1925年进入北平私立适存中学，只念了一年，学校关闭了，她转到北平市立第一女子中学念到高一，又考入北京女子师范大学预科直至高中毕业。1931年她以优异成绩考入国立北京大学中国文学系，当时的同班同学还有晚年赢得盛名的张中行，只是当时不叫张中行而叫张璇。张中行在他的回忆录《流年碎影》中，亦有提及徐芳，只是四年下来，大家还是彼此不熟。

1934 年(1)   1934 年(2)

　　徐芳入国文系时，胡适是文学院院长，系主任是马裕藻。一般记载都说胡适一开始就是文学院院长兼国文系系主任是不准确的，胡适兼系主任是要到 1934 年的 5 月间。胡适在 5 月 2 日的日记中说："第一天到北大文学院复任院长。国文系的学生代表四人来看我，我告诉他们：（一）如果我认为必要，我愿意兼做国文系主任。（二）我改革国文系的原则是：'降低课程，提高训练。'方法有三：1. 加重'技术'的训练。2. 整理'历史'的工课。3. 加添'比较'的工课。"据隔天《北平晨报》的报道得知，这四位代表是徐芳、孙震奇、石蕴华（即后来"潘扬案"中的扬帆）、李树宗，他们在当天下午 4 时半，到文学院办公室进谒胡适院长，就马裕藻辞系主任后，胡适接任将如何改革，胡适提出他的做法，四位代表与胡适谈话近两个小时，于 6 时始离去。这时徐芳是国文系三年级的学生，想必在胡适的脑海中留下较为深刻的印象。虽然胡适在这之前的 1 月 29 日的日记中，也曾记载徐芳的哲学史分数为 70 分以上，但较之后来成为史学家的何兹全等 7 人的 80 分以上，徐芳的成绩还不是最高的。因为哲学史并非徐芳之所长，徐芳之所长在于新诗。

　　我们就她 70 年后才出版的《徐芳诗文集》观之，她在北京女子师范大学预科,也就是高中时期,新诗及散文就已经写得相当不错了,可说是一位早慧的才女。在 1930 年秋至 1932 年 3 月间,她写下了《随感录》这本集子,新诗就有 18 首之多。紧接着从 1932 年 3 月至同年秋天,她写了 40 首新诗(案:在《徐芳诗文集》中已将 6 首已发表的诗作,移至"已刊诗作"字段)。她说:"记得我开始练习着写诗,是在 1930 年的秋天。那时我还在女师大读书,那时便不注意去看诗,或写诗;不过偶然写几行而已。前面的十多首便是那时写的。说来自己一心想考北大,便也没有写什么诗句。直到近年来,尤其是最近,我忽然感到写诗的兴趣,便把这本诗集给写满了。"(见《我的诗》的《后记》)1934 年至 1935 年冬,她又完成 30 余首(案:部分移至"已刊诗作"的字段)的《茉莉集》。除了这三个集子外,还有 47 首的未刊诗稿。在这些创作诗集中,已发表的只 27 首(案:恐尚有未搜集到的),但仅这 20 余首诗,她在当时的文坛上已被冠上"女诗人"的名号了,可见她的才华洋溢、锦心绣口与温婉。

除了本身是女诗人之外,她亦研读大量师友及同辈新诗人的作品。她在老师胡适的指导下,撰写《中国新诗史》的毕业论文。而从她所保存的手稿上,我们看到指导老师胡适的朱笔批改,虽然改的不多,但对于"但开风气"之先,而本身也写新诗、提倡新诗的胡适而言,相信他是仔仔细细地阅读过这本论文的,而且是骄傲地发出会心的微笑的。

因此当徐芳毕业时,她原本到了天津南开中学要去担任教员了,却被胡适紧急召回,担任北大文科研究所的助理员。而不久,1936 年春,北大《歌谣周刊》要复刊,徐芳更衔胡适之命,接下该刊长达一年有余的主编工作。他们的感情也在这段日子里,急骤升温。面对与胡适的恋情,我曾几次探询,老人始终坚持只是"师生之情",至于"情书"的部分那就更是否认了。因此以下的推论是根据学者耿云志先生所发现的徐芳给胡适的 30 封信函(案:藏于中国社科院近代史研究所,发表于台北出版的《近代中国》总第 147 期,2002 年 2 月 25 日出版),再参酌其他史料加以推断的。

1936 年

　　据 1936 年 4 月 25 日顾颉刚日记说："到朱光潜家，为'诵诗会'讲吴歌。与会者有朱光潜、周作人、朱自清、沈从文、林徽因、李素英、徐芳、卞之琳等。"而徐芳在参加完文艺聚会后的次日（26 日）就到天津去探望兄妹，直到 28 日才回北京。回京后，她就收到胡适 4 月 28 日的来信，徐芳在次日回信中说："您的信跟您本人一样亲切，给了我很大的快乐。"这是目前所见他们两人最早的通信。5 月 8 日，徐芳寄给胡适一信，信中还附了她两天前写的一首题为"明月"的诗，诗云：

　　　　脉脉的银辉，
　　　　送来无限温慰，
　　　　我想到他的笑脸，
　　　　和月色一样妩媚。

　　　　他是一轮明月，
　　　　遥远的送来一点欢悦。

我要他走下人寰，

他却说人间太烦。

5月19日，胡适在北京西山写下了一首《无心肝的月亮》，诗这么写着：

我本将心托明月，谁知明月照沟渠！

——明人小说中有此两句无名的诗

无心肝的月亮照着沟渠，

也照着西山山顶。

他照着飘摇的杨柳条，

也照着瞌睡的"铺地锦"（案：Portulaca，小花名）。

他不懂得你的喜欢，

他也听不见你的长叹，

孩子，他不能为你勾留，

虽然有时候他也吻着你的媚眼。

孩子，你要可怜他，——

可怜他跳不出他的轨道。

你也应该学学他，

看他无牵无挂的多么好。

该诗以前人诗句引题，再映衬自己的心怀，无疑是对徐芳不断的攻势的回应。因为在这之前的5月15夜，徐芳又给了他一封信，并附上了一首《无题诗》，诗云：

和你一块听的音乐特别美，

和你一块喝的酒也容易醉。

你也许忘了那些歌舞，那一杯酒，

但我至今还记得那晚夜色的妩媚！

今夜我独自来领略这琴调的悠扬，

每一个音符都惹得我去回想。

对着人们的酡颜，我也作了微笑，

谁又理会得我心头是萦满了怅惘！

5月21日，徐芳给胡适的信中说："我从来没有对人用过情。我真珍惜我的情（为了这个，我也不知招了多少人的怨恨）。如今我对一个我最崇拜的人动了情，我把所有的爱都给他。即使他不理会，我也不信那是枉用了情。"随信她还附上《相思豆》一诗，诗这么写着：

他送我一颗相思子，

我把它放在案头。

娘问：

"是谁给你的相思豆？"

我答是：

"枝上采下的樱桃红得真透。"

6月10日，徐芳随信又寄上另一首《相思豆》，那是写于5月26日的诗：

相思红豆他送来，

相思树儿心里栽；

三年相思不嫌苦，

一心要看好花开。

1936 年 7 月 14 日，胡适由上海赴美国参加太平洋国际学会第六届常会，至同年 12 月 1 日方返抵上海，12 月 10 日回到北平。赴美的送行人群中也有徐芳和她妹妹及竹哥夫妇的身影，但他们到得早，没见着胡适。徐芳在 7 月 16 日给胡适的信中说："我本想等见着了你再走，但是在船上待得愈久愈伤心，见了你的面，一定要大哭。那时候招得亲友笑我，还要害你也难过。"7 月 20 日，徐芳回到故乡江苏无锡，两天后，她给胡适的信中说："到了这里，我头一封信就是写给你的。我要这封信写好，才给双亲写信。要是妈妈知道了，一定要说这个女儿要不得。但是，现在我是爱你，甚于爱我的爸爸和妈妈呢？"8 月 21 日，徐芳校对《青溪文集》和胡适为此所写的序文，她说："我记得我小时候，常背你的论文。那时我对你的敬仰就别提了。现在我来校对你的文章，真可说是我天大的幸福呢！"在这封信件里，徐芳同时寄上了一张照片给胡适，70 年后，这张照片还存放在北京近史所"胡适的档案"中，照片背后写着："你看，她很远很远地跑来

陪你,你喜欢她吗? 1936,8,21。"的确,从上海到美国,鸿飞万里,是有够远的了,但难得的是,胡适又千里迢迢地从美国再把照片带回北平,至今仍完好无缺地保存着。

自 7 月中胡适出国,至 8 月底,不到两个月的时光里,徐芳连写了十几封信给胡适,而直到 8 月 27 日她才收到胡适自美国加州的回信。徐芳当天写了回信,她说:"你在百忙之中,还没有忘了写信给我,我快活极了。前些日子,我没有得到你的信儿,我真有点怪你了(我真舍不得怪你!),现在我得谢你! 你是那么仁慈,你的句子真甜! 我看了许多遍,都看迷了。"

几个月后,胡适从海外回到北平,但他面临的是《独立评论》被停刊的问题,千头万绪,好多事有待解决,恐也无心"谁会凭栏意"? 或许是胡适的理性战胜了感性,而让这"恋曲·一九三六",戛然画下了休止符。

"七七"事变后,胡适于 7 月 11 日应邀到庐山参加"谈话会"。7 月 27 日,他给徐芳一封信,信中说:"我不曾写信给你,实在是因为在这种恶劣的消息里,我们在山的人都没有心绪想到私人的事。我在山十五六天,至今没有出去游过一次山! 每天只是见客,谈天,谈天,……。只有一次我写了一首小诗。其中第五六行,似尚有点新鲜,所以我寄给你看看,请你这位诗人指教。我明日飞京,小住即北归。"(此信目前保留在徐芳家人手中。)

但胡适并没有北归,而是西行,不久后他到美国去拓展民间外交了,又过一年,则接任驻美大使了。1938 年 1 月 30 日,徐芳给胡适一封信,信中说:"记得前年此时,我们同在上海找到了快乐。去年此时,你在医院里生病,我也常跑去看你。今年却两地相隔,倍觉凄凉。谁敢说明年又是什么样子? ……不过,无论如何,我是爱你的。什么都可以变,只有我爱你的心是不变的。"

这期间徐芳寄给胡适的信有七封之多,胡适则连一封也没有回,因此徐芳在信中(1938 年 5 月 6 日的信)不免抱怨地说:"你这人待我是太冷淡,冷得我不能忍受。我有时恨你,怨你;但到末了还是爱你。"而此信寄出之后,足足有三年,徐芳没有再给胡适写信。一直到了1941年4月24日,徐芳才又给胡适写信,可是这信开头已改成"适之吾师赐鉴",而落款则是"生徐芳",物换星移,此情不再。信中所谈的是她想到美国去留学,希望胡适给予帮助,但胡适依旧没有回音。她只得在中国农民银行任文书工作。

　　1943年徐芳和徐培根将军在重庆结婚了。抗战胜利后,因工作单位的搬迁,他们从重庆移居南京。而胡适任北大校长之后,到南京中央研究院开会时,也曾去看过他们夫妇,师生之间极为欢畅。1949年她随夫播迁来台。1958年胡适自美返台,担任"中研院"院长后,他们曾在南港见面。1961年1月17日的胡适日记还有与徐培根夫妇共同聚餐的记载。但此时的胡适只是她"永远崇敬"的老师了。

1943年

1944 年

2006 年 4 月摄于徐芳家,时年 96 岁

左为张朋园教授,右为张夫人汪雁秋女士

　　胡适的丧礼中有着徐芳的身影,胡适的纪念活动中,徐芳多所参加。据笔者多次的访谈,她对老师的敬仰,从没有因时间的久远,而有褪减。"胡先生"不仅是她经常挂在嘴边的字眼,"胡先生"的生日,她历经 70 多年依旧没有忘记! 一段偶发的恋情,或许是易逝的,但师恩总是难忘的!

　　2008 年 4 月 28 日,徐芳病逝台北,享年 97 岁。

徐芳女士访问记录

访问:潘光哲 *

记录:林东璟

校注:蔡登山

时间:2006 年 10 月 3 日、10 月 25 日、12 月 6 日,计三次

地点:台北市信义路徐宅

中学生活

(一) 学校师长

我 1912 年出生于江苏无锡,三岁时跟家人迁居北平[①],父亲[②]在陆军部军械司服务。后来我就读于私立适存中学,"适存"乃是取"适者生存"之意,由湖南人彭基相主持。适存中学仅有初中和高中各一班,没想到办了一年竟撑不下去了;我想,要是以现代人筹钱的能力,学校怎么会办不下去? 只要以各种名义让学生继续缴费,学校就有收入了。由于校方未能继续经营,我便转往北平市立第一女子中学就读初中二年级,之后更跳班至女师大预科就读两年。

北平市立女中有位黄淑仪老师,她又名黄英,北京女子高等师范学校

---

　　* 潘光哲,台北"中央研究院"近代史研究所研究员、胡适纪念馆馆长。

　　① 北京。此文为访问记录,为保持原貌,正文不作修改。

　　② 徐尚武,原名振清,为徐建寅次子,清代科学家徐寿之孙。1912 年任北洋政府陆军部军械司一等科员,1913 年升任技正。根据《锡山徐氏宗谱》。

毕业的，身材瘦瘦的，是位文学家，以笔名"庐隐"发表过多篇文学作品，代表作是《海滨故人》。当时庐隐的第一任丈夫①可能过世了，她带着跟第二任丈夫②郭梦良所生的女儿郭薇萱住在学校宿舍里。

当时校内好几位老师都是女高师毕业的，有位体育老师叫石评梅的跟庐隐很要好，体育课由石老师全包了，从一年级到三年级的体育课都由她任教，课程内容有打篮球等等。石老师白天教体育，晚上用过餐就趴在桌上写稿，个性比庐隐来得活泼。

我所记得的老师还有：教英语会话的老师陈学昭是从法国留学回来的，长得瘦瘦小小，每天早晨会在学校散散步，我跟这位老师不太熟，直到长大了才发现，她的英文也是不太行。至于教国文的余文伟老师，中文不错，字也写得漂亮。还有一位朱湘老师，到了北平就在学校找个床铺住下来了。

还有一位四川籍的老师，她用四川口音对我说："你啊，可以做律师，路子很清楚。"我说："我不想做律师，律师要把错的说成对的，把对的说成错的，我认为对的就是对的，我不要害人。"

（二）初中同学

北平市立女中的同学们不全然是北平人，那时候有个广东同学萧美贞跟我很要好，倒不是我要跟她交朋友，而是她爱跟我交朋友。萧美贞就是爱玩，不爱念书，什么功课都不会，偏要交我这个朋友，考试的时候要靠我帮忙。其实我们那时候没人管，只要是女中毕业，就一定考得上女师大，何必背那么多书？我不爱玩，也不爱体育，我什么科目都行，就是体育不行，其他科目的成绩都是甲，体育永远是乙，体育课有韵律操、体操之类

---

① 此为徐芳女士误记，庐隐曾与林鸿俊订婚，后来又解除婚约，两人并没有结过婚。

② 郭梦良虽已有家室，后到北京大学读书，因同是福建人，在同乡会中认识庐隐，1923年两人在上海结婚，郭梦良是庐隐的第一任丈夫，1925年10月因肺病去世，两人育有一女郭薇萱。1928年庐隐再婚，第二任丈夫为清华大学西洋文学系的李唯建。

的,学校也办过运动会,但是我打排球都打不过网。

萧美贞个子高,是北京女子跳高比赛第一名。也有男生给她写信,可能有男生想找她约会,萧美贞就怪得意的,但我认为,那些不好的人理他干嘛? 可萧美贞不会写回信,还要我帮她写。

有一次萧美贞跟我说,她看到黄英带着女儿去见石老师,黄老师的女儿啃着一个水果吃,黄英跟小孩说:"你石阿姨穷,没刀子削水果,你就啃着吃。"

我家在东城,有个住校同学陶子苗的家在北辰街,她会先在家吃过饭、梳好头之后才来学校,这样可维持一个礼拜都不用梳头,等周末回家再梳,那时初中生还不用剪发。学校的宿舍很简陋,是个大房子,一张床紧贴着一张床,总共放了八张床,是上下铺的形式。

住校生吃过晚饭后,晚上七点到九点可在课堂自修,爱自修的同学会在此读书,不爱自修的人就东跑跑、西跑跑,像萧美贞不爱念书,整天跟我穷搅和。我们是甲班,萧美贞的姊姊是乙班,是家里的十三妹,萧美贞是十四妹,她姊姊不漂亮,但用功,明天要考试了,她姊姊把书一看,说:"老师一定出这题,背起来,就会答对了。"她猜题果然神准。

那时候有位地理学家叫白眉初,他的女儿跟我同班,不爱念书,希望考试的时候我帮忙给她打小抄。初中毕业时,她说:"我们想办法去考女师大!"我说:"怎么考? 没这个文凭啊。"她说:"你放心,我有办法。我去造假文凭,也不害谁,我们去考,考上了继续打小抄。"于是有人帮我们造假文凭变成高中毕业。从前考什么我都不在乎,什么题目都能考,后来我去考女师大,批改国文作文的老师说:"你们看看,这个文章写得不错吧! 这是我们女中的学生写的。"这是别人透露给我的,不是我自己吹牛。所以我就考上女师大了,万一真要有人指责我用的是假文凭,非得让我吃官司不可,但那个年代也没人查证,我也就顺利入学了。

我曾学过美术绘画。当代有位名画家邵幼轩,她的画是从小跟她父亲邵逸轩学的,邵逸轩在北平教花鸟和国画山水,学生中年轻人很少,大多是 30 岁至 50 岁，几乎没有男学生。她父亲要学生记住花、鸟的画法，然后跟邵幼轩说："你也学着画一张。"于是她就这么走上绘画这一条路。

大学生活

（一）女师大与"八大美女"

女师大中有所谓"八大美女"，她们都是女师大英文系和国文系的学生，因为彼此合得来，就自称"八人团"。她们都爱出去玩、交男朋友，比我大一届，我不跟她们一块儿走。虽说是八个人，但依我的观点，其中只有三个是美的，其他人都不好看。

王蒂澂是女师大最漂亮的一个，真的很值得别人来赞美，然而就是有那么几个人不好好念书，只注重胭脂，把她们的名誉搞坏了。总之，我们在女师大时，学生自个儿爱念书就念，不爱念书就不念。英文系有哪些高材生，老师都知道了，也都希望她们好好地念书。

北大最漂亮的女生是政治系的马珏，王蒂澂不比马珏差。女师大第二美的是英文系马文彩，其他的没什么，尤其是后来到台湾的那几个，都不好看。最好看的就是王蒂澂，我跟王蒂澂虽然不来往，但见到面还是会打招呼。我觉得王蒂澂跟别人不一样，她的脸不太化妆，也不描眉毛、不画眼线、不擦口红，自自然然、大大方方，而且她不穿过分花俏的衣裳，但是会穿新式的洋服，长得很漂亮。

要论断谁漂亮、谁不漂亮，都是每个人主观的意见。我觉得陆小曼也是漂亮的，她爱美、爱唱戏，也爱玩，却不爱念书。但王蒂澂也不全然是爱玩，她书也念，人也朴素大方，许多人对她印象很好，追求她的人很多，其他人都会交男朋友，但王蒂澂是个会思考的人，遇到喜欢的男人才会嫁给他，她常说："你要跟我做朋友可以，若你要跟我结婚，我不是随随便便就结的。"

清华大学毕业的物理专家周培源很有名,江苏宜兴人。如果吴大猷是"自由中国"科学界最权威的物理学家,那么周培源就相当于北京的吴大猷,是大陆科学界第一名。当时有人介绍周培源跟王蒂澂认识,周培源喜欢王蒂澂,便展开追求,王蒂澂也喜欢他,她欣赏周培源的科学背景。我不认识周培源,只知道他的学问很好,后来当上清华大学物理系主任,中国那么大,他能够在科学界做领袖,当然有他的一套。

所以,尽管很多人追求王蒂澂,她还是选择嫁给周培源。当时报纸还报道这件婚事,说王蒂澂女士嫁给清华大学物理系主任,此人很有学问,周培源还买了最好、最漂亮的皮大衣给王蒂澂,价值 300 元。抗战前的 300 块钱是很大的。后来,清华大学仍有许多人喜欢王蒂澂,但她有丈夫了,没有接受谁的好;这些人去找她,简单聊一聊就走了,喜欢她的人觉得能见上她一面也好。

(二) 考取北大

预科毕业后我升了本科,进入女子师范大学国文系第一期。在女师大念书期间,很多人有意见,他们认为这个学校水平很低,虽然也有好的学生,但多数都不念书。我有时觉得,女师大不论预科或本科国文系一年级的老师,中文都很好,是中国文学科系出身,也会上哲学概论,倒也还是个名教授,大伙怎不好好听课?

有些学生是从外省来的,好比云南省或东三省,她们的家乡没有大学,特地远赴北京念大学,这些学生的学费和生活费都是由家乡的省政府补贴,所以家里经济情况如何都没关系,反正有人帮她们缴学费了,家里也不会管子女在学校的课业成绩是好是坏。所以,有些学生会好好念书,有些人因为钱来得方便,不肯认真读书,东玩西玩的,也因为这些爱玩的学生,把学校的名誉搞坏了。此外,有些老师教学不认真,所以有些学生愿意认真求学,有的学生高兴就念书,不高兴就不念。

在这种情形下,我们几个同学就想转去别的学校,因为这个学校实在不好,别人也讲这个学校教得不好,科目也不好,我们也觉得好像没得到什么,一定要想办法考别的学校才行。我那时喜欢新文学,总觉得北京大学的老师比女师大的好,有意转往北大。

有个同学王德箴跟我是前后座,我们俩志同道合,很谈得来,她说:"我看你功课也很好,也爱念书,我也是觉得跟你才合得来,真不想念这个学校!一定要换学校。"我说我也是,于是我决定报考北京大学,我在班上还算成绩不错的学生,但根本没考上。

第二年(1931),我又去考北大,试卷题目很难,考得千辛万苦的。考试结束后过几天,一个同学打电话来跟我说:"你考上北大了!"我说:"不可能,我答得不好,这次可能考不上。"她说:"我们看了榜单,上面有你的名字,你考上了!"原来我考上国文系的插班生,而不是一年级新生,弄了半天还是考上了,就去北大念书。

刚上北大的时候,我发觉当时的国文系老师也是不行。后来蒋梦麟和胡适去了北大,改组国文系①,换了系主任,把林损等一些不适任的教授辞退了,才获得改善。王德箴则是考上中央大学国文系,我们两个人虽然就读不同学校,但是国文老师都一样,就是林损②,林老师一上讲台就先开骂半个钟点,指责蒋梦麟的不是之处,骂完了就讲讲自己的事。

当我还是北大三年级的学生时,天津南开女中因为有个国文老师请假,欲聘我当国文代课老师,请我去帮忙教学两三个礼拜,虽然我尚未大学毕业,但南开女中可以接受,于是我就到天津去教书,借住天津亲戚家。后来南开女中的老师说:"我们很喜欢她,她毕了业不用找事情做了,到我们这来教书。"

---

① 当时胡适是文学院院长,系主任是马裕藻。1934年4月间马裕藻辞系主任,胡适兼系主任。胡适在1934年5月2日的日记中记载徐芳、孙震奇、石蕴华、李树宗,他们在当天下午四时半,到文学院办公室进谒胡适院长。就马裕藻辞系主任后,胡适接任将如何改革,胡适提出他的做法,四位代表与胡适谈话近两个小时,于六时始离去。
② 案:林损于1934年4月遭北大解聘,同年秋任教于南京中央大学。

事实上，1935年毕业后，我在北大文学研究所《歌谣周刊》做事，负责编辑、校对、写稿子等业务，待遇不好，一个月才60块钱。现在回想起来，当时毕业后不应参与周刊编辑的工作，而是写我爱写的作品就好，毕竟周刊都是乡下孩子在买的，内容多半是歌谣，文学成分极少。除了我之外，还有一位同事魏建功一起工作，《歌谣周刊》销路还不错，可惜一年之后，遇到对日抗战就停掉了。

我念北大的时候，清华大学学生何炳棣有个朋友叫李长之，何看李长之经常写信给我，就跟他说："你左一封信，右一封信写给徐芳，你跟徐芳交朋友干嘛？她不会喜欢你的，你少费这个心吧！"李长之就说："我爱谁你管不着！"

后来到了台湾，何炳棣透过我妹妹①说："我想认识你姊姊，以前没见过，现在想要认识。"妹妹说："好啊！我家在老房子，就来吃个饭，大家见个面好了。"那时候他已在芝加哥大学当教授，蛮有名的，后来他们夫妻俩就来我家吃饭，我妹妹也来了。

（三）谈孙大雨

我喜欢近代诗和新诗史等相关课程，就选了孙大雨教授的课，他的新诗课没几个学生。没想到，开课前两周孙老师都请假，有人说他生病、感冒了。后来他来上课，我看他长得黑黑、高高、粗粗的，还以为他会讲得头头是道，没想到站在台上讲不出个名堂来，后来他自己说："我也没什么可讲的了，下次上课，你们到我家里来上。"

当天我提早到了他家，他爱吃花生，我就坐着等同学来，结果，他在家里也讲不出什么名堂来。后来闲话就传出来了，说孙大雨不会讲课，课堂上讲不好，才把学生找去家里，说家里有好的材料要讲给学生听，结果也讲不出什么来。闲话还说："徐芳去了，老师就摆点心，我们去了，老师就

---

① 徐萱，后适司法院长居正之子居浩然。根据《锡山徐氏宗谱》。

不摆点心。"我说哪有这种事！老师的点心是放在茶几上自个儿要吃的，我们去到他家，老师并没有说特别招待徐芳，其实，招待两个花生米有什么了不起？闲话却说老师是因为女同学来了就拿点心，其他人来了就不招待点心。我听到这些闲语，心想："真是笑话了！"又有人问老师为什么那么多礼拜不来上课，我说因为他生病住院，但其他人说："什么生病？他是爱着女师大的王蒂澂！"他想跟王蒂澂结婚，但王蒂澂没有意愿，当然就落了空，王蒂澂跟周培源结婚之后，孙大雨就失恋了，这一气就病倒了，其实那个"病"在家里休息不就得了，病好了，再回来上课。

北京中法大学有几个女生跟我有来往，中法大学跟北大的女生都少，走到哪都会遇得到。有个中法大学的女生说："我倒挺喜欢徐芳的，我要跟徐芳交朋友。"有人说："你跟徐芳交朋友干嘛？她是孙大雨的朋友。"然后就把摆茶点那件事拿出来讲，我说："哪有这个事！"这些是别人传给我听的，我跟孙大雨没什么来往。

抗战前，孙大雨去上海找我，给了我五块钱稿费，他说："这五块钱是你一首诗的稿费，我给你在哪发表。"我说："哪有那么高的稿费？"那个时候的 5 块钱很值钱，他只是把钱给了我，也没附上单子，我根本不知道是哪一首诗，发表在哪一个刊物上？后来孙大雨就走了，我跟他也没来往。我把这件事转述给一个表姊知道，她听了之后说："哪有那么高的稿费啊，他乱扯的！"

后来抗战爆发，我在重庆的银行做事，住银行宿舍，孙大雨又来找我，我问他什么事。他说："好久没见你，来看看你。"我说："我忙得很！"此后也就没再联络了。

（四）谈余上沅和戏剧

当年有位戏剧创作者余上沅，刚从国外回来在北大任教，后来到南京国立戏剧学校当校长。我的看法是他不会教学，他也不鼓励我们写文章，学生一旦写了，他会说："写这个干什么？"我有篇文章登在《国闻周报》上，是自己投稿的,我也没认识什么人,登也好,不登也好,登了之后给了稿费,后来我也没再写了。余上沅看了我的文章竟说:"写这个干嘛?太文雅了!不是高级知识分子的人,连说粗话、骂骂人都没有。"一般老师应该会鼓励学生说:"希望你多写、多研究。"但余上沅却对学生说:"写这么多干嘛!"

许多科学家在国外都不念文学,但是也有念文学书的科学家,回国后所写的中文书文笔很好,例如物理学家丁西林所写的《压迫》。故事内容是:北平有位单身男子跟房东租屋,已缴了钱,但房东太太却要赶他出去,理由是她不要单身男子来租房子,只租给夫妻,因为"单身男子有所不便,我赶你出去你又不走,我要有眷属的"。此时刚好有个单身女子要租房子,她对房东说:"我就是他太太,他是我丈夫。"这个男的也很聪明,便说:"是啊!我们两个是夫妻,现在我们要承租你的房子。"房东太太不知道这两人不是夫妻,就答应了。搬进去之后,房东太太走了,男的就问这个女的:"我们不是夫妻,你怎么这么说?"她说:"我这样做,大家才有房子住。"

这是个很好的剧本,讽刺社会上人们的想法,反映当时大城市里,许多房东普遍不愿招租单身房客的现象。但这剧本让余上沅一导演,剧情发展却不是剧本的原意,剧本本来的意思应该是:两个人本来互不认识,没感情,不是夫妻,为了反抗房东的守旧心态所以才假冒夫妻,戏演到这里就应该闭幕了。可导演怎么搞的,在他的剧本里,这男的、女的有了感情,成为夫妻。可原剧本不是要他们做夫妻,人家是在反抗旧脑筋,导演没把这个思想表现出来。后来余上沅一听到这话,才知道自己导演错误,脸都红了。

那时学系校庆,会跳舞的同学就跳舞,会唱歌的去唱歌。我对写剧本有兴趣,剧本①都是在家里写的,上课不写,本来我有个角色"李莉莉"可演,她是个反抗社会的角色,原本不叫"李莉莉",我取个名字叫作"不规矩

---

① 独幕剧《李莉莉》写于1933年冬,后发表于《学文月刊》第1卷2期(1934年6月1日)。2006年收入《徐芳诗文集》,秀威信息科技出版。

的女人"。剧情大意是：一个阔少王六爷喜欢这个小姐，他要追求她，她是个不规矩的人，因拖欠三个月的房租，被警察拘捕，阔少就说："你要是接受我的追求，我不会说你是不规矩的人，警察不会麻烦你。"这个女的说："我情愿让你骂不规矩的女人，也不要跟你走！"我觉得我写得很特别，骂她是不规矩的，其实她是规矩的，不是不规矩的，我自己想演这个角色，后来有人说："你别找麻烦了，将来人家找你的麻烦。"就临时没演。

余上沅的太太是陈衡粹，陈衡粹是女作家陈衡哲的三妹。陈衡哲是北大第一位女教授，她和任鸿隽所生的女儿①是西南联大第一届毕业生，后来去美国了②。

抗战期间

（一）西南联大

抗战逃难时，许多学生逃往位于昆明的西南联大，但我一开始没去昆明，而是走另外一条路，先到汉口；后来觉得汉口不是个可以长久待着的地方，我于1938年前往昆明，但是没有进入西南联大就读，因为我已经毕业了。后来听说西南联大有女生宿舍，透过老师的帮忙，我就到宿舍住了两个礼拜；女生宿舍是单人床，有上下两层，一个位置睡一个人，必须爬着梯子上下，我跟她们也不认识，但大家平日都能和气相处。

有个女学生叫张敬，她是林中斌（曾任"国防部"副部长）的母亲，文章也写得好，张敬并非北大的学生，其实很多人都不是，却常在北大进进出出跟教授穷扯。由于张敬也是单身，我们两个就在昆明翠湖租了一间房

---

① 任鸿隽、陈衡哲之长女任以都，1938年考入西南联大。

② 任以都1941年负笈美国，后获 Radcliffe College 博士学位。长期任教于宾州州立大学，专治中国近代社会经济史，著作等身，卓然有成。根据《任以都先生访问纪录》，"中央研究院"近代史研究所口述历史丛书(50)。

子,房东是个军人,他的家属搬去眷村了,房子空了出来;此屋有三个房间,我跟张敬一间,中间是大家共享,另一间住了高青子和熊瑜,作家沈从文常常到那去找高青子①。

有一天,重庆政府派遣陈您(岱孙)担任代表,前往昆明西南联大跟大家聚会。陈岱孙②单身,长得高壮,是清华大学法学院的,学问也很好;陈岱孙可能喜欢王蒂澂,常常跑去她家坐一坐、聊一聊。当天我也去会场凑凑热闹,王蒂澂带着孩子来了,傅斯年也去了,王蒂澂的女儿见到陈岱孙就叫:"陈爸!"傅斯年就说:"怎么了,你怎么叫他爸呢,他是你父亲吗?"其实她是故意的,应该叫陈伯伯才对,但他们常在一起,那孩子才这样叫。

我住在昆明翠湖那段时间,王蒂澂也住翠湖边,有次在路上看见王蒂澂带着三个女儿走过,她女儿问:"妈妈,她(徐芳)是谁呀?"王蒂澂说:"北大的女诗人。"当时她先生就是从事研究、做学问的,王蒂澂则是在家带小孩,没做事,那个年代的眷属都没在做事的。

当年汪一标的太太也来到西南联大,她很漂亮,曾经出国留学,也是清华大学的老师,很活泼、很爱玩,陈岱孙很喜欢她。前年(2004)我遇到一个西南联大的校友,他说:"我是北京大学毕业的,我的老师就是陈岱孙,他一直没结婚,他就喜欢某某人的什么人。"我说:"喔,那最后呢?"他说:"最后听说他结了婚,婚后没几年就死了。"

(二) 进入农民银行

1. 前往重庆

后来有人说,住昆明也不好,还是到重庆好,我就到了重庆。抗战时

---

① 沈从文外遇的对象,原名高韵秀。沈高两人在北平期间,因作者与编辑的关系,早已熟识。时间应该在1933年8月以后,最迟不会晚于1935年8月。后经沈从文的推荐在西南联大图书馆任职,据西南联大教职员名录:"图书馆员高韵秀,到职时间为1939年6月,离职时间为1941年2月。"沈高两人后来同在西南联大,他们的交往就更加密切了。

② 陈岱孙是美国哈佛大学博士,1927年任清华大学经济系教授,第二年担任经济系主任,第三年出任法学院院长。在西南联大时任经济系主任。

期，许多人逃难逃到汉口、重庆等地，乱得不得了，生活费很高，找个事做都很难，我有意改行进入银行上班。我由于曾经在国府经济研究委员会担任刊物编辑一年，就拿这个履历向银行应征，但是进不去。进银行要找人介绍才行，我是江苏无锡人，父亲有位朋友也是江苏无锡人，算是远房亲戚，跟我们家很熟，他年轻的时候曾经到美国留学，在波士顿认识了宋美龄、孔祥熙等人，可能当地的中国留学生少，他就跟孔祥熙结为朋友。我父亲是陆军里的，这位人士是海军军官，当我在北京念书时，他也在北京，但根本就不认识他。

在重庆时，有天我去找姨妈讲话，姨父是军人，也是无锡人，刚好这位人士去拜访我姨父，看到我，听了我的自我介绍，他说："喔！我们都是关系很深，你怎么样？"我说："我找事还没找到，想进银行。"我还说，最好要让行政院长兼财政部长孔祥熙批才可以，他批的条子才算数，别人介绍也没位置。他说："你给我个文件，我看看机会。"我就写了一封信，提到我是什么学校毕业的，抗战时我在国府经济研究委员会做过事，对经济稍微懂一点，看能不能给我一个小位置？

这位人士曾任南方的广西司令，他来到重庆复职，顺道去看看老朋友孔祥熙。孔祥熙一见到老朋友，就一肚子牢骚讲个没完，那个时候的重庆有个参政会，各界要津都去当委员。国民参政会开会时，委员想干什么就干什么，想骂谁就骂谁。孔祥熙时任行政院长，在台上报告施政政策，讲完了，这个委员站起来骂一顿，那个站起来骂一顿，看孔祥熙不顺眼就骂他，"你占这么高的位置，你不会做事啊！"孔祥熙不敢回骂，却也一肚子气。

孔祥熙说："我是怎么样的为国家，做了多少事，他们那几个参政员骂我，这个不对，那个不对，我做得这么好，难道我错了吗？我就是受这些气，为了国家，这些参政员闹个没完。"现在老同学来了，发发牢骚，出出这些气，老同学对孔祥熙说："唉呀，你这么辛苦，你就为国家继续努力啊！"稍微安慰了孔祥熙。

话讲完,原本他告辞之后要走了,一时想起来要帮我介绍工作,他跟孔祥熙说:"我有个远房的侄女,姓徐,正在找事,还没找到合适的工作,这孩子还满老实的,你看看是不是帮个忙。"孔祥熙还一肚子怨气,他拿起毛笔写了字,章子一盖,批了农民银行,就成了。孔祥熙的命令,谁敢不给?其实我想进中央银行,但他批了农民银行。

2. 照应弟弟的生活

我本来是学文学的,跟军事和银行都没有关系,而且我是艺文研究会会员,有次写文章获得七十块钱的稿费,比我想象中来得少,原来,艺文刊物是除掉标点符号之后才计算字数和稿费的,我说:"七十块就七十块!"银行待遇好,每天工作也不用一个字、两个字、标点符号的计较,我没空跟这些人扯这些枝微末节的小事。

我为什么会想要进入银行服务呢? 我不是个开销很大的人,可我有个弟弟①要上大学②,原本他跟着我哥哥③和嫂子④一块儿住在上海。上海只有哥哥和嫂子在,还有舅舅孙鸿哲的大儿子和大媳妇在上海。

我哥哥是上海有名的外科医生⑤,赚钱很容易,对于弟弟和他们住在一起,他觉得无所谓,经常鼓励弟弟要好好念书。但嫂子很厉害,常常讲我弟弟的坏话,嫌弃他没收入,老是窝在家,哪儿不对了就骂,哥哥都是听了嫂子的话,也跟着责骂弟弟。于是弟弟写了封信给人在重庆的我说:"我无论如何要来跟你。"我跟他说不行,因为我大学刚毕业,写写文章也没多少钱,自个儿都没站稳,还把弟弟弄来,两个人怎么过活,等我有办法了才能把你找来。

后来我进入重庆的农民银行工作,待遇好,过着平安的日子。但弟弟

---

① 名宝潭,根据《锡山徐氏宗谱》。
② 后入西南联大航空工程系。根据《锡山徐氏宗谱》。
③ 名宝彝,1935 年毕业于里昂大学医学院,获法国国家医学博士。根据《锡山徐氏宗谱》。
④ 嵇元红,法国音乐学院肄业。根据《锡山徐氏宗谱》。
⑤ 时任上海广慈医院外科主任。根据《锡山徐氏宗谱》。

跟着哥哥嫂嫂受气,不愿意跟他们住,决定前往昆明。家族其他人在北京,管不着。嫂子说:"你去干嘛!你在这挺好的。"嫂子之所以不让弟弟走,是因为他如果留下来,可以证明嫂子确实有好好待他,因此嫂子认为,弟弟一走,就证明他们是没有善待他的。她对我弟弟说:"你走什么走!我告诉你,那儿没有入境证,你去不了。"但弟弟已托我弄了一张入境证给他,嫂子听了就说:"你在这还有人帮忙,我告诉你,你走你的,你去受罪去,我没钱给你!你在这都不听我使唤,你跑到外头去,吃喝我管你啊?!你有本事走,就别跟我要钱,你要上昆明,一毛钱也不给你!"我弟弟说:"没关系,没钱我也要去,我受不了这里的一切了!"并不是我哥哥不好,而是嫂子太厉害,一点小事就搞鬼,哥哥一生气就会骂人。

我跟弟弟说:"你去吧!待在上海不习惯,要多少钱学费我给你,姊姊照应你就是了。"嫂子一毛钱也不给。弟弟到了昆明,想进入西南联大就读,但是却考不上。刚好西南联大课务组职员都是我们老北大的,我就拜托他们帮帮忙,他们问我弟弟以前念哪所学校,我说是上海震旦大学,他们说,只要取得上海震旦大学转学证书,不用考试即可入学,于是弟弟收到转学证书之后,便顺利转入西南联大航空工程系。

我哥哥怕老婆,不敢寄钱给弟弟。我工作的农民银行一个月发三次薪,譬如三号领到 300 块,我就寄 200 块给昆明的弟弟,当作饭费、零用钱、杂费和买书钱,就这样每个月寄 200 块给弟弟,可以说他在昆明西南联大四年期间都是花我的钱。我为了弟弟改行进银行,别人却骂我把钱看得那么重,还说:"你们学文学的就是爱钱。"我不是爱钱,而是因为抗战时期局势混乱,难道要家里的人喝西北风?我自己一个人喝西北风没有关系,但我弟弟还要念书,家里的钱汇不来,文学界的工作一个月 80 块、100 块的,收入这么少,我怎么供给弟弟念书呢?

后来我结婚了,过着普通的日子,我在银行的收入,譬如每个月是

900块钱,我先生是军人①,每个月的收入大约是300块,先生说:"你把钱都交给弟弟念书,家里不过日子啦?"他住的是公家的房子,不能让公家为他多花钱,我又是个不要占别人便宜的人,虽然供应弟弟的生活,但我没花先生的钱。不像有些女人很狠,死抓着钱不放,我不是这样的人。

弟弟西南联大航空工程系毕业后,坐了公路车到重庆我家,没地方睡,就打地铺,后来他在青木关滑翔总会找到一份工作,学科学的毕竟好找事,我说好吧,你先做着。过了两天,我希望弟弟去参加自费留学考试,考过了就出国念书吧!但他说:"我不去,我怕我考不上,那很难。"我心想,他进西南联大时并没有考试,他在上海震旦大学也是靠哥哥的面子进去的,我猜想,他可能是怕考试。于是我说:"这样吧!这件事你知、我知,不要让别人知道,你报名去考,考上了再看一看,如果考不上,下次有机会再去考,你这次去等于是去看一看考试是怎么回事,明了了下次就好办事,我劝你还是去。"他就去考试了,过了两个礼拜他来了说:"我考上了!"我说:"你怎么考上了? 你不是说你考不上,没把握?"他说:"我也不知道,反正就是考上了自费留学。"我心想,航空工程的出题者可能就是西南联大的教授,要是西南联大出的题,弟弟会答不上来吗?

自费留学的费用是14万,弟弟要筹钱,他已经离开上海四五年了,没给哥哥嫂子通过一封信,哥哥嫂子也没寄一点钱给我们,连一句"你们辛苦了"的话都没说,就当没这个人。此时我写信给哥哥说:"现在你弟弟考上自费留学,马上要出国,但是要有钱才能出国,没钱出不了国,请你帮忙!你如果不出这个钱,我借钱也要让弟弟出国!他难得考上了,很多人考不上呢!全部费用要14万,你看如果方便,请你把钱汇过来让他留学,如果不方便,也不敢勉强,你要自动自发地帮忙,又不是我要用的钱,我这弟弟也是你弟弟。"

---

① 徐培根,浙江象山人。左联烈士殷夫之兄,留德,陆军上将,曾任副参谋总长,"国防大学"校长,"国防研究院"教育长等职。

后来我筹了钱，到飞机场把弟弟送上飞机，飞往波士顿，进了麻省理工学院（MIT）航空工程系。弟弟说："这么老远的，我以为你不会来送我，你来送我，我好高兴。"我说："你辛苦了这么多年要出国，这是好事，希望你到了美国要好好读书。"

过了半年，我嫂子的妹妹托人带来一张面额 14 万元的支票，说是要交给我弟弟出国用，我就收下来。我嫂子是个厉害的人，看到我弟弟出国了，就愿意出钱了。不知道我哥哥那么怕媳妇干什么？供给弟弟念书也没花什么钱，他在上海是有名的外科医生，外科医生那些有钱人的太太都把钱吃喝玩掉了，还有钱供给弟弟念书吗？

谈家人

我父亲曾担任军事大学化学系教师，会做炸药①。关于读书一事，母亲常跟我们说："你爱念就念，不爱念就别念。"我们家就四个姊妹，三个兄弟，大哥娶媳妇就那个德行，二哥娶媳妇还好一点，老三也娶媳妇。

大姊徐芝很爱念书，没时间谈恋爱，搞到很晚才结婚。她是北京师范大学英文系毕业，学问很好，后来嫁给在广西修铁路的远方表哥②，也是无锡人。他们生了两个女儿，大女儿很漂亮③，小女儿在台湾嫁人④，本来她交往的对象是国防医学院毕业的医生，但后来嫁给一个建筑系毕业、在一个私人建筑公司做事的男人。今年她也快 80 岁了，早已退休，时间过得真快。

二姊没有大姊那么爱念书，后来当记者，抗战以前，北京有两位知名

---

① 徐尚武 1913 年在上海兵工厂用新法研制无烟火药，生产硝化甘油炸药。1915 年在德县兵工厂最先仿制成黄色炸药。1924 年研制成安全炸药，较当时西方普遍使用的黄色炸药更为安全。著有《徐氏火药学》22 卷（未出版）。根据《锡山徐氏宗谱》。

② 孙宝勤。根据《锡山徐氏宗谱》。

③ 孙元。根据《锡山徐氏宗谱》。

④ 孙复。根据《锡山徐氏宗谱》。

女记者,一位是我二姊徐芳,一位是邵汤修慧,她先生邵飘萍是个大记者,现在女记者太多了。二姊跑新闻的时候用的笔名是徐凌影,后来在天津南开中学教国文,当时一说到徐凌影这个名字,大家就知道是谁。她目前还在北京,103 岁了。

二姊是天津女师毕业的,很有名的学校,很多文学家都是天津女师毕业的,二姊后来嫁给一个文学系毕业的男子①,生活也是很苦,结婚之后只有一个女儿②。二姊 30 岁的时候得了肺结核,北平协和医院说没药医,"我们西医没药医,你这个病,自己能活就好,不能活我们不能治,多休息,多保养"。连协和医院都治不好,北京其他医院治得了吗?但二姐很有耐性,她决定吃中药保养身体,当时枇杷叶很便宜,一帖药只要 15 块,就这么耐着心吃,自行保健身体。

我是老三,还有个妹妹徐萱,小我三岁,今年已 92 岁。妹妹本来考上清华经济系,但碰上战争,念了两年就逃难了,可惜没毕业,跑到外省去,学校的考试都没参加,根本就拿不到毕业证书。后来妙了,她嫁给清华社会系毕业的居浩然;重庆有个朝阳大学法学院分院,分院院长跟居浩然的父亲居正很有交情,透过这层关系,便承认我妹妹是清华大学的学生,毕竟她已念了两年,当初是正规考进去的。

1968 年,有个消息说我哥哥死了,我始终没再理我嫂子。两岸开放探亲后,我曾经回去好几趟,结果有几次跟妹妹吵架,我说我不想吵架了,倒是想去北京看姊姊,可是姊姊现在健康不佳,我身体也不好,没把握长途远行。我先生曾说:"你该回北京看看你父母,你不要等我,你等我就耽误了事。"我说不要紧,后来没去,父母亲也都不在了。

---

① 吴隼。据《锡山徐氏宗谱》。
② 吴缦。据《锡山徐氏宗谱》。

结识徐培根

我另一位哥哥①在法国留学时,娶了一个法国太太,国大代表宋选铨娶了捷克太太,何思源(后任北平市长)娶了德国太太。宋选铨很爱交朋友,重庆交通便利,馆子也多,宋先生请我哥哥吃饭,希望把我也找去,哥哥就邀我一起去。我那时在农民银行上班,穿着棉袍和蓝布罩衫,这样才不会弄脏旗袍,头发也没梳。

我就在这个饭局结识徐培根,当天他也穿了一件棉袍。宋先生跟我介绍:"徐先生跟他太太离婚了。"我说:"这样啊,那我介绍我的同事给他认识,她很羡慕这个人。"农民银行有位同事穆小姐,觉得银行待遇很好,也觉得徐培根等人很不错,我心想可以把她介绍给徐培根。于是宋先生就跟徐培根转达,没想到徐培根却说:"徐芳替别人介绍,怎么不给自己介绍,她自己怎么样? 她有人了吗? 我倒不想认识别人,我想跟她做个朋友。"

我觉得自己穿着蓝布罩衫,不修边幅,穿个鞋子破破烂烂的,做什么朋友? 过了两天,徐培根到农民银行来找我,他说:"我来看看你,我现在要出国去了。"由于没座位招待客人,我就带他去总经理室跟总经理介绍:"这位是徐培根。"没想到总经理竟说:"喔! 你怎么还没走啊!"原来他们是认识的。后来徐培根说:"我们出去走走好不好?"我想也对,办公室也没有地方可坐,于是我们就到附近的西餐馆吃饭,随便聊聊。

当时政府的军事代表团由熊式辉担任团长,即将前往美国,他长得很英俊,受到蒋先生的赏识。熊式辉选了几个人一起去,包括:参谋长徐培根,副参谋长王赓、蔡文治、金镇等人。熊式辉之所以要带着徐培根,是因为徐培根可以给他办事,如果要用英文写文章,就由徐培根负责撰写,至

---

① 徐宝鼎,1934 年北平中法大学理学院化学学士,保送留法。根据《锡山徐氏宗谱》。

少有一个人给他处理要紧的事，或是主持计划、打个报告等。熊式辉自己什么都不会做，都指望徐培根，徐培根都做着杂事。

徐培根还没出国前，他们有几次吃饭我也跟着去，我是名士派，不修边幅。银行同事穆小姐听到我认识这些人，就羡慕地说："要认识这种人就对了。"徐培根出国前，曾问我愿不愿意到国外去？我说我愿意，毕竟那时候出国很难，到了国外，我可以继续学文学。于是他就跟代表团先于1942年赴美了，我们之间也没有什么安排，后来他在国外想办法接我去，但熊式辉带了很多家人一起出国，儿女一大群，占了许多名额，其他团员就不好带家人出去。也有人想去美国深造留学，请熊式辉帮忙，他虽然有意愿帮，可是他自己也要带孩子去，所以多半未获上级批准。

代表团在国外待了一年多①，有人说他们快要回来了，据说徐培根的去处已经有了决定。徐培根返国后来找我，他说："我现在在军事委员会，采上下班制，工作不忙，随时有机会跟你见面。"我在银行上班，他就派勤务兵送一封信来，内容没什么正事，随便聊聊，那个勤务兵就在外面等着，我再写一封信让他带回去，我们就这样来往着。

后来徐培根给我看他的房子，窗户是纸糊的，房舍破破烂烂，墙也脏兮兮的，他说："你可能不会喜欢这些，我把它修整一下。"我说我交朋友不在乎房子好不好，不用修整。我也有很多朋友认识他，他们也很关心我跟徐培根的事。徐培根的生活很俭朴，下了班就吃个便饭，简单的几样菜，家里也不是很豪华，人家以为他有钱，但真正有钱的人不会是那个样子。后来有个军事代表团的成员跟我说："徐培根参谋长带回两万美金，你不知道？"我说："我怎么知道？我一毛钱也不知道。"他说："这是他带回来的钱，你跟他交朋友你不要钱吗？"我说我也不怕穷，穷就穷吧！

后来，有一天吃过晚饭，徐培根拿了个钻戒给我，说要跟我订婚，就往

---

① 案：军事代表团于1942年4月12日到美国，1943年2月10日无功而返，历时十个月。徐芳显系误记。

我手上套。我说："我住宿舍，乱糟糟的，什么贵重东西我都不要，你收着。"他还送我一个很好的手表，是特地买给我的，我说："你留着吧！"所以，外人说他有钱，我也无从判断。我们于1943年完婚。

来台初期的生活

（一）住处

1949年，我们刚来台湾的时候住在台北，我有个堂哥先来，他帮我在晋江街买了一个日本式的小房子。当时东门町杭州南路一带都是些日据时代日本中级官员的官舍，有个台湾人说，东门町那一带的房子最好。国军一来，就把房子私下让给这个人、那个人。我们来到台湾什么也不懂，"国防部"也没帮我们找房子。

另外有个房子，中心诊所本来没地方，一度就搬进去，后来又离开了，这房子就由"交通部"一位司长拿私人的钱订下来。他刚来台湾，对政治局势没有信心，他说："我这房子你们有没有要？我把房子让一让，把钱拿回来，这里不太安全。"我去看了觉得还可以，我先生看了说："这房子满墙的钉子，搞得乱七八糟的。"对方说："如果要订这房子，要给我42两黄金，你没42两黄金，我就把房子给别人。"我说："能不能算我们便宜一点，我们也是逃难的。"后来还是用我在农民银行任职所存的钱订下来了，银行待遇好，我们就这样住下来。

后来我先生在"国防部"做事，仍持续在看其他房子，好一点的房子却太贵，我先生说："不要花那么多钱，有便宜的就先住，省点钱比较好，混一混就算了，我们是来逃难的，不是来享福的，不能让公家为我花那么多钱租房子，我不能做这个事。"那我能怎么办呢？不好的我又住不下，好的又贵，其实，所谓贵，跟高官的房子比起来还是便宜很多。

后来政府部门的人来探询我们所住的房子，我说这房子是我用私人的钱 42 两黄金订下来的，"国防部"如果配给我，不能少于 42 两黄金。后来，"国防部"决定给我 41 两黄金，并且说："如果你愿意，这房子就算是"国防部"的，你们可继续住下去。"就这样，"国防部"给了我 41 两黄金，我们就这样住了下来。我认为把房子顶给公家是对的，要是不顶给公家，光是房屋税和地价税就负担沉重，因为这个地段的土地贵得很，相关税款恐怕很高。

如果有公家盖的房子让我住也好，但政府不盖房子，我也就不能搬去住。先生在世的时候，我们住得很简陋，现在只剩我一个人，还想怎么样？让我住也好，不让我住，我只有儿子①跟着我，不用要求太多。他们说："如果盖不好，不会让你住，如果盖得好，你就住。"我说："可以，我同意。"

我跟徐培根有三个小孩，二女②一男。我就一个儿子，高中就读台北成功中学，大学是机械系，不好好念书，当初不该让他念机械，应该念文学才对，他却考上了中正理工学院，若好好地念也很好，毕了业之后也不怎么样。刘镛也是成功中学毕业的，我儿子今年 56 岁了，刘镛大概也是这个年纪，对文学很深入，我儿子在文科方面却不怎么样，这是个人兴趣不同所致。

（二）徐培根的同事和友人

白崇禧是保定军校毕业的，人称"小诸葛"。有一天，我那个认识孔祥熙的远房亲戚说："白崇禧是一个人才，我在陆军部的时候就认为，白崇禧是个了不起的人才。"白崇禧本来不认识徐培根，后来到了昆明，在一个场合认识了徐培根，也没讲什么，后来他根本就不记得了。有一天，白崇禧问一个认识徐培根的人说："徐培根是谁？我还没见过。"那个人说："是留德的同学，他现在有钱了。"

---

① 徐振桐。根据《锡山徐氏宗谱》。
② 长女徐振容；次女徐思行。根据《锡山徐氏宗谱》。

　　我觉得徐培根人很好，没听过他批评谁，平常也不跟我讲政治上的事情，他的文章都是在办公室写的。我认为写作要趁年轻，因为脑力快，想得多、写得快，老了会迟钝。后来徐培根到阳明山的"国防研究院"担任教育长，主任是张其昀。徐培根是军事方面的，张其昀是文的，如果军事的只搞军事，文的只搞文，那就成不了事，必须两个人合作才行，徐培根和张其昀没有不对头，但最后这个单位也结束了。

　　后来，张其昀去创办"中国文化学院"（现"中国文化大学"），原本他把校名取为"私立远东大学"，也不晓得哪里不对，"总统"竟把他臭骂一顿："什么远东大学？"张其昀才更名为文化学院。

　　有个四川人在阳明山便宜买了农地，他本身不是学者，买了地也不会利用，就这么搁着，张其昀就把这块空地买下来。张其昀到处拜托人借钱盖校舍，也向银行贷款，人家看他跟"总统"很亲近，不敢得罪，同意贷款给他。建筑商就替"中国文化学院"盖了多间宫殿式的大楼，听说年轻学子参加联招的时候，一看见宫殿式的大楼就很喜欢，文化也出人才。

　　我见过几次张其昀，但其实我们北大出身的看不起南京高等师范学校（后改制为中央大学）出身的张其昀。他有个本事是研究地理，还写书，把"老总统"捧上了天，说他是中华民国最伟大的人才之类的，"老总统"就对他有好感。张其昀的太太人很好，儿子①也曾留学，攻读地理，在夏威夷大学教书，这个儿子人不错，非常忠厚老实，后来张其昀过世了，他就回台接手。我的看法是，接手的人很有心，比张其昀好，没问题。

　　北大教授毛子水无能，口才不好，我对他没好感。毛子水是浙江江山县人，留学德国，跟我先生在德国结识。我先生在德国期间有五个拜把兄弟，但没有毛子水，这五个人分别是，我先生、俞大维、桂永清、李忍涛、陈介生和胡靖安，陈介生是文人，他太太是"国大"代表胡倩文。

---

　　①　张镜湖，1954年获得美国克拉克大学（Clark University）地理学哲学博士学位。1959年至1964年，任美国夏威夷大学教授。

　　我先生 1991 年过世之后，胡倩文跟我说："徐太太，我们家有你先生跟我先生在德国留学时所拍的照，你可以来我家看看。"我说好，但我心想，我住在台北市，她住在新店，为了看一张照片，跑那么远。后来我这傻瓜买了两个甜点带去，她说："我有糖尿病，不能吃甜的。"我说："我不知道，下次给你买别的。"她坐在床上，也不下来，怎么回事呢？她说："因为我有糖尿病，两条腿锯掉了。"我说我都不知道，我是来看照片的，她就把照片拿出来，里面有徐培根、俞大维、俞大维的太太、桂永清、桂永清的太太等人。这张照片满好的，我说："我能不能拿去看看？"她说："好啊，看完了你再还我。"

　　我先生在的时候，跟"国史馆"一些人都很熟，后来"国史馆"馆员历经更迭，现在换了一个人，我也不能叫他干什么。徐培根过世后，本来我想把他的史料送到"国史馆"，后来有人讲，"中研院"近史所愿意收这些史料，不论环境潮湿或文件毁坏，都有人处理。我儿子便跟他们接洽。我想，如果把史料送给军方单位，"国防部"或许有些人是懂史料保存的，但有些人只是占个位置，对史料没兴趣，就糟蹋了。我对这方面是外行，我儿子是学机械的，对这也是外行，后来我说："'中央研究院'要，全部的东西都交给他们去整理，不是很好吗？"但我儿子不是这样想的，他说："有很多东西是我父亲的，重要的我要留着，随时接近我父亲，我很多都给了他们，重要的我要留着。"

　　徐培根也没什么了不起的事值得给学者研究，他是个普通的人，为人忠厚，年轻时很聪明，年纪大了也管不了那么多，人的身体健康很重要。山东同乡会曾经想把徐培根的书拿去摆放，但我说："没人管，不成。"我总觉得"中央研究院"才是最适合的场所，有些"国防部"的人不爱护书，他们只觉得史料来了，也不能退，想叫他弄好，他没这个兴趣，也没经验；我觉得"中央研究院"才是专家，史料放在"中研院"，我比较放心。

谈叶公超

叶公超从国外回来后,在清华大学和北京大学外文系教书,讲现代文学,虽然我不是他的学生,但基于好奇,第一堂课我也去听,看见他拿着一份以毛边纸制成的稿子照念,上头的毛笔字像狗爬似的,没想到后来叶公超成了名家,有时会帮人写对联。

那时妙了,胡适之先生还陪着叶公超去学校,我们北京人说这叫"把场子",就是帮他撑场面的意思。我们是学生,就在旁边看,觉得叶公超写的字很难看,还照着稿子念,学生在课堂上提出问题,他也答不出来。

后来,我写了一篇独幕剧《李莉莉》,把文章投到《学文月刊》,那一期的封面是林徽因画的,封面颜色一下子说太深了,一下又说太浅了,要她选的那个颜色才行,我就在现场看着她指挥。

叶公超看了我的文章便说:"这篇文章我有意见,要把她找来,商酌商酌。"他就叫包干元带我过去,因为怕我找不到清华大学的宿舍。包干元的父亲是北大职员,没教书,他就在北大念书。那时候从青年会搭车子到清华大学,车资三毛钱,我是吃过饭才去的,在场的人有杨振声、闻一多、叶公超等人,他就一一介绍给我认识,看看大家有什么意见,结果其他两人没什么意见,只有叶公超稍微加以修改而已。

叶公超在清华大学的房子为三房两厅,一个院子一百坪,挺舒服的,我说:"你们搞你们的,我在走廊上晒太阳,不是也很好吗?"那天叶公超的太太袁永熹来得晚,她说:"徐芳?徐芳我也认识啊!"就让她跟我来往,她好像是研究生物化学的。

有一天在圆山饭店,叶太太说:"我们不要参加这个酒会,我们跟我先生三个人到外边去喝杯咖啡吧!"那时我问叶公超:"听说有个人叫孙立景,你认识他?"他说:"孙立景?是我表哥!"我说:"你表哥?孙立景是我表哥,怎么会是你的表哥?"他说:"我每次到上海,都跟孙立景来往,我们是亲戚。"我说："我跟他才是真正的亲戚。"他说："那我们也是亲戚。"我说："我这个表哥,是我妈妈大弟的儿子,去了美国,学了个建筑,回来了就在上海国际饭店平地起楼台,我表哥负责监工、设计十四层楼,那时候是最好的国际饭店,房子盖好了,就在饭店做事。"

为什么叶公超会说他跟孙立景有亲戚关系呢?因为叶公超的叔叔①在交通局任职,太太是我们江苏无锡人,所以叶公超就认识我的表哥,自称他们是表哥、表弟,其实血缘不够亲。

叶公超是国民政府迁台后第一任"外交部长",后来又担任"驻美大使"以及出席联合国的代表。1961年,叶公超在有关"蒙古国加入联合国"一案上,跟蒋介石意见不合,奉召返台,被拔除"驻美大使"职务,只出任"行政院"政务委员,官场很不得意。

后来叶公超在学校讲课都在骂政府,所以有人要他别在学校教书,去画画。叶公超后来字写得满好的,很多人走纸给他,求他写字。他也会中画和西画,很多人跟他求画。

有一次,叶公超等人为了支持金马,就决定开个画展,拿画展收入来支持金马。可是,有人说这不是叶公超的意思,而是叶公超有两个朋友爱找钱,拿叶公超的名义办画展,意思是说现在金马需要支持,就拿这个画展的钱来支援金马。事实上,募集来的钱就是让这些人给吞了,让他们吃喝掉了。那天我到会场去,我从来不认识白崇禧,但是他却认识我,他跟我说:"这幅画已经卖掉了。"我心想,我们没去拜访过他家,他们也没来我们家吃过饭,不知道怎么认识的。

---

① 叶恭绰,字誉虎,号遐庵,书画家、收藏家、政治活动家。交通系成员之一。曾任北洋政府交通总长、孙中山广州国民政府财政部长、南京国民政府铁道部长。

谈赵武

我有一个表哥叫赵武①,小名叫赵刚,他太太的英文很好。我表哥赵健和赵武小时候就到国外去,中文不行,报纸不会看,也不会写。哥哥赵健个性老实,但是没本事,在家里吃闲饭,也不出去做事。听说赵健在国外生的孩子,有一天吵架之后到街上散步,不幸被车子撞死。

赵武在法国巴黎学农业化学,专攻肥料,念到硕士,回国后就在肥料公司上班,在上海推销肥料,待遇很好。他单身一个人租了一间屋住着,车子是从法国带回来的,旧旧的,不是新的。

赵武后来会说中文了,以前连中餐都不会吃,包括皮蛋、狮子头、蹄膀等都不会吃,只会吃西餐。他后来开始找对象,这个嫂子是人家介绍的,会说国语,英文也好,女方看他有好的工作和收入,就愿意嫁给他。他们买了房子,生了一男一女,并且请了个奶妈带儿子,女儿则是自己带,早上做早餐,是咖啡、牛奶和面包,中午吃稀饭,后来才慢慢吃中餐。我刚从北大毕业时,曾经到上海一游,他们邀请我到家里吃饭,还叫了几位陪客,我看见桌上都是中国菜,满好吃的。

对日战争期间,人们四处逃难,抗战胜利回去上海,中共势力又起来了,所以赵武夫妻俩才来台湾。来台之后仍然从事推销肥料的工作,待遇还可以。他们在阳明山弄了一块地,自己找些工人盖房子,有两层楼,后来还请胡适之先生来阳明山吃饭②。

赵武的儿子名叫赵儒,女儿赵青,这女孩子书念得好,她的母亲经常

---

① 赵诒诗(颂南)(曾任中国驻巴黎总领事)的儿子,赵颂南是徐芳的姑丈。

② 1926 年 7 月,胡适因参加中英庚款访问团而远赴伦敦、巴黎。8 月 24 日,他在巴黎见了赵颂南总领事。次日赵领事请胡适吃饭,并同游 Palais des Beanx Arts,胡适说,"馆中展览的美术作品皆是法国百年中的作家的作品"。而 8 月 31 日,胡适被赵领事邀到他的乡间避暑处游玩,这次并见到了赵夫人,也就是徐寿的孙女,徐建寅的长女,徐芳的姑姑。

提醒她念书,后来她在美国哥伦比亚大学认识了一个洋人,两个人很要好,便结了婚,夫妻俩住在旧金山。我曾经到旧金山跟他们见面吃饭,一共六个人,包括我台大毕业的长女徐振容,及其洋人夫婿,还有从大陆苏州来的二女徐思行,加上赵青夫妇俩,我担心人太多,会打扰人家。赵青说:"不要紧,我先生很通人情,他不会嫌,你来,他会欢迎你,你一定要来。"于是我大女儿跟女婿便开车载我过去,他们家有烤炉,赵青的先生头发有点红,好像是犹太人,很和气。

谈胡适

顾颉刚是苏州人,国语不灵光,但是我听得懂,因为我是江浙人,可是北方人听不懂,他的个子不是太高,但是比胡适高。俞大维曾公开宣称他是浙江人,有人骂他胡说,因为他是湖南人。我先生也曾跟我说:"他讲的话,我怎么就听不懂啊?"我说:"他讲的话你听不懂,你讲的话他听得懂吗?你们两个的耳朵和年龄都相当了,年纪大了,再加上你的国语有浙江口音,而他的国语有湖南口音。"我先生徐培根生前很爱讲演,但有人觉得他的乡音很重,都听不懂,但这两种口音我都听得懂。

胡适会教书,他说的国语谁都听得懂,而且他讲话很能吸引听众。而我,一来耳朵好;二来不管带着四川、浙江、湖南、江苏口音的国语,我都听得懂。胡适担任"中央研究院"院长时,一方面他住南港,离我家比较远,一方面我也懒得跑,要不然去看看他也可以。

胡适跟我表哥赵武的父亲是在巴黎结识的朋友,赵武的父亲说:"我的儿子赵武请你多照顾。"有一天,赵武的太太打电话给我,找我一块儿去看看胡先生,我说好。那时刚来台湾,许多新式的东西都没有,于是我带了人家送给我的美国漂亮卫生纸,全新尚未拆封,想送给胡先生擦擦手,就跟赵太太一块去。

胡适住在新盖的房子里,去了以后我才知道,赵太太很有心,她的女儿台大物理系毕业,她要让胡先生写一封介绍信给哥伦比亚大学,说这个小姐学问怎么好,请提供奖学金之类的。胡先生慨然答应,他跟赵武的上一代也认识,而赵武的孩子既然成绩不错,就答应写推荐信。拜访结束我就回家了。

后来赵武邀请胡适之先生以及我们夫妇俩到他家吃饭。席间就大家吃吃喝喝,聊聊天,省政府秘书长是清华毕业的,也跟胡先生很熟。赵武家在阳明山,菜色是家里的男丁做的,这个男丁是阳明山的土著,可能是他岳母家里的人嫌他没钱、没本事,看他不起,他气不过,就跑出来找事,找到赵武家里,帮忙剪草、种个花、买个菜,并且在厨房帮忙做菜什么的,赵太太会教他做几个菜,家里请客时可帮忙,煮的、炒的都有,当然好的酒席是没有的,但大家都吃得很快乐。席间胡先生的眼镜坏了,他说:"我不戴了。"我说:"干嘛不戴,想办法把它合在一起。"结果弄了半天还是合不起来,他说:"到店里再弄。"好像没了眼镜也不要紧,而我就帮他乱凑,先将就点戴上。

赵武的太太过世之后,赵武回法国居住直到 90 多岁才过世,他把男丁也带去法国,但这个人根本就不会法文和英文。赵武的哥哥赵健则是在台湾过世的,根本就没做事,太老实了,其实他如果想混个事一定也有工作,但就是靠弟弟过活。

胡适、傅斯年、顾颉刚这三个人都对我很好,如果我开口,"中央研究院"也能进去,但我没开口。胡适在北大有个助手叫罗尔纲,专门研究太平天国史,我认识他,但是彼此没什么深谈;听说罗尔纲教过胡适的两个孩子,这两个孩子哪个好我就不知道了。

胡适的长子胡祖望在南开中学的外号叫豆沙包,脑子不够好所以才叫豆沙包。天津南开中学名气很大,分成男生部和女生部,当年我教的是女生部。北京有名的人的儿女都是到南开中学就读,我大哥也考进南开中学,二哥念北京至诚中学。我舅舅孙鸿哲是留美的,他跟我妈妈说:"姊姊,你老二要上南开怎么不告诉我一声,告诉我,我写一封信,加上他的名字,他就进去了,干嘛要念这个学校?"我们并不知道可以靠人情进去,大概是私立学校的关系,如果是北京公立学校的联考,谁能讲人情进去? 舅舅回国后,担任唐山工业专门学校(即唐山交通大学,今西南交通大学)校长,"老总统"认识他,可是也没给他重要的事情做,还没抗战舅舅便过世了。

谈傅斯年

傅斯年曾任南京中央研究院史语所所长,住在南京,每个月来北大教"中国古代史"两次,来了就讲,讲完就走。傅斯年学问很好,我很敬佩他,但是他有点老糊涂,上课颠三倒四,某某人的事说到另一个人身上,那个人的事说到这个人的身上,但我们也不能指责老师说的不对,毕竟他爱怎么说就怎么说,我们认真听课的人就知道他搅乱了,至于没有好好听课的学生,就不知道他们会听成什么了。

傅斯年讲话有山东口音,但我们听得懂,因为北方人多半听得懂山东腔口音。他讲话很厉害,上课很会骂,有一次他看到桌子、椅子歪了,他就说:"我们中华民国,就跟这椅子一样,好不起来了,搞得乱七八糟! 这个学校,像个什么样子!"

有一次他来上课,我就坐在底下听,所以他认识我,直说我是个好学生,对我印象不错,其实我不是正式的学生。傅斯年说:"这(徐芳)是个好学生,功课很好,而且诗写得好。"其实我也没几首诗,正巧他看到了几首好的。傅斯年自己不搞新诗,老了才从报纸上看到好的诗。傅斯年的中文字写得很漂亮,我有一个册子,他在上面有写字,现在这个册子已经找不到了。

傅斯年又高又胖,胡适先生没有傅斯年高,也不胖。胡先生口才好,说话清楚,不乱骂人。这些人是比较能讲的。至于其他人,像马珏的父亲音韵学家马裕藻,讲话总是"这个……这个……"。日本人的片假名有 26

个字母,他就把这个题目搬到北大来讲,整天讲不出什么名堂。

我猜想,傅斯年以前在家乡曾经娶过太太①,后来的太太俞大彩是俞大维的妹妹,这个人很不错,由于我是傅斯年的学生,傅太太也跟我很熟。俞大彩很顺着傅斯年,不得罪他,不因为自己是名人的妹妹,就要别人听她的,她认为"你怎么样我就照你的意思做",两个人处得来,很平安,还不错。他们逃难到了昆明时,我曾经去拜访他们住的地方,一个房间,两个木板凳,四张木头板子,一张床,上面铺着两条被褥,被褥是上海的缎子的绣花,绣得很好,可能是结婚时所用的被褥,后来逃难,这两条被褥搁在那儿。师母后来跟着傅斯年逃难来到台湾,在台大英语系担任教授。

傅斯年有个孩子傅仁轨,英文名字叫作Jack,后来因为逃难,傅斯年觉得"国内"不安全,就把他送到"外国"去,寄住在某个人家,以为这样比较安全。可是我们这些人留在"国内"也没事。孩子放在"国外"没人管,心里就不对劲,总觉得:"我父亲也不管我,妈妈也不管我。"别人也说:"你有父母,怎么都不关心你,留你一个人在这?"后来傅太太过世,儿子回来了,我们也参与了追悼会,看到他儿子,我觉得他长得不漂亮,因为他的父亲、母亲学问这么好,儿子应该要长得不高不矮、很漂亮才对。

谈王蔼芬

北大校长蒋梦麟的大儿子叫蒋仁宇,留学德国,蒋梦麟那么穷却还是给他儿子留学。后来,蒋梦麟安排蒋仁宇跟王蔼芬订婚,她是我们北大法文系的同学,成绩在法文系其实也不是顶高的,那时候有官费可以去法国留学,她就拿了这个官费出洋,在法国认识了一个黄花岗七十二烈士的后

---

① 1911年,傅斯年与聊城乡绅丁理臣长女丁馥翠结婚,当时他只有16岁。这显然是"父母之命,媒妁之言"的包办婚姻。直到1934年,他才跟丁馥翠离婚。他的第二任妻子俞大彩出身名门,在俞大维、陈寅恪的介绍下,两人认识,于1934年8月结婚。

代,姓方①,也是留学生。黄花岗七十二烈士的后代钱多得很,因为他们的父祖曾为国牺牲,方先生出国留学,他的妈妈都跟着一起去。

有一次,方先生在前往法国的船上结识了王霭芬,就跟王霭芬扯上了。这个人事实上也很老实,听说方先生在法国跟张继的女儿也很好,可是,这一坐船,王霭芬就跟他捆成了,爱上他了,大概是方先生长得很漂亮,人也很好。去了法国,方的妈妈也觉得王霭芬不错,就让她住,把张继的女儿挤掉了。王霭芬就是要方先生,方先生也是要她,王霭芬不承认是蒋梦麟帮她找的奖学金,就想跟这个方先生结婚,虽然家里父母都不赞成,但她还是跟蒋家退了婚,嫁给方先生。

王霭芬结了婚之后才发现,方先生游手好闲,不会做事,喜爱吃喝玩乐,整天散散心、看看报、睡个觉、喝个咖啡,不正经做事。嫁给他可麻烦,这怎么办呢?王霭芬很能干,打字很快,后来他们到了越南,那时已经是中国对日抗战时期了,越南都是男人不做事,女人做得累死,王霭芬找了一家杂志社上班,累得不得了,这才知道嫁错了人。

他们生了一个女儿②,后来对日抗战开始逃难,方先生说:"我不能跟你去。"她看他心里没有她,那还跟着他干什么?王霭芬就说:"好!你走!我走!"王霭芬带着女儿来台湾。抗战胜利之后,王霭芬是国民党员,在北京很有地位,吴铸人就帮她选上立法委员。王霭芬说:"谁不知道我跟吴铸人的交情,连(副总统)陈诚都知道。"

北大法文系的女生都挺出风头的,有个学生潘惠莲,人长得漂亮,嫁给一个北大化工系的,来台之后,听说在某大学教法文。

谈王赓和陆小曼

后来我才知道,副参谋长王赓也是西点军校毕业,曾经在北洋政府我

---

① 方声洞的儿子方贤旭。
② 方思霓。

姨父那服务。陆小曼于 1920 年跟王赓结婚，但彼此生活不协调，男的不懂得爱，女的不懂军事，彼此都很痛苦，后来决定各走各的，于 1925 年离婚。

徐志摩跟陆小曼交往期间，徐志摩赚再多的钱也不够陆小曼用。后来有人说，陆小曼跟翁瑞午同居，平日就是唱个戏，画个画，学人家吃鸦片，吃鸦片之后就离不开这个环境。徐志摩又要照顾陆小曼唱戏，又要供应她吃好喝好的，还要抽鸦片，却离不开她，这徐志摩真是个傻瓜！

我姨父名丁锦，号慕韩，当初是跟着段祺瑞的。当年有人建议，丁锦的大女儿已成年，"为什么不把他女儿嫁给王赓呢？他还年轻，还死不了。如果丁锦不好意思说，可以找别人去说"。丁锦的女儿念的是北京培华女子中学，那是有钱人念的贵族学校，达官贵人的子弟才进得去，没钱进不去。我孙女念铭传大学，考不上台大，现在台大一学期好像也要 3 万元。我念北大时，一学期学费只要 10 块钱，我还故意不交钱，你叫我交，我偏不交，慢一点才交。

1942 年，王赓被任命为赴美军事代表团团员，可是到了开罗不幸病倒过世。我们家里跟王赓家里也认识，他们家的经济能力不错，我自己倒是没见过王赓。王赓有个姊姊叫王淑敏，后来嫁给台北市长游弥坚。

谈其他历史人物

我有个北大法文系毕业的同学，绍兴人，研究法国诗歌多年，后来嫁给一个北大教法文的法国老师。她来台湾住了两三个礼拜，周末放假常来找我，她说要去看诗人胡品清（曾任"中国文化大学"法文系主任），我们就去看了胡品清，喝杯茶，聊一聊，因而结识胡品清。

毛子水在北大史学系开课时，我没上过他的课，听说他的口才不好，只要一个位置，干什么都可以，也不要多少钱。毛子水的本事就是陪着这些太太们打麻将，他担任北大图书馆馆长期间，一大堆书堆在那里不管。

虽然毛子水不行，但是傅斯年和胡先生却对他很好，毛子水很会做人，尽管没学问，教《孟子》总可以吧！来台湾后，毛子水在台大中文系教《论语》和《孟子》。

作家钱钟书是无锡人，整天念书钻研学问，后来与杨绛结婚。我跟钱钟书在昆明住得不远，但也仅是见过面，没有多少交往。他是个很有学问的人，在昆明教书，很多人佩服他。

诗人闻一多不是反共阵营的，而是民主同盟的成员，比较亲共，专门骂国民党，也因为乱说话得罪人，于1946年在昆明遭人暗杀身亡。

蒋孝严的妈妈章亚若于1942年在广西桂林医院过世，多年以后，章孝慈曾去磕头吊念母亲。章孝严更名为蒋孝严之后，我曾经在报纸上看到章孝慈女儿章友菊所写的文章，她提到"我们不要姓蒋"，她希望保持姓章，因为"蒋家人没有对我们好，我们也不希望跟他们来往，只要过我们的平安日子就好"。事实上，姓蒋不姓蒋，有什么关系？

我先生跟端木恺熟识，端木恺曾任"行政院"首席参事，也是我先生的朋友，他很热心，我们有事情他都愿意帮忙。

无题

整個的大地变了颜色，
整個的山河也改了樣，
唯有我啊，
唯有我还是依然無恙。

無恙？那只招的我的躯壳，
我的霜魂早已受了剧傷，
理智的箭，刺傷手情感，
無边的黑暗掩住了亮光。

社会组織是一限严密的網，
禮教是她，道德是槍；
你一冒犯，它就
讓你在殘芳的火花下死亡。

誰不愛真的友誼，純潔的恋？
但世俗偏說那是痴人的愁狂
你有真的愛嗎？
哦，那就得趕快把它往心底裡藏。

但今天，我忽然起了新的意念，
我知道，幸福不会從天而降，
生活的準則在隨著時代轉，
我所走的路程也得改方向。

至高無上的友情，
为什么要拿庸俗的尺来量！
在芳且中偷生不是活，
而今啊，我要推開面前的屏與帳

我要往純白的天然裡翔，
我要駕自由的漁洋上航；
到那天，我会讓
全人類都听見我心裡快樂的歌唱。

（三十、十二、廿九）

徐芳手迹

胡适稿纸　　　　　　每页二百字

老天爷，你年纪大，

耳又聋来眼又花，

你看不见人，听不见话！

杀人放火的享荣华！

吃素看经的活活饿煞！

老天爷，你不会做天，你塌了罢！

你不会做天，你塌了罢！

明末流寇（农民）的革命歌

见豆棚闲话

胡適稿紙　每頁二百字

那如何忘得！

人道忘誰忘句了，

曾裏經相思。

每一別便經年，

過神仙生活。

伴我看山看月，

望我山中家室，

多謝你遠道寄來，

苍茫

以是重溫舊曹。

我不是高歌，

聲苦沒人聽。

向空高唱舊時歌，

漸向心頭落。

勾起當年舊夢，

覺也我寒一角，

山下綠葱中，

这是胡适未发表过的遗稿（3页）

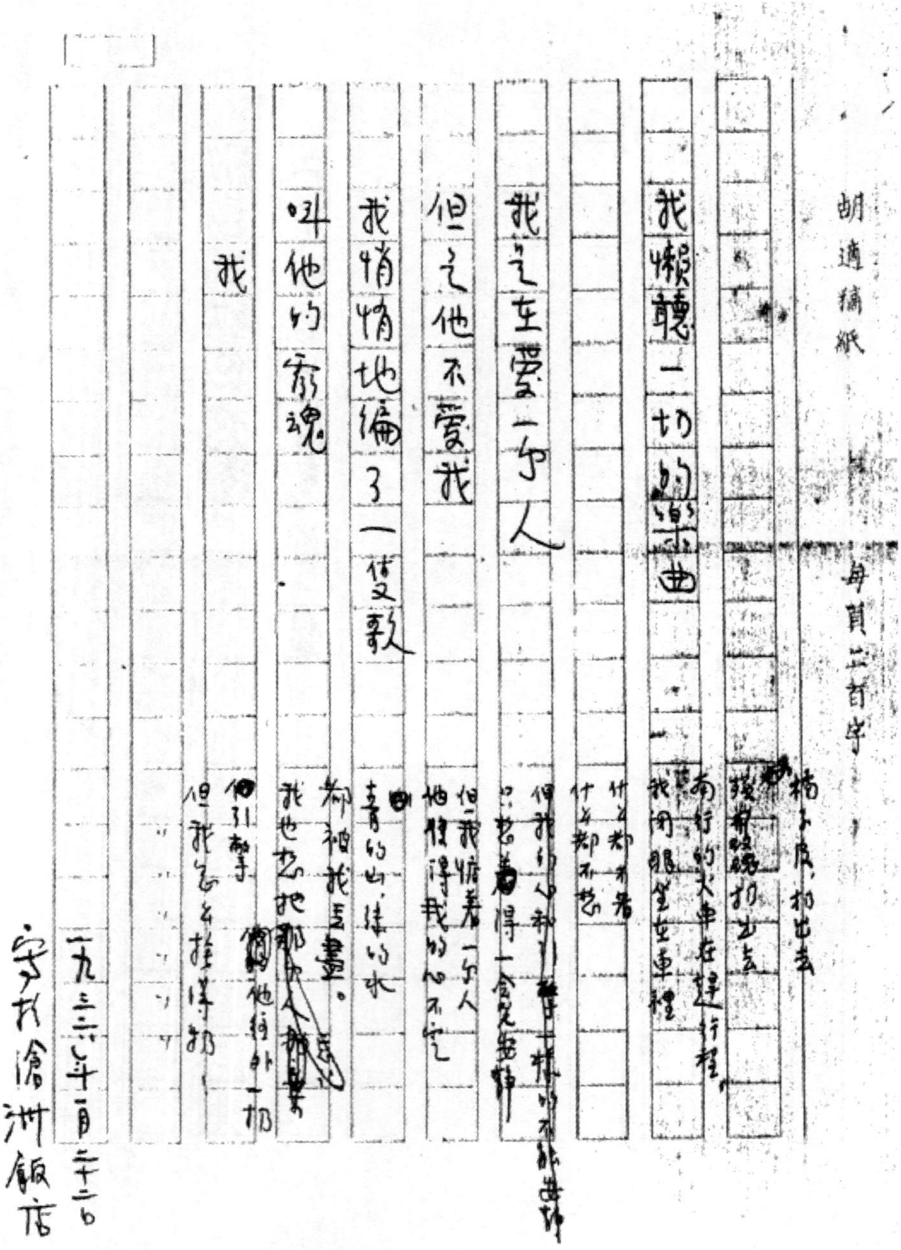

徐芳手迹

廿六, 七, 廿七。

1937. 7. 27
此时胡适在庐山月

舟生:——

我不曾写信给你,
实在是因为在这种要紧
的消息里, 我们在山的
人都没有心绪想到私
人的事。

我在山十五六天,
竟个没有出去游过一
次山! 每天只是开会,
谈天, 谈天, ……

只有一次我写了
一首小诗。其中第五六
行似乎有些新鲜, 所以
我寄给你看了, 请你
这位诗人指教。

我明日飞京, 小住
印北归。

适 ﹂

"舟生"疑是徐芳化名

后　记

　　这是我在中国大陆出版的第一部简体字的书籍,回溯与此书有关的许多人与事,心中涌起很多的感想和感恩。

　　我与南京有缘,她是我最初与这个世界见面的地方,我感谢父母亲把我带到这座历史悠久的都城。小名来自她的旧名,而且这个"宁"字的涵义为我所喜:朝夕相望,久而弥笃。现在此书由南京大学出版社付梓,小名略显"清瘦",很合时潮。

　　虽在海外数十春秋,大陆毕竟是我的故乡,此书也可算是我为大陆读者准备的见面礼。礼虽轻,却来之不易,是作者们的心血凝聚,是南大出版社,特别是杨主任金荣博士的许多辛劳的成果,我诚恳地奉上衷心的感谢和感恩。

李又宁

2015 年 6 月 2 日于南京

图书在版编目(CIP)数据

胡适与他的学生 / 李又宁主编. — 南京：南京大
学出版社，2016.5
　ISBN 978-7-305-15936-7

　Ⅰ. ①胡… Ⅱ. ①李… Ⅲ. ①胡适(1891~1962)—
生平事迹 Ⅳ. ①K825.4

　中国版本图书馆 CIP 数据核字(2015)第 235567 号

出版发行　南京大学出版社
社　　址　南京市汉口路 22 号　　　　邮　编　210093
出 版 人　金鑫荣
书　　名　**胡适与他的学生**
主　　编　李又宁
责任编辑　李鸿敏
封面设计　接祖华

照　　排　南京南琳图文制作有限公司
印　　刷　江苏凤凰通达印刷有限公司
开　　本　787×1092　1/16　印张 17.25　字数 251 千
版　　次　2016 年 5 月第 1 版　2016 年 5 月第 1 次印刷
ISBN 978-7-305-15936-7
定　　价　48.00 元

网址：http://www.njupco.com
官方微博：http://weibo.com/njupco
官方微信号：njupress
销售咨询热线：(025) 83594756